彩色写真で見る世界の歴史

The Colour of Time
A New History of the World
1850 to 1960

ダン・ジョーンズ
Dan Jones

マリナ・アマラル
Marina Amaral

堤 理華 訳

原書房

Contents

06 序

1850年代　帝国の世界

13 フランス皇帝ナポレオン3世
13 パリ改造
16 ヴィクトリア女王
19 蒸気船グレート・イースタン
20 カバマニア
23 種の起源
24 世界を一堂に
27 スキャンダラスな皇帝
28 「ヨーロッパの病人」
31 クリミア戦争
34 軽騎兵旅団の突撃
34 従軍した女性たち
37 インド大反乱
38 イギリスによる
　　インド直接統治のはじまり
41 ふたつのアヘン戦争
42 アメリカの領土拡大
45 カリフォルニア・ドリーム
46 カナダをむすぶ

1860年代　内乱

53 ガリバルディ
53 イタリア統一
56 ビスマルク
59 最後の女帝
61 日のいずる国
63 農奴解放
64 『資本論』
67 自由と奴隷制
68 正直者エイブ
70 ゲティスバーグの戦い
73 降伏
74 植民地建設
77 うるわしのオーストラリア
77 スエズ運河

1870年代　困難の時代

86 パリ・コミューン
86 カルリスタ戦争
89 露土戦争(ロシア=トルコ戦争)
91 レフ・トルストイ
93 ポルフィリオ・ディアス
95 大不況
96 カスター将軍最後の戦い
99 再建
102 トーマス・エジソン
102 スタンリーと「カルル」
105 セテワヨ王
105 ミケーネ
109 アフガン戦争
110 教皇ピウス9世

1880年代　驚異の時代

116 路面電車
119 自由の女神
121 ジョン・D・ロックフェラー
121 エッフェル塔
124 パリ万国博覧会
126 初の高層ビル
129 ベルギー王レオポルド2世
130 ザンジバルのスルタン
133 カイゼル・ヴィルヘルム2世
133 グレート・ブリザード
137 ジョンズタウン洪水
138 クララ・バートン
142 オーストリア皇太子ルドルフ
142 十三夜の月

1890年代　世紀の黄昏

149 コクシーズ・アーミー
150 ゴールドラッシュ
153 サラ・ベルナール
153 リュミエール兄弟
156 新たなオリンピアンたち
159 自動車
161 モンパルナス駅の鉄道事故
161 ドレフュス事件
165 軍艦メイン号の爆沈
167 ハワイ最後の女王
168 東の戦争
171 閔妃
172 義和団事件
175 イタリア=エチオピア戦争
176 キッチナー伯爵
179 在位60周年記念式典

1900年代　夜明けの闇

184 葬送列車
187 ウィリアム・マッキンリー
189 ライト兄弟
192 マリ・S・キュリー
192 アルバート・アインシュタイン
195 円盤式蓄音機「グラモフォン」
196 エリス島
199 ブッチ・キャシディ
200 サンフランシスコ地震
203 パナマ運河
205 シベリア鉄道
207 日露戦争
208 第2次ボーア戦争
211 ヘレロ戦争
212 フィリピン=アメリカ戦争
215 青年トルコ人
215 9人の王

- 219 1910年代 戦争と革命
  - 223 メキシコ革命
  - 223 中国の辛亥革命
  - 227 テラ・ノバ号
  - 228 タイタニック号
  - 231 『春の祭典』
  - 232 サフラジェット
  - 235 フランツ・フェルディナント大公
  - 237 西部戦線
  - 238 インド軍
  - 241 撃墜王「レッド・バロン」
  - 241 東アジアでの戦争
  - 244 ガリポリの戦い
  - 247 海戦
  - 248 戦時中の女性たち
  - 251 怪僧ラスプーチン
  - 251 ソンムの戦い
  - 254 カンブレーの戦い
  - 257 ヘルファイターズ
  - 258 ロマノフ王朝の終焉
  - 261 休戦
  - 262 スペインかぜ

- 265 1920年代 狂騒の20年代
  - 269 レーニンとスターリン
  - 269 赤軍
  - 272 クロンシュタットの反乱
  - 274 大飢饉
  - 277 『赤旗の歌』
  - 278 アイルランド分割
  - 281 ハイパーインフレーション
  - 283 アドルフ・ヒトラー
  - 283 ミュンヘン一揆
  - 286 イタリアの「ドゥーチェ」
  - 288 リビア
  - 291 シリア大反乱
  - 293 ファイサル王
  - 293 クリステロ戦争
  - 297 『ロイドの要心無用』
  - 298 フラッパー
  - 301 禁酒法
  - 303 クー・クラックス・クラン
  - 304 エベレストへの挑戦
  - 306 大西洋横断飛行
  - 309 ウォール街の暴落

- 311 1930年代 戦争への道
  - 314 ニューディール政策
  - 317 世界恐慌
  - 318 総統
  - 322 水晶の夜
  - 322 ナチ支持者
  - 324 アビシニア
  - 327 スペイン内戦
  - 328 国王ゾグ
  - 330 コルコバードのキリスト像
  - 333 チャコ戦争
  - 335 毛沢東と朱徳
  - 335 満洲
  - 339 サウード家
  - 341 塩の行進
  - 341 農業集団化
  - 345 ヒンデンブルク号の悲劇
  - 346 「われらの時代の平和」

- 349 1940年代 破壊と救済
  - 352 電撃戦
  - 356 ダンケルク
  - 356 ブリッツ
  - 358 ワルシャワ・ゲットー
  - 361 北アフリカ戦線
  - 362 東部戦線
  - 365 スターリングラード
  - 368 真珠湾
  - 368 ガダルカナル
  - 371 神風
  - 371 Dデイ
  - 374 解放
  - 377 ムッソリーニの死
  - 378 ポツダム
  - 382 広島
  - 382 対日戦勝記念日(VJデイ)
  - 385 インドの分割
  - 386 ベルリン大空輸作戦
  - 389 パレスチナ戦争(第1次中東戦争)

- 391 1950年代 変化の時代
  - 395 チベットをめぐる争い
  - 395 フルシチョフと毛沢東とホー・チ・ミン
  - 399 朝鮮戦争
  - 399 フィデルとチェ
  - 402 グアテマラのクーデター
  - 405 デュヴァリエ家
  - 406 マリリン・モンロー
  - 408 エリザベス2世
  - 411 スエズ戦争(第2次中東戦争)
  - 412 北海大洪水
  - 415 ハンガリー動乱
  - 415 新たな同盟
  - 418 アルジェリア戦争
  - 421 マウマウ団の反乱
  - 423 ネルソン・マンデラ
  - 423 核開発競争
  - 426 宇宙開発競争

- 428 訳者あとがき
- 429 索引

序

16 世紀初頭、レオナルド・ダ・ヴィンチは遠近法に関する数行のメモを手稿に残した。眺める対象が遠くなるにつれて、3つのことが起こると彼はいう。遠くのものは小さくなる。境界がぼやける。そして、色を失う。

ダ・ヴィンチが述べているのは絵画の技法についてだが、彼の言葉はそのまま写真撮影にも、さらにはもう少し押し広げて歴史にもあてはめることができるだろう。わたしたちは、世界とはつねにあざやかで、手の届くところにあって、色彩豊かで、現在のように「リアルなもの」だと思いこんでいる。しかし実際に振り返ってみると、あざやかで色彩豊かな過去はめったに存在しない。1839年に銀板写真（ダゲレオタイプ）が一般に普及して以来、写真は歴史的文献の一部になったが、最初の100年間に撮られたものはほとんどが白黒だった。過去の情景は不完全であり、色褪せている。使徒パウロがコリント人への手紙に書いた言葉を借りれば、わたしたちは「鏡におぼろに映った」歴史を見ているのだ。

本書は、無彩色の世界の色を取りもどそうとする試みである。つまり、さまざまな歴史の断面をカラーで再現したものだ。本書には、1850年から1960年のあいだに撮影された200枚の写真が収められている。原本はすべて白黒写真だが、デジタル処理で彩色し、人類の激動の歴史を新たに蘇らせてみた――どうかそうなっていますように、と切に願う。

収録した写真は、いずれもそれのみで価値がある。1冊の本にまとめるために選別して体系化し、歴史的な背景をたどれるように解説を付けた。その物語はクリミア戦争から冷戦へ、蒸気の時代から宇宙の時代へと続く。巨人と暴君、殺人者と殉教者、天才と発明家と世界を破滅に導こうとする者たちが踊る舞台だ。

写真の種類はさまざまである。鶏卵紙に印刷されたものもあった。これはかなり手間がかかる技法で、長い露光時間を必要とし、コロジオン湿板、卵白と硝酸銀などを用いる。また、35ミリフィルムや中判フィルムで撮影されたものもあった。個人の趣味で撮ったもの、ポストカードとして売られていたもの、大衆紙の掲載作品なども含まれている。驚くほどの解像度をそなえているものもあれば、歳月のために古色蒼然としているものもあった。すべてスキャンしてデジタル処理をおこない、高解像度でダウンロードできるように、最新の画像アーカイヴに

保管した。

　机の前に座って昔の写真に色を付ける前に宿題をすませろ、と良心が命じる。たとえば兵士の写真であれば、制服、勲章、リボン、連隊徽章、車輌、あるいは皮膚や眼、髪の色があるだろう？　可能なものは、すべて検証しなければならない。ほかの写真や文献をチェックせよ──同じような白黒写真を見るだけでは、被写体がどのような色彩だったかはわからない。取るべき道はただひとつ。いかなる分野であれ、歴史家ならよく知っている方法だ。調べて、調べて、調べ尽くすのである。*

　できるかぎりの情報を入手してから、彩色を開始する。向きあうキャンバスはコンピュータ画面だが、どんな細かい部分も手作業で色を付けていく。その過程に自動ですまされる部分はない。道具はデジタルかもしれないが、画家の基本的なテクニックはダ・ヴィンチの時代から変わっていない。色の上にゆっくりと色を重ね、無数の層を混ぜていきながら、（この場合は）原本の写真が醸し出す雰囲気をとらえて再現してゆく。光が問題だ。質感も。細部が鍵を握る。辛抱が肝心。1枚の写真を仕上げるのに1時間から1か月かかる。ときには完成したあとに、さまざまな理由で納得がいかないことがある。なにかこう……違う。保存してある原本と見比べてみる。白黒のままにしておくべき部分があったりする。

　本書は2年間の共同作業の末にできあがった。写真を選びながら、わたしたちはさまざまな大陸や文化に目を向けるとともに、著名人だけでなく無名の人々も含めるようにした。死者に敬意をはらい、当時の様子をありのままに表現しようと努めた。約1万枚の写真に目をとおした。悩み、試行錯誤した。できるかぎり掲載しようとしたが、1万枚の候補のうち9800枚は裁断室行きになることはわかっていた。

　その比率だけをみても、あきらかに本書は歴史全体を俯瞰したものではない──どうしてそういえよう？　掲載せず除外したものの数はあまりに多い。それでも、あの激動の時代になんらかの新しい光をあてられたのではないかと思う。制作に携われたのは名誉であり、喜びだった。読者が楽しんでくださることを心より願っている。

マリナ・アマラル　ダン・ジョーンズ
2018年4月

*
当然ながら、どれほど調べてもわからないときがある。その場合は、歴史家が自分自身の判断をくだすのと同じように、画家も自分で色を選択しなければならない。これはどのように見えていたのだろう？　直感にしたがいつつも、けっしてすべてを知っているふりをしてはならない。

1850年代

帝国の世界

カメラは、細部においても大きさにおいても
まったく完璧な、実物とうりふたつの複写物を
［写真家に］示す。その一方で、いかに判断し、
想像の翼を広げ、発明の才を示すかは、
わたしたちの自由に任せてくれる。

ロジャー・フェントン、1852年

1855年3月8日、法律家から写真家に転じた35歳のイギリス人ロジャー・フェントンは、クリミア半島南西部の黒海に面したバラクラバの港に着き、装備を降ろした。クリミアは戦場だった。フェントンと2人の助手はカメラ5台、ガラス板700枚、料理道具、キャンプ用品、ジブラルタルで購入した馬3頭のほか、移動式の暗室兼宿泊所にするために改造したワイン運搬用馬車を持ってきていた。

フェントンは芸術的なパイオニアであると同時に、政治的な防波堤だった。彼は、急成長をとげる新技術の振興のために設立された写真家協会の創立メンバーに名を連ねていた。クリミアへの遠征費用を出したのは、戦争写真の販売を企画したマンチェスターの出版社トマス・アグニュー＆サンズ。そして、その後ろにはイギリス君主のヴィクトリア女王との夫君にして片腕のアルバート公がいた。

今日、フェントンは世界初の戦場写真家のひとりとして認識されており、それは正しい。だが、彼がクリミアで撮影した流血のない、毅然とした、英雄的な写真の数々は、現在の基準でいえばドキュメンタリーではなく、プロパガンダと呼ぶべきものだろう。彼の写真は暴力によって、または疫病によって無益に失われた数千人ものイギリス人兵士の命を正当化するために制作された。1850年代の4つの帝国——イギリス、フランス、オスマン帝国の連合軍とロシア——がからむ争いの現状から、国民の目をそらすことが目的だった。ショッキングな記事でクリミアの惨劇を伝える『タイムズ』紙に対抗するため、イギリス政府は「視覚に訴える」フェントンの写真を熱望したのである。

たとえそうであっても、フェントンのクリミア行には歴史的に重要な意義があった。彼の従軍を境に、世界の重大事件は次々にフィルムに記録されはじめた。写真はこの時から、莫大な「過去の遺産」となった。パトロンへの任務を遂行したフェントンらは自覚しないまま、まだ生まれていない歴史家たちのために、つまり「当時から現在まで」の世界の姿を知ろうとする人々のためにも働いていたことになる。

では、フェントンが惨状にはほとんどレンズを向けず、栄光のみを写した1850年代とはどのような時代だったのか。ひとことでいえば、それは帝国の

1850

4月
1848年からイタリアに亡命中だったローマ教皇ピウス9世が、フランス軍の助けを得てローマに帰還。

5月
オベイシュという名前のカバが新居のロンドン動物園に到着。エジプトで捕獲され、イギリスに贈呈された。

9月
「1850年の妥協」がアメリカ議会で成立。この法案は、アメリカの領土拡大にともなう奴隷州と自由州の対立激化を避けるために策定された。

1851

1月
中国で太平天国の乱が勃発。洪秀全率いる太平天国は清朝支配の脱却を掲げた。

5月
ロンドンのハイド・パークに建設された水晶宮で第1回万国博覧会開催。

7月
実用的な写真技術を開発したルイ・ダゲール死去。

1852

3月
チャールズ・ディケンズの小説『荒涼館』の連載開始。

12月
シャルル＝ルイ・ナポレオン・ボナパルトが第二共和政を廃し、ナポレオン3世としてフランス皇帝に即位。

1853

6月
ジョルジュ＝ウジェーヌ・オスマンがパリ市街の抜本的改造計画をまかされる。

7月
アメリカの海軍軍人マシュー・C・ペリーが艦隊を率いて日本に来航し、開国を迫る。最終的には貿易をすることが目的だった。

10月
クリミア戦争勃発。英仏に支援されるオスマン帝国がロシアに宣戦布告した。のちに英仏は大軍を派遣する。

1854

5月
アメリカでカンザス・ネブラスカ法が成立し、カンザスとネブラスカは準州となる。この法律をきっかけに、奴隷制度廃止をめぐる暴力的衝突「流血のカンザス」が起きた。

9月
ジョン・スノウがロンドンでコレラの疫学調査を実施。感染源の井戸を突きとめ、コレラが水を介した経口感染であることを立証した。

10月
クリミア戦争のバラクラバの戦いで、イギリス軍による「軽騎兵旅団の突撃」がおこなわれる。

時代だった。覇権を握っていたのはイギリスである。その統治と支配はカナダ、インド、ビルマ（現ミャンマー）、アフリカ南部地域、オーストラリア、ニュージーランドまでおよび、またイギリスを大帝国に変貌させる原動力となった海軍が支配した大海原には、無数の前哨地が散らばっていた。

ヨーロッパと中東でイギリスの競争相手だったのは、まずフランス、オスマン帝国、ロシア。東方における影響力と資源の前に立ちはだかったのは、中国の清朝とインドのムガル帝国。一方、南アメリカではブラジルが優位を占め、またメキシコ湾と五大湖のあいだの土地は新興のアメリカ合衆国が着々と領土を拡大していた。約70年前にイギリス支配に公然と反抗して生まれたアメリカ合衆国は、フランスから領土を買い入れ、かつての強国スペインの遺産を貪欲に手中におさめていく。アメリカの白人はヨーロッパや中国からの入植者とともに、大西洋と太平洋のあいだにまたがる広大な北アメリカ大陸に続々と居住地を建設する。だが合衆国の拡大は内部に深刻な対立を生み、やがてそれは1860年代に表面化して恐るべき事態を迎えるだろう。

「帝国の10年間」では技術開発と発見も相次いだ。急成長を遂げる産業と新たな発明品は、人々の生活、仕事、旅行、通信、思考、夢のあり方を変えていく。海底に敷設される電信ケーブル。海上を航行する巨大船。古都再建という野心的な計画。由緒ある建物を数分で瓦礫（がれき）に変える大砲を用いた戦争。異国の探検と科学的調査から生まれた「生命の起源」説。移入された病気・強制移住・暴力などによって壊滅的な打撃をこうむる先住民。1850年代は未曾有ともいえる変化の時代であり、人々に混乱と栄光、殺戮（さつりく）をほぼ同程度にもたらした。

しかし無限に変化していく世界は、改造ワイン運搬車でクリミア戦争に従軍したフェントンをはじめとする写真家によって、永遠にその姿をとどめることになった。カメラのレンズを通して記録されたことにより、写真家がそれを意識していたにせよ、していなかったにせよ、後世のわたしたちは彼らの時代を検証できるようになった。白黒の世界で――いや、あるいはカラーの世界で。

1855

3月
ロジャー・フェントンが写真馬車をたずさえてクリミアに到着し、戦場の撮影を開始。

3月
ロシア皇帝ニコライ1世没。第一皇子がアレクサンドル2世として即位。

9月
英仏両軍の攻撃によってクリミアのセヴァストポリ陥落。

1856

3月
ヒマラヤの「ピーク15」が世界最高峰と判明し、のちに「エベレスト山」と命名される。

3月
クリミア戦争が終結。パリ条約が締結される。

10月
第2次アヘン戦争（アロー戦争）が勃発。英仏両軍が中国の清朝と交戦する。

1857

5月
インド大反乱が発生。デリー近郊で東インド会社のインド人傭兵シパーヒー（セポイ）が蜂起した。戦闘は拡大し、1年以上続く。

9月
ニューヨークの金融危機（1857年恐慌）によって銀行が閉鎖、アメリカの鉄道会社が破産に追いこまれる。

12月
ヴィクトリア女王がイギリス植民地カナダの首都をオタワに決定。

1858

1月
イタリアの活動家フェリーチェ・オルシーニが爆弾でナポレオン3世の暗殺を試みる。断頭台で処刑。

8月
インド統治法が成立。東インド会社は解散し、インドはイギリス政府の直接支配下におかれる。

8月
大西洋横断海底電信ケーブルが敷設され、ジェームズ・ブキャナン米大統領とヴィクトリア女王のあいだで通信が交わされた――が、すぐに不通となった。

1859

4月
スエズ運河の建設がはじまる。

9月
イザムバード・キングダム・ブルネル設計による当時世界最大の蒸気船グレート・イースタン号が試験航海に出発。

11月
チャールズ・ダーウィンが『種の起源』を出版し、自然選択による進化論を提唱。

フランス皇帝ナポレオン3世

　帝国の時代を代表する巨人のひとりが、シャルル＝ルイ・ナポレオン・ボナパルトである。カリスマ的な将軍として革命後のフランスを手中におさめ、ヨーロッパを支配したナポレオン1世の甥にして帝位継承者だった。

　ナポレオン1世による第一帝政はワーテルローの戦いの敗北によって終わり、元皇帝は配流先のセント・ヘレナ島で1821年に没した。ルイ・ナポレオンと呼ばれた継承者の若者も長く亡命生活を送ったが、ボナパルト帝国の再興という野心を胸に、栄光の復活を目指してフランスへ向かった。好機は1848年に訪れた。約20年間続いた王政が市民革命によって再び倒され、第二共和政が樹立されると、ルイ・ナポレオンは帰還して大統領に選出された。

　ルイ・ナポレオンはフランスをボナパルト派の全盛期にもどすため、次々に現代的な改革に着手した。金融改革、都市改造、鉄道建設、船舶建造、農業振興。だが、こうした政策は独裁政治への布石にすぎなかった。1852年、大統領は共和制を廃し、帝位に就く。ナポレオン3世という呼称は、ナポレオン1世の実子で1815年の夏に十数日間だけ名目上のフランス皇帝となった、ナポレオン2世との混同を避けるためだった。戴冠に際してナポレオン3世は、「『帝国とは戦争だ』という人々もいますが、わたしは『帝国とは平和だ』と申し上げましょう」と述べた。

　彼の美辞麗句は砕け散った。その後の10年間、反対勢力は追放されるか投獄された。フランスはクリミア戦争（1853～56年）に参戦し、イタリアに侵攻した（1859年）。1860年代（写真が撮影された時期）になると抑圧政策は緩和されたが、ナポレオン3世は最後の最後まで、彼が「ボナパルト」であることを証明し続けた。普仏戦争でプロイセン軍にたびかさなる敗北を喫したのち、1870年に捕虜となり亡命。その3年後、イギリスで没した。

NEXT PAGE

パリ改造

　ナポレオン3世の業績の筆頭にあげられるのは、フランスの首都パリの大改造だろう。1850年にはパリの人口は急増していたが、その3分の1以上は中世に建てられた壁が囲む狭い区域に密集しており、コレラやチフスなどの伝染病がたびたび発生していた。

　1840年代の亡命中から、ルイ・ナポレオンはパリを初代ローマ皇帝アウグストゥスの様式に倣い、大理石の輝く都市に再建するという大望を述べていた。1850年代に入り、その仕事は豪腕で実行力のあるセーヌ県知事ジョルジュ＝ウジェーヌ・オスマン男爵に託された。市中心部の貧民街をはじめ、1万2000もの建物が取り壊された。上下水道を導入して水の衛生状態を改善する一方、街路樹を植えた大通りで公園や広場をつないだ。

　25億フラン（現在の価値に換算すると約50億ユーロ）かけたオスマンの整備に対する評価は、二分された。詩人のヴィクトル・ユゴーやシャルル・ボードレールは、改造によって古きパリの魅力が失われたと嘆いた。また、大通りの新設は、民衆蜂起を鎮圧する軍隊の移動を容易にするためだとの不満もささやかれた。作家のエミール・ゾラは、オスマンのパリを「巨大な欺瞞、とてつもない偽善者の嘘」と評した。

　ともあれ、市街は変容した。次ページの写真は、パレ・ド・ジュスティス（裁判所）を臨むコンスタンティヌ通りの初期工事の様子。撮影したのは、1858年にパリ市から委嘱を受けたシャルル・マルヴィルである。ここに写っている建物のほぼすべては（当時改修中だった裁判所を除いて）、もはや残っていない。

> わたしのように、このうえなく幸せで祝福された家庭生活を送っている人なら、(わが国が安全な場合) 政治が2番目になるのはやむをえません。
>
> ヴィクトリア女王、日記、1846年

ヴィクトリア女王

　ナポレオン3世がフランス改造に取り組んでいるとき、海の向こうでは、イギリスもヴィクトリア女王のもとで再構築されていた。1854年の女王は35歳。1837年に伯父ウィリアム4世の跡を継いで即位して以来、王冠を戴いて人生の半分近くを過ごしたことになる。現代のある伝記作者が「率直で、怒りっぽくて、頑固」と評したヴィクトリアは、立憲君主たるイギリス王室の微妙な立場をよくわきまえており、時代が激動するなか、60年以上にわたって在位した。「ヴィクトリア朝」のあいだに大英帝国は膨張し、地球上の5分の1を支配するにいたった。産業と技術の革命を原動力にする一方、臣下の人柄と成功を讃える女王に励まされ、イギリスはますます愛国心と自信を深めて世界の羨望の的になると同時に、災いの種になった。

　この写真は、1854年6月30日にロジャー・フェントンが撮影。女王の協力者にして最愛の夫君アルバート公が、肖像写真シリーズを依頼したのである。夫妻は9人の子供に恵まれ、末子のベアトリス王女は1857年に生まれた。アルバートが1861年に、おそらくはチフスで亡くなると、ヴィクトリアは深い悲しみに沈んだ。

　これは当日撮影された写真のうちの1枚で、ヴィクトリアは日記に「とてもよく撮れているけれど、長い時間がかかりました」と書いている。憂いを含んだまなざしをわざとカメラからはずすのは、当時の典型的な構図だった。女王はどちらかといえば質素な、家庭的な服装に身を包み、膝に本を広げ、髪も半分しか覆っていないが、どこか超然とした雰囲気をまとっている。

エンジニアリングに応用すれば成果が見こめる新発見を、ブルネル氏はけっして見過ごそうとはしませんでした。

『エンジニア』誌の追悼文、1859年

蒸気船グレート・イースタン

　当時世界最大の船舶が完成したとき、イザムバード・キングダム・ブルネルの死期はもうそこに迫っていた。ブルネルは、鉄道の父ジョージ・スティーブンソンやロンドン下水道の父ジョゼフ・バザルゲットとならんで、ヴィクトリア朝時代のイギリスを代表するエンジニアである。トレードマークはシルクハットと葉巻。その姿は、彼が手がけた偉大な建造物と同じくらい有名だった。ブリストルのクリフトン吊り橋、ロンドンのパディントン駅、グレート・ウェスタン鉄道——彼の仕事は19世紀大英帝国の野望を実現する冒険の気概や、発明の精神を具現していた。

　写真の蒸気船グレート・イースタン号はブルネルの3隻目の船であり、最後の大仕事となった。ロンドンのテムズ川沿いにあるジョン・スコット・ラッセル造船所で1854年から58年にかけて建造され、排水量は3万2000トンを誇る。ブルネルの試算では、船はイギリスから貿易拠点のインドまで、さらにはオーストラリアの植民地まで、途中で燃料を補給することなく航海できるはずだった。

　試験航海は1859年の秋におこなわれた。腎疾患を患っていたブルネルは出発直前に船上で倒れ、9月15日に死去した。結局グレート・イースタンは客船としてではなく、大西洋横断海底電信ケーブルの敷設船として時代に貢献した。だが、あまりに巨大で経費がかかるため維持は難しく、1889年に解体された。ブルネルはずっと前に世を去ったが、ウェストミンスター寺院にはメモリアルのステンドグラスが設置されており、ヴィクトリア朝の巨人としての彼の業績を今に伝えている。

カバマニア

19世紀に飛躍的に進歩した技術と輸送能力は、世界各地の距離を縮めた。社会の産業化が進み、遠い異国と太いパイプでつながっていたヴィクトリア朝時代のイギリスでは、またたくまに異国趣味が広がった。このカバほど不思議な見ものはほかになかっただろう。アフリカで捕らえられた子カバは、エジプト総督からの贈り物として蒸気船でイギリスに運ばれ、1850年にロンドン動物園に到着した。名前はオベイシュ。彼が捕獲されたナイル川の島にちなんだものである。

「古代ローマ以降初めてイギリスに来たカバ」という謳い文句に、ロンドンは「カバマニア」であふれた。毎日午後1時から6時のあいだに数千人が動物園に押し寄せた。そこではカバだけでなく、クアッガ（現在は絶滅）やアラブ人のヘビ使いなど、さまざまな異国の動物を見て楽しめた。博物学は大衆の教養を高めるとされたが、大勢の来園者は動物園もうるおした。つまり、1847年に動物園が一般公開されたのは、資金集めが目的だったのだ。

1852年にスペイン貴族モンティソン伯フアンが撮影したこの写真は、オベイシュの檻のなかから撮ったものらしい。これは危険な行為だった。オベイシュはエジプト人の飼育係にはひじょうになついていたが、ほかの人間に対してはかなり獰猛だったからである。この両極端の性質は孤独のせいと思われた。さもあろう。しかし2年後、オベイシュには、アドヘラという雌カバの仲間ができた。そして数頭の子供の父となった。1872年11月5日に生まれた子カバは「ガイ・フォークス」と名づけられた。

リージェンツ・パークに向かって走る人の波はとぎれることなく続く。カバを見ながら半時間過ごすためである。当の動物のほうは、興味津々の観客に退屈そうなあくびで応えている。
『パンチ』誌「カバに万歳三唱」
1850年12月

自然選択とは……たえまなく作用しうる力であり、人間の貧弱な努力などおよびもつかない威力を持っている。それは自然と人工物の作品の違いを見ればわかることだ。

チャールズ・ダーウィン
『種の起源』(1859年)

種の起源

　1850年代は動物学に対する世間の興味が高まる一方、博物学自体も大きな転換点を迎えた。1859年、イギリス人チャールズ・ダーウィンの『種の起源』が出版された。ダーウィンがこの著作で提唱したのは「自然選択」説。すなわち、生物は環境に適応しながら長い時間をかけて進化する、と説いたのである。

　この本はダーウィンの長きにわたる調査旅行が実を結んだものであり、中心となったのは1930年代に乗船したビーグル号での5年におよぶ航海だった。青年ダーウィンは南アメリカ、オーストラリア、ニュージーランド、アフリカ南部、ガラパゴス諸島の自然界を調査し、鳥類や動物類を収集しては、その違いについて調べた。

　ダーウィンの父親は一時期、息子に神学の道を勧めたことがある。しかし種の起源について考えを深めるうちに、ダーウィンはキリスト教の「万物は神の創造物にして不変」とする教えとは真っ向から対立する結論にいたった。彼は手紙で、自分の仕事は「わたしを聖職者の前に引き据え、この身を彼らの慈悲にゆだねることになるでしょう」と述べ、また「殺人を告白しているような気分です」とも書いている。

　その矛盾は、ダーウィンの著作の圧倒的な影響力を弱めはしなかった。『種の起源』は何度も版を重ねた。1871年、彼は再び物議を醸す『人間の由来』を出版する。若い頃から心身の不調に悩まされつつ、1882年に死去。この肖像写真は晩年に、有名な写真店エリオット＆フライで撮影されたものである。ダーウィンが20年近く大事に手入れしてきた「立派な髭」が印象深い。

すばらしい場所です——広大で、不思議で、新しくて、言葉ではとても言いあらわすことができません……世界の隅々からこれほどの財宝を集められるのは魔法しかないだろう、と思えるほどです。

1851年の万国博覧会を見学した小説家
シャーロット・ブロンテの回想

世界を一堂に

　帝国の時代は驚異と——略奪の——時代だった。帝国は世界各地で支配地域を拡大しつつ、自国内では新奇なもの、新しい技術や工業製品、よそから持ちこんだ稀少な美術品の展示などへの嗜好を生みだした。

　フランスでは18世紀後半以降、さかんに国内産業博覧会が開かれていた。その成功に着目したイギリスは、1851年に世界初の「国際フェア」を開催した。それがロンドン万国博覧会である。

　会場のハイド・パークにはガラスと鉄骨からなる巨大な建物——愛称は「水晶宮」——が建設され、世界中から集まった10万点以上の展示品が飾られた。博覧会を見るために約600万人がロンドンを訪れ、鉄道機関車、豪華な陶磁器、つづれ織り、絹製品、インド産の100カラットを超えるダイヤモンド「コイヌール」などの宝石類、チリで採掘された50キログラムの金塊、蒸気ハンマー、印刷機、カナダ製の消防車、折りたたみ式のピアノ、ロシアのコサック兵の衣裳などに感嘆の声をあげた。

　博覧会終了後、水晶宮は1854年にロンドン南部のシデナムに移され、新たな展示品を交えて公開された。写真はエジプト南部のアブ・シンベル神殿で鋳型をとった、2体の巨大な石膏像である。

　1936年に水晶宮は焼失したが、国際博覧会や異国の展示物に世界の耳目を集める先駆けとなり、記念碑的な役目はじゅうぶんに果たした。その流行は今に続いている。

> わたしたちはお互いのために創られたのだ……わたしにはおまえの姿がありありと見える、ほら、床のなかで、ほら、下着もつけずに……
>
> アレクサンドル2世のエカチェリーナ・ドルゴルーカヤへの手紙

スキャンダラスな皇帝(ツアーリ)

　1855年3月2日、死の床にふす父の枕元に立っていたアレクサンドル・ニコラエヴィチに向かって、いまわの際の男は最後の言葉をしぼり出した。「ロシアに尽くせ！」それから拳を固く握りしめ、「すべてをこのようにつかめ」と言った。その夜ニコライ1世からロマノフ朝の帝位を継いだアレクサンドル2世は、次の四半世紀、両立しがたい父の遺言の実現に努めた。

　広大な国土と膨大な人口にもかかわらず、ロシアは産業や政治、文化の面でイギリスやフランスに決定的に後れをとっていた。アレクサンドルの治世は、これら二大国を相手にしたクリミア戦争の泥沼の戦いのさなかにはじまった。戦況はかんばしくなく、もはやロシアの後進性はあきらかだった。ロシア帝国の存続をはかるなら、近代化と改革を進めるしかない。だが、こうした政策を推進することは必然的にアレクサンドルの専制体制の弱体化につながり、西欧化はロシアへの裏切りだと考える人々の怒りを買った。

　アレクサンドルの改革のうち、最も高名なのは1861年の農奴解放だが、ほかにも報道規制の緩和、地方自治と軍隊の再編、ロシア鉄道網の拡大などをおこなった。好色なロマノフ家の伝統も継承し、公爵令嬢エカチェリーナ・ドルゴルーカヤと長く愛人関係を結んだ。令嬢と出会ったのは彼女が11歳のとき。皇帝は愛人を「いけない娘(こ)」と呼んだ。1880年にエカチェリーナと再婚。この写真をロンドンで撮った数年後のことである。アレクサンドルは1881年、社会主義の革命組織「ナロードナヤ・ヴォルヤ（人民の意志）」のメンバー3人に爆弾を投じられ、暗殺された。

「ヨーロッパの病人」

　ロシア皇帝ニコライ1世は1853年にイギリスの外交官と会談した際、ロシアが対峙する最大の敵のひとつ、オスマン帝国を「瀕死の病人」になぞらえた。歳月を経るうちに、そのたとえは間違って「ヨーロッパの病人」と伝えられるようになったが、根底に潜む概念は同じだった。

　1850年代、かつて世界に覇権を誇ったイスラーム帝国は──14世紀に小アジアから身を起こし、現在のイラクからオーストリアにまで版図を広げたオスマン帝国は揺らいでいた。アブデュルメジト1世のもと、1839年から積極的な改革と近代化が進められていたが、1850年代には過去の栄光は見る影もなかった。帝国が衰退するにつれて、西欧列強はそれぞれ東方問題に頭を悩ませはじめた。「オスマン帝国がゆっくりと、しかし着実に瓦解していくことで生じる混乱にどう対処するか」という問題である。

　写真は、イギリスの戦場写真家の草分けジェームズ・ロバートソンが1855年頃に撮ったコンスタンティノープル（現イスタンブール）の様子。ここは400年前のビザンツ帝国征服以来、オスマン帝国の首都だった。豊かな歴史に彩られ、多文化が混在し、重要な貿易拠点として、またアジアとヨーロッパの玄関口として栄えた。1850年代の最も重要な意義は、ここが地中海と黒海をつなぐ交通の要衝だったことである。それは、とりわけロシアにとって欠かせない場所だったが、イギリスやフランスの利益にも直結していた。

> とにかく侵攻してオスマン帝国を分割してしまおうとロシアが考えているのなら……〔イギリスは〕介入なしですませられるだろうか？……自国の利益を守ることも、世界の平和を維持することもできないのではないだろうか？
>
> 戦争を予見する『タイムズ』紙（ロンドン）の記事
> 1853年3月26日

> 新たな負傷兵たちが到着した日に夜の見回りをしているあいだ、不平ひとつ、うめき声ひとつ聞こえませんでした……この哀れな兵士たちは驚嘆すべき勇気で苦痛や手足の切断に耐えています。
>
> イギリスの従軍看護師
> フローレンス・ナイチンゲール
> 1854年11月5日

クリミア戦争

　オスマン帝国の崩壊は、外交官たちの懸念にすぎないわけではなかった。1852年、オスマン帝国が支配している聖地エルサレムで開戦の原因となる騒動が起きた。長年対立していた正教会とローマ・カトリック教会の聖職者たちが聖墳墓教会で燭台を振り回し、殴りあったのである。この無様な喧嘩沙汰が、結果的に2400キロメートル離れた場所での、ヨーロッパ列強を巻きこんだ、約60万人が命を落とす戦争の発端になった。

　エルサレムでの混乱をめぐり、フランスのナポレオン3世とロシアのニコライ1世はそれぞれオスマン帝国に対して、自国側の聖職者にキリスト教の聖地管理権を与えるよう要求した。この争いは決着するどころか、エスカレートしていった。ロシアはオスマン帝国の領土である現ルーマニアに進軍。自国に利害関係のある地域にまでロシアの攻撃がおよぶことを恐れ、イギリスも参戦。1854年9月、イギリス・フランス・オスマン帝国の連合軍はクリミア半島に上陸し、ロシア黒海艦隊の基地セヴァストポリを攻撃するにいたった。

　クリミア戦争両陣営の状態は悲惨を極めた。前線からロンドンの『タイムズ』紙に打電される記事は、病気や困難、不手際について細大漏らさず伝えた。ロジャー・フェントンが撮影した英国陸軍砲兵隊大佐トマス・ロングワース・デイムズの姿は、戦地の光景を意図的に美しい構図で示している。しかしアイルランド系従軍記者のウィリアム・ハワード・ラッセルは、もうひとつの現実を見た。のちに彼は、ロンドンの乞食は「祖国のために戦っているイギリス軍兵士に比べれば、王子の生活を送っている」と書いた。

軽騎兵旅団の突撃

　ロジャー・フェントンは、1854年10月25日におこなわれたバラクラバの戦いの跡も写した。しんと静まった風景に、無数の砲弾だけが散らばっている（フェントンが自分で砲弾をならべたのではないかという指摘も多い）。しかし、ヨーロッパを駆けめぐったクリミアからの報道は別の物語を伝えた。「これほど恐ろしい光景を目の当たりにしたことはなかった。支援の見こみもないまま、母国の兵士たちは英雄的気概だけを胸に、必殺の武器に向かって突入していったのだ」とウィリアム・ハワード・ラッセルは書いた。「あたり一面に兵士の体と馬の死骸が散乱していた」
　アルフレッド・テニスンの詩とリチャード・ケイトン・ウッドヴィルの絵によって永遠の命を得た軽騎兵旅団の突撃は、その日の戦闘の一部にすぎない。しかし彼らの突撃はまたたくまに、クリミア戦争遂行にリーダーシップを発揮し得ないイギリス指導部のふがいなさと、人馬の恐るべき浪費の象徴となった。
　673名［661もしくは607名ともされる］のイギリス軽騎兵が突っこんでいったロシア軍の砲撃陣地は、じつは本来の攻撃目標ではなかった。経験不足の将校たちによる命令伝達ミスが重なり、誤って死の突入が命じられたのである。戦死者は約110名だったが、そのほかの数々の失態——数千人もの兵士の命を奪ったコレラの蔓延、不十分な防寒具、乏しい糧食など——をふまえれば、軽騎兵旅団の突撃は許されない惨事だった。この悲劇はそのまま、1855年1月のアバディーン伯内閣の総辞職につながっていった。

彼らは一言も発しなかった、
彼らは理由もたださなかった、
兵士の仕事は義務を果たして死ぬことのみ
死の谷に向かって突入する
600騎の兵

アルフレッド・テニスン、1854年

つやのある帽子を……あだっぽい感じに斜めにかぶり、細身の上着で見事な腰の線が際立ち……彼女の姿に目を奪われずにはいられない。

『レイノルズ・ニュース』紙が伝えた〈カンティニエール〉の姿、1854年12月

従軍した女性たち

　19世紀半ばの戦争はもっぱら男の戦いだったかもしれないが、女性たちにも少なからず助けられた。彼女たちは部隊に随行して日用品の供給、食事の世話、看護などをおこない、クリミア戦争の困難の多くを兵士と同じように耐えた。この無名の〈カンティニエール〉の写真は、ロジャー・フェントンが撮影したものである。
　カンティニエール（食堂の女将）もしくはヴィヴァンディエール（従軍女商人）と呼ばれる女性たちは、18世紀後半からフランス軍に随行するようになった。彼女たちは兵士の妻なので夫が所属する部隊に準じた制服を着用し、車やテントでワインや食品、タバコなどを兵士に売った。カンティニエールに対するナポレオン3世の評価は高く、戦場がメキシコ、中東、ベルギー、イタリア、ロシアとどこになろうと、かならず大勢の女性たちを軍隊に同行させた。20世紀前半まで彼女たちはフランス軍に欠かせない存在だった。やがて、他国もこのシステムの成功をまねするようになる。とくに1860年代のアメリカ南北戦争では、両軍ともにカンティニエールをしたがえて各地を転戦した。
　カンティニエールの生活には、当然ながら困難と危険がともなった。しかし、それは普通ならあり得ない自由を与えてくれる場でもあった。とくにフランスの場合、民法の「ナポレオン法典」によって、女性は一般的な権利のほか、居住や就労の自由がきびしく制限されていたからである。その一方、当時のイギリス兵たちが高度に理想化されたコケティッシュなカンティニエールに強い憧れをいだいたのも、無理からぬことだったろう。

しかし今後、反乱がたんなる軍隊内の反乱にとどまらず、国民感情全体を表出するものであった場合、そのときこそわがインド帝国を保持しようとする望みはすべて潰え、あらゆる欲望を捨て去らねばならないだろう。

ヴィクトリア朝時代の
歴史家ジョン・シーリー
1857〜58年の「セポイの反乱」について

インド大反乱

　列強がヨーロッパで戦っているあいだ、数千キロメートル離れた東方でも争いが起きていた。インドでは1600年代以降、東インド会社を通じてイギリスが支配領域を拡大した。王室の後援、狡猾な政治、強力で無慈悲な私設軍隊を駆使しつつ、この独占的特許会社は19世紀半ばまでに、ヒマラヤ地方からマドラス（現チェンナイ）、アフガニスタン国境から下ビルマ（現ミャンマー南部）まで、インド亜大陸の半分以上を手中に収めた。
　彼らは社会と宗教の伝統をかえりみず、経済的な搾取と不公正な施策に終始する植民地経営を続けたために、インド国内の怒りを買った。1857年前半、ヒンドゥー教徒やイスラーム教徒とキリスト教徒の対立は、宗教的要因をきっかけに表面化した。会社がインド人傭兵（シパーヒーまたはセポイ）に配備する新型銃の弾薬包に「牛と豚の脂が使われている」という噂が流れたためである。どちらの動物もそれぞれヒンドゥー教とイスラーム教の禁忌に抵触するため、彼らの不満は爆発した。
　1857年5月10日、インド北部メーラトの駐屯地で発生したシパーヒーの蜂起は、またたくまに近郊のデリーやラクナウに波及した。ラクナウはアワド州の州都で、前年2月にイギリスに併合された藩王国の首府だった町である。写真のモスクは反乱直後のたたずまい。その後の数週間で反乱はアワド全体に広がり、ラクナウの行政官官邸は二度も包囲され、その総日数は140日以上におよんだ。1858年末にはデリーとラクナウは廃墟と化した。18か月続いたインド北部の反乱は鎮圧されたが、それはインドを永遠に変えることになった。

イギリスによるインド直接統治のはじまり

　1857年から58年にインド北部を席巻した争闘によって約80万人が命を落とした。両陣営で数々の残虐行為や虐殺がおこなわれた。銃剣による市民の刺殺、レイプ、私刑、児童殺害、数人ずつ束ねた反乱軍捕虜を砲口の前に立たせて粉々に吹き飛ばすという蛮行。インド人はそれぞれの地元の忠誠の歴史にしたがい、二手に分かれて争った。パンジャブ地方では、シク教の兵士はイギリス側についた。写真のシク教徒騎兵は、イタリア出身の写真家フェリーチェ・ベアトが1858年に撮影したものである。

　反乱にイギリス人がたぎらせた復讐の炎は、自国内の強硬論者から賞賛される無慈悲な、報復的な処刑となって現れた。チャールズ・ディケンズは「わたしがインドの最高司令官であったなら……あの民族を皆殺しにするために最大限の努力をするだろう」と述べた。幸いにも、彼はその任になかった。1858年ヴィクトリア女王は、東インド会社の支配を終わらせ、本国政府がインドを直接統治することを宣した。イギリスによるインド直接統治時代の幕が開いた。

　その後、イギリスはインドの文化と階級構造により注意深く接する一方、鉄道や運河を敷設し、学校や大学の振興をはかり、近代的なインドの基盤を築いた。こうしたすべては、イギリスの利益を念頭におこなわれたのは間違いない。しかし数十年後にあきらかになるように、それは最終的にインドに愛国心を芽吹かせ、イギリス帝国を崩壊させる一因となってゆく。

> わが国は、われわれと諸領の臣民をつなぐのと同じ責務をもって、わがインド領内の臣民とむすびつく。
>
> 1858年インド統治法

> その動機においてかくも不正な戦争、かくもわが国を永遠の恥辱にさらす戦争をわたしは知らないし、かつて読んだこともない。
>
> W・E・グラッドストン
> （のちのイギリス首相）、1840年

ふたつのアヘン戦争

　イギリスにとってインドの最大の魅力のひとつはアヘンだった。ベンガル地方で栽培されるケシは精製され、高度に依存性のある薬物となって、世界中に、とくに中国へ輸出された。アヘンには性的能力を高める作用があると信じた中国人のあいだで、この麻薬は巨大な市場を形成した。中国の津々浦々でアヘン窟が営まれ、ときには骨と皮だけに痩せ細った中毒患者であふれかえった。

　清朝はアヘン中毒による社会の崩壊を重く受け止め、イギリスからの密輸を阻止しようとした。1840年から42年に第1次アヘン戦争が起こり、56年には第2次アヘン戦争（アロー戦争）がはじまった。圧倒的な海軍力を誇るイギリスとフランスの連合軍が清朝と対峙し、結果的に中国との自由貿易、キリスト教布教の承認、中国人労働者「苦力（クーリー）」貿易の公認などを引きだした。この条約によって、中国人労働者はシンガポールやオーストラリア、ペルー、チリ、カリブ諸国、アメリカにまで送られることになる。

　フェリーチェ・ベアト撮影の写真は、北京をめざす英仏軍を阻止しようとして、1860年8月に占領された大沽砲台（天津）の様子である（ここに示されている虐殺の跡は、流血を記録しなかった先のクリミア戦争報道写真からの転換を物語る）。2か月後、連合軍は北京の円明園（清代の由緒ある離宮）を略奪、破壊し尽くしたあと、焼き払った。すでに避難していた皇帝は屈服させられ、英仏に利する懲罰的な条約をむすばされた。

この罪深き土地の犯罪は、流血でしか贖うことはできない。

奴隷制度廃止運動家ジョン・ブラウン

アメリカの領土拡大

　旧大陸ヨーロッパの帝国が東方への拡大に熱中しているあいだ、18世紀の独立戦争によって誕生したばかりの新国家アメリカ合衆国も成長を続けていた。1850年代、合衆国政府は中西部で領土拡大を熱心に進めていた。旗印に掲げたのは「明白な天命」説。大西洋と太平洋のあいだにある土地すべてを合衆国が所有するのは天命なのだ、という思想である。「明白な天命」説は現在のアメリカ合衆国誕生に貢献したが、アメリカ先住民には悲惨な末路をもたらした。大草原地帯のポタワトミ族（写真）も例外ではない。彼らは条約によって、もとの居住地からネブラスカ州やカンザス州の保留地へ移住させられた。やがてその場所も政府に取りあげられ、白人の入植がはじまると、彼らは再び移住を余儀なくされた。苛酷な強制移住の過程は、部族全体が死の道を歩んでいるかのようだった。

　一方、入植者のほうでは、西部開拓の進展によって州間に深刻な政治的対立が生まれた。新しくできた州に奴隷労働を認めるかどうかという、奴隷制の問題である。1850年代のカンザスでは、奴隷制は憲法が認める不可侵の権利だとする擁護派と、自由の国の道徳的汚点だとする反対派のあいだで、襲撃や武力衝突が相次いで起こった（「流血のカンザス」）。

　西部で頻発する暴力事件を政治的に解決する道は遠く、1850年代末には、この問題に決着を付けるには両派の州で戦争するしかないという空気に傾いていった。

カリフォルニア・ドリーム

　アメリカ人は太平洋岸を目指した。カリフォルニアは1848年にアメリカ領となり、その2年後に31番目の州に昇格した。1848年は、シエラネバダ山脈で金が発見された年だった。人々は一攫千金の夢を胸に西部へ殺到した。

　カリフォルニアへ来たのは東部のアメリカ人だけではなかった。1850年代には、動揺する清朝支配に見切りを付け、数千人もの中国人が香港などからやってきた。多くは金鉱へ向かったが、一部は基本的サービス業の需要が高いサンフランシスコなどの新興都市に居住し、洗濯業から街娼まで、幅広い生業で急成長する社会を下から支えた。

　写真には白人と中国人の採掘者がならんで写っているが、両者のあいだには緊張が存在した。カリフォルニア州議会は争いにけりを付け、白人に有利な判断を下した。中国人に毎月の外国人鉱夫税とライセンス料を課したのである。また、1854年にカリフォルニア州最高裁は「ピープル対ジョージ・W・ホール」判決で、「中国系アメリカ人または移民が白人の犯罪に対して法廷証言することは許されない」と定めた。

　この判決は基本的人権を否定するだけでなく、中国人と黒人、混血、アメリカ先住民を併置して白人と区別した。奴隷制を禁じた自由州でありながら、暗に白人の優位性を示したのである。

> **性質が下等**であり、また一定以上の進歩や知的発達が不可能な人種であることは、彼らの歴史が示しているとおりである……
>
> 法に書かれた人種差別
> 1854年カリフォルニア州最高裁
> 「ピープル対ジョージ・W・ホール」判決

> わたしは今回の迅速なる旅を通じて、栄光の約束を実感し、またあらゆる場所でエネルギーと産業の成果を目の当たりにし、おおいに感銘を受けております。
>
> アルバート英国皇太子、トロント、1860年

カナダをむすぶ

　北アメリカの植民地は鉄道網によって徐々に拡大していった。数千キロメートルにおよぶ線路を蒸気機関車が走り、かつてはたどり着くのが不可能だった遠隔地へも簡単に行けるようになった。とくに恩恵をこうむったのが、カナダとアメリカ北部である。1850年代、カナダのグランド・トランク鉄道は広大な鉄道網の建設に着手し、モントリオールからオンタリオをむすんだほか、南へも路線を延ばして、アメリカのバーモント州、マサチューセッツ州、メイン州などとも連絡した。

　カナダ各地が鉄道でむすばれると、政治的な統合も進んだ。フランス語圏と英語圏は分かれていたものの、1841年にアッパー、ロワー両カナダ植民地が統合され、連合カナダ植民地が誕生した（1867年に近隣の英領ノバスコシアとニューブランズウィックも参加）。とはいえ、それで現在のカナダが形作られたわけではない。スペリオル湖以西の土地はすべて手つかずで残されており、探査もされていなかった。

　19世紀後半になるとカナダの植民地はいっそう拡大し、独立の気運も高まるが、カナダがイギリスの干渉を脱して真の主権国家になるには1982年まで待たねばならない。この写真は、帝国に統治されていた時代のカナダの様子。1856年にカナダに移住したスコットランド人ウィリアム・ノットマンは、当時の写真をたくさん残した。彼はアルバート英国皇太子（未来のエドワード7世）による1860年カナダ行幸にも随行している。

1860年代

内乱

昨日、この国の心臓部はかつてないほどの
混乱に陥った。その知らせは……
わが国の史上類を見ないほどの
恐怖と苦痛をもたらした。

『ニューヨークタイムズ』紙、1865年4月16日
エイブラハム・リンカーン大統領狙撃から2日目の記事

「ちくしょう！　ちくしょう！」呪いの言葉を吐きながら、21歳の青年ルイス・パウエルはアメリカ国務長官ウィリアム・H・スワードの屋敷を飛び出し、通りに走りこんで血まみれのナイフを側溝へ投げ捨てた。1865年4月14日のワシントンの夜は更け、午前0時になろうとしていた。この日付は悲しみとともにアメリカ史に刻みこまれることになる。

彼の背後には、ベッド上で刺されて重傷を負ったスワードが残された。別の場所の事態はもっと深刻だった。数ブロック離れたところにあるフォード劇場では、第16代大統領エイブラハム・リンカーンが死の淵をさまよっていた。大統領は喜劇『われらがアメリカのいとこ』を観劇中、著名な俳優ジョン・ウィルクス・ブースに頭部を撃たれたのである。スワードは命を取りとめたが、リンカーンは翌朝息を引き取った。副大統領アンドルー・ジョンソンの暗殺計画は実行されておらず、その日のうちにジョンソンが大統領に昇格した。これはアメリカ史上初の大統領暗殺事件だったが、最後とはならない。

パウエルは3日後、下宿屋で拘束されたのちに逮捕され、共謀者もほぼ全員が捕まった（ブースは射殺）。事件の動機はすぐにあきらかになった。彼らは全員、奴隷制廃止を掲げるリンカーンの大統領選出に異を唱えて合衆国から分離したアメリカ連合国（南部連合）の支持者であり、怒りをたぎらせていた。南部の離脱は凄惨な内戦の幕開きだった。4年にわたる戦闘で62万人のアメリカ人が死亡し、南部連合の敗退で終わった。パウエルは南部アラバマ州の出身。1863年7月の激戦地ゲティスバーグで負傷した南軍兵士だった。

このパウエルの写真は、アナコスティア川に停泊する砲艦ソーガス号の甲板上で撮られた。彼は裁判までこの船内に勾留された。撮影者は、アメリカに移住したスコットランド人のアレクサンダー・ガードナー。当時の重大な戦闘や人物の多くを記録した写真家である。

ガードナーの生な構図、また暴力や死に対する冷徹な視線は、彼がしばしばロジャー・フェントンと同じく、被写体をかなり意図的に操作した事実を隠してしまう。写真のパウエルは冷淡で無頓着に見える。だが実際は、彼の心理状態はずたずただった。

1860

5月
ジュゼッペ・ガリバルディがイタリア統一運動の一環として「千人隊」を率い、シチリアに侵攻。

10月
第2次アヘン戦争で北京の円明園が焼きはらわれる。

11月
エイブラハム・リンカーンが第16代アメリカ大統領に選出される。

1861

2月
アメリカ合衆国を離脱した南部諸州がアメリカ連合国を発足させる。大統領にジェファソン・デイヴィスが就任。

2月(ユリウス暦3月)
ロシア皇帝アレクサンドル2世が農奴解放令を公布。

4月
アメリカ南北戦争勃発。

8月
清朝の咸豊帝死去。西太后の派閥が権力を掌握。

1862

5月
プエブラの会戦でメキシコ軍がフランス軍を撃破。5月5日の戦勝記念日は「シンコ・デ・マヨ」として現在も祝日となっている。

6〜7月
南北戦争で「七日間の戦い」が起こる。

9月
オットー・フォン・ビスマルクが国王ヴィルヘルム1世よりプロイセン宰相に任命される。

1863

7月
南北戦争で「ゲティスバーグの戦い」が起こる。16万5000人の兵士が参戦し、その3分の1が死傷した。

1864

2月
プロイセンがデンマークに侵攻。

12月
イギリスのブリストルでクリフトン吊り橋が開通。設計者のイザムバード・キングダム・ブルネルが死去してから7年目のことだった。

みじめな状態のまま閉じこめられ、数日前には自殺を試みるかのように、自分の頭を独房の鉄格子に幾度も打ちつけていた。ガードナーは、殺人者のイメージとはほど遠い肖像を示した。この写真が追求しているのは、鎧をまとった反抗である。わざと斜にかまえた無関心さは、たとえば今日のファッション雑誌の表紙を飾るロックスターの姿に通じるものがある。ガードナーの写真、つまり彼が紡いだ物語は、分断された国家を襲った悲劇の情報に飢える世間を満たした。そして彼は、その後の物語の目撃者となった。数か月後、ワシントンのアーセナル刑務所で執行されたパウエルと3人の共謀者の絞首刑を記録したのは、ガードナーだけだった。1865年7月7日のことである。

アメリカ南北戦争は1860年代を決定づける出来事のひとつだが、ほかの国々でも地殻変動が起きていた。プロイセン王国は鉄血宰相オットー・ビスマルクの指揮のもとデンマークやオーストリアを退け、中央ヨーロッパでの覇権確立を狙う。イタリアではヴィットーリオ・エマヌエーレ2世が国内統一を果たす。同時に（かつ連動して）発生した武力による国家統一のうねりは、中央ヨーロッパの長い――遠く神聖ローマ帝国まで遡ることができる――激動の歴史の延長線上にあるものだ。こうした変動は20世紀の世界大戦にも影響をおよぼすだろう。一方ロシアは、50年間の社会的、政治的革命の時代に突入する。皇帝アレクサンドル2世は農奴解放令を公布したが、西方の領土で相次ぐ反乱に苦しむことになる。日本では革命と改革の気運がみなぎり、中国はカリスマ的な皇太后のもとで近代化を模索する長い時代に入る。

そのかたわら、技術的な進歩は休むことなく続いた。数千キロメートルにわたって新設される鉄道や電信ケーブルが世界をつなぎ、運河が建設され、潜水艦などの新型の乗り物が登場する。科学者は新たな成分を発見し、そこから生まれた新技術が世界を根本的に、誰も予期しなかった方法で変えていく。一方の代表は抗生物質。病気を治す手立てとなり、寿命の延長につながった。もう一方の代表はダイナマイト。これはすぐさま破壊の科学に応用され、敵を殺傷する能力を飛躍的に高めていった。

1865

4月
アポマトックス・コートハウスの戦いで南軍のリー将軍が降伏し、南北戦争が終結。その後リンカーン大統領は、ジョン・ウィルクス・ブースと共謀者ルイス・パウエルらに暗殺される。

1866

3月〜4月
アメリカ議会で最初の公民権法が制定され、アフリカ系アメリカ人の法的権利を保障。合衆国再建に向けて重要な一歩だった。

7月
グレート・イースタン号が大西洋横断海底ケーブルの敷設に成功。

1867

1月
日本では14歳の睦仁親王が皇位を継承。明治に改元されるのは翌68年。王政復古を果たした日本社会は激変の時代を迎える。

5月
アルフレッド・ノーベルがロンドンでダイナマイトの特許を取得。

6月
メキシコ皇帝のマクシミリアーノ1世が銃殺される。

9月
カール・マルクスが『資本論』第1巻を出版。

1868

1月
イギリスからオーストラリアへの最後の流刑船が到着。これ以後、囚人の流刑制度は廃止される。

10月
トーマス・エジソンが初めての特許を取得。

1869

5月
アメリカのニューヨーク市で女性の投票権獲得をめざす「全国婦人参政権協会」が設立される。

11月
スエズ運河が正式に開通し、船舶を連ねての盛大な開通式がおこなわれる。

ガリバルディ

「千人隊」とも呼ばれる赤シャツ隊は、1860年5月11日、シチリア島西部に船をつけた。武装した彼らの心をひとつにまとめ、指揮を執るのは世界的な名声を博し、こよなく愛された武人ジュゼッペ・ガリバルディ。彼らの目的はブルボン朝が支配するシチリアを取りもどして、新生イタリア王国に加えることである。

イタリア統一は当時のガリバルディの悲願だった。生涯を大義に捧げたガリバルディが生まれたのは1807年。青年期から革命に惹かれ、26歳のときにイタリアから亡命した。南米に渡り、反乱活動に身を投じて、ブラジル帝国からの独立をめざす「ラガマフィンの戦い」やウルグアイ内戦に加わった。

ガリバルディはゲリラ戦術に長け、海上の指揮官としても有能だった。1850年代はアメリカやイギリスを拠点に商船を率いた。だが、イタリアとイタリア統一運動がつねに彼を祖国へ引き戻した。1860年のシチリア遠征から急展開した統一戦は、最終的に1871年に完了することになる。

ガリバルディの生涯を彩る伝説は、彼が成し遂げた偉業と同じように人々の心をつかんだ。彼の代名詞である赤シャツを着た写真は1864年に撮影されたもの。この制服と、波乱に満ちたロマンティックな人生が彼の名声を高め、ガリバルディは世界中の象徴的存在となった。しかし、彼の愛した祖国イタリアに勝る場所はない。統一の達成にガリバルディが果たした役割は、それほどに大きかった。

> わたしは俸給も、宿も、食物も約束しない。わたしが約束するのは飢えと、渇きと、強行軍と、戦闘と、そして死のみである。口先だけでなく心から祖国を愛する者よ、わたしに続け。
>
> ジュゼッペ・ガリバルディ、1849年7月2日

NEXT PAGE

イタリア統一

ローマのはずれにあるサラリオ橋は1860年代まで、古代ローマ帝国の崩壊にも、幾度となく侵入してきた勢力による損壊にも、ナポレオン1世のイタリア侵攻にも耐えてその姿をとどめてきた。しかし1867年、橋中央部の25メートルにおよぶ有名な石造アーチはとうとう砕かれて、下の川へ落とされた。迫りくるガリバルディ軍を阻もうと、ローマ教皇側のフランス軍が破壊したのである。

この惨事は、分裂状態のイタリア半島を統一しようとする運動——イタリア語でリソルジメント——の途中で起きた。祖国に介入する外国勢力を駆逐するため、19世紀の大半を費やして、政治的にも軍事的にも長くけわしい戦いを続けてきた愛国者たちの悲願は、1867年には達成目前になっていた。彼らはイタリアのほぼ全土を手中に収めた。だが、ローマ教皇領はまだだった。1861年に誕生したイタリア王国が首都と定めたローマは、征服できていなかった。1867年に占領を試みたガリバルディ軍は、フランス軍に支援された教皇軍に敗れた。サラリオ橋はその戦いの過程で破壊された。

ローマは最終的に、1870年9月20日にイタリア軍の手に落ちた。翌年、ヴィットーリオ・エマヌエーレ2世のもとでイタリア統一は完了した。橋は1874年に再建されたのち、20世紀の自動車交通にあわせて拡張された。現在は国道4号線の一部となっており、往時の魅力はない。

現下の大問題は演説や多数決によってではなく、鉄と血によってのみ解決されるのです。

オットー・フォン・ビスマルク
1862年9月

ビスマルク

　1850年代のクリミア戦争直後に起きたイタリア独立戦争は、ヨーロッパ列強の力関係を再構築した。1860年代に圧倒的な勝者の側にいたのはプロイセン王国である。その国を代表する政治家オットー・フォン・ビスマルクは「鉄血宰相」の異名をとった。

　昔から地方分権的な領邦がゆるくつながっていたドイツ圏でも、イタリアと同じく統一を求める機運が高まったが、1848～49年の革命では実現されなかった。プロイセン国王ヴィルヘルム1世は1862年に、経験豊富な外交官ビスマルクを宰相に任命。ビスマルクはプロイセン王国を盟主とする統一ドイツをめざした。

　その後の10年間、有能な外交官であり、柔軟な政治家であり、呵責なき軍事リーダーだったビスマルクは、ヨーロッパを席巻した。近隣諸国との戦争では、プロイセン軍が迅速かつ完全に近い勝利をおさめるように導いた。1866年のオーストリア帝国との戦争では、ケーニヒグレーツの戦い（ザドヴァの戦い／現チェコ共和国内）で敵軍を撃破し、北ドイツに新たな連邦体を創設。その年に暗殺未遂事件が起き、ビスマルクは5発撃たれたが軽傷ですんだ。

　1870～71年の普仏戦争でプロイセンはフランスを破り、統一ドイツ帝国成立の舞台が整った。ヴィルヘルム1世は皇帝に即位し、ビスマルクは宰相となった。この写真は晩年のもの。当時の卓越した政治家だったビスマルクのキャリアは1890年に終わるが、その伝説はもっと長く続くことになる。

最後の女帝

　中国では、戦争に完敗した清朝宮廷で、政治的な野心を秘める女性が着々と地歩を固めていた。彼女の名前は西太后。出生地は北京とされる。咸豊帝の妃となり、世継ぎの男子を産んだ。

　第2次アヘン戦争で敗北が避けられなくなると、咸豊帝は北京から逃れ、1861年に避難先で没した。西太后は、帝の皇后だった東太后や北京に残留していた一族と手をむすび、先帝の寵臣を排除するクーデターを決行。宮廷の実権を握り、5歳の同治帝（在位1861〜75年）、その後の光緒帝（在位1875〜1908年）を皇太后が後見するという名目で政権の中枢に就いた。

　西太后と東太后の政治は「垂簾聴政」という。女性は群臣の前に顔をさらさず、御簾を降ろしたまま会見し、政務を執る慣例だったからである。政治に関心を示さなかった東太后に比して、西太后は存分に政治的手腕を発揮した。1860年代とその後の困難な時期、西太后は積極的に西洋の技術と教育方法を取り入れようとした。だが、それは彼女自身の保守的傾向と相容れない部分も多く、また西太后の強権的な政治手法は周囲との摩擦を生んだ。

　この写真が撮られた5年後に、西太后は没した。撮影者は外交官の息子でアマチュア写真家だった勲齢。西太后が中国の権力を握ってから約40年の歳月が流れているにもかかわらず、威厳は少しもそこなわれていない。

中国を訪れる外国の名士となら誰と会ってもよいが、わたしの宮廷に平民は足を踏み入れてほしくありませぬ。

西太后の言葉。
女官の徳齢（写真撮影をした勲齢の妹）の見聞録より

日のいずる国

　中国同様、日本も天皇を戴く国だった——が、天皇制は有名無実化していた。17世紀に武家政権である徳川幕府が確立すると、天皇は政治的に無力になり、京都御所でひっそりと暮らすようになった。社会には徳川将軍を頂点とする封建制が敷かれ、日本各地の大名は将軍と主従関係をむすんで、それぞれの領土である「藩」を支配した。

　1860年代になると、徳川幕府の権力は揺らぎはじめ、長年にわたって外国との接触を極端に制限してきた鎖国制度もほころびを見せる。すでに1854年、艦隊を率いて来航したアメリカ海軍軍人マシュー・C・ペリーが武力を背景に開国を迫り、日米和親条約をむすんでいた。

　この写真は1863年に撮影。日本で数多くの美しい写真を撮ったフェリーチェ・ベアトによる薩摩藩士たちの肖像である［この武士たちは、1862年の生麦事件が原因で翌63年に勃発した薩英戦争の和平交渉のために横浜のイギリス公使館を訪れた薩摩藩士と支藩の佐土原藩士。岩下佐次右衛門、重野厚之丞、樺山舎人、能勢二郎右衛門と思われる］。1867年末、薩摩と長州を中心とする討幕派は「王政復古の大号令」を出させることに成功。第15代将軍だった徳川慶喜を擁する幕府勢力との全面対決に入る。

　江戸末期の孝明天皇は1867年に急逝し、14歳の睦仁親王が跡を継いだ。この新天皇の時代に日本の政権は将軍から天皇に移り、江戸は東京に改称される。明治（「明るく治まる」の意）時代のはじまりである。日本は開国し、制限された民主主義のもと、産業化と西洋技術の吸収に邁進していく——ただし、日本式のやり方で。

いかならむときにあふとも
人はみなまことの道を
ふめとをしへよ

明治天皇

農奴解放

「農奴制は上から廃止するほうがよい」と、ロシア皇帝アレクサンドル2世は1856年に述べた。「さもなければ、いつの日か下から廃止されることになるだろう」皇帝が言及したのは、ロシア社会の封建制度のことである。帝国内には数百万人の農民が、法的に奴隷の状態で存在していた。居住地に縛り付けられたまま、彼らの肉体と魂を所有する領主のために酷使された。土地を所有することは許されず、結婚にも領主の承認が必要であり、裁判や判決も領主の思いどおりだった。

ロシアの農奴制は1649年から存在したが、1860年代には大勢が——皇帝を含めて——もはや農奴制は倫理的にも経済的にも維持できない、と考えていた。そのため1861年、アレクサンドル2世はさまざまな規定を細かく定めた農奴解放令を公布した。こうして2000万人以上もの農奴が隷属というくびきから逃れ、個人の所有物を持つことを含め、法的な権利が保障された。

この寛大な措置によってアレクサンドル2世は「解放皇帝」と呼ばれた。しかし、完全な新時代が幕を開けたわけではない。農民が買える土地はかぎられていたうえ、耕作に適さないものも多かった。また、封建領主制度にかわって強化された自治システム「農村共同体(ミール)」が人々を圧迫した。たしかに農奴解放令は画期的な出来事であり、血で血を洗う内乱なくして達成された。だがその改革は、国民の大多数である農民の生活を真に向上させるような、抜本的な対策を組み合わせたものではなかった。アレクサンドル2世の不完全な革命の結末はやがてあきらかとなる。

アメリカはリンカーン大統領の宣言で黒人奴隷を解放しましたが、わたしはロシアの農奴に個人の自由だけでなく土地まで与えたのですから、より多くの恩恵を施しました。

ロシア皇帝アレクサンドル2世
1879年8月17日

> ダーウィンが生物界における発展法則を発見したように、マルクスは人類史の発展法則を発見しました。
>
> フリードリヒ・エンゲルスがマルクスに捧げた弔辞、1883年

『資本論』

　19世紀に世界を揺るがした革命の機運から、近現代史において最も崇拝され、かつ最も嫌悪される著述家のひとりが生まれた。ドイツの社会科学者、ジャーナリスト、経済学者、社会主義者のカール・マルクスである。

　1860年代のマルクスはロンドンに居をかまえ、さまざまな新聞に寄稿するかたわら、経済学と歴史に関する研究に取り組んだ。やがて、それは『資本論』という記念碑的な著作に結実する。第1巻は1867年に出版され、マルクスが革新的――かつ危険――な思想家であるという国際的名声を高めた。その評価はすでに、マルクスが友人のフリードリヒ・エンゲルスと共著『共産党宣言』（1848年）を出したときから定まっていた。

　マルクスとエンゲルスの分析によれば、人間社会は階級間の闘争を通じて発展してきた。そうした階級闘争は必然的に革命に帰結する。労働者は搾取され続けてきたことに気づき、立ち上がり、生産の手段であることをやめて、理想的な共産主義社会を築くだろう。

　マルクスは1883年に没した。彼が夢見た共産主義者の楽園はまだ実現されておらず、彼の著作に触発された凄惨な革命が起こるのは数十年後のことである。この写真は1875年にロンドンで撮影されたもの。リージェント・ストリートにあるジョン・メイオールの写真館で撮った連続写真の1枚である。メイオールはマルクスだけでなく、大勢の著名人を撮影した。1850年代から名をはせ、イギリス王族の写真も手がけている。

自由と奴隷制

　1861年から65年にかけてアメリカ合衆国を二分した戦争について、カール・マルクスは新聞に何十本ものコラムを書いた。その戦争では何十万人ものアメリカ人が戦死した。

　南北戦争の中心に位置していたのは奴隷制だった。たしかに、南北の格差にかかわる問題点はほかにもあった。産業化され、商業が中心となった北部。農業と綿花貿易が経済と日常生活を支えていた、昔ながらの南部。

　しかし1860年代には、奴隷制はそのほかの諸問題を圧して、合衆国全体をひとつの問いに収斂（しゅうれん）していった。黒人奴隷を所有することは、自由なアメリカ市民には不可欠の、憲法に守られた権利なのか？あるいは、自由の対極に存在するのか？

　公然と奴隷制反対を掲げるエイブラハム・リンカーンが第16代アメリカ大統領に選出されると、南部7州は1861年に合衆国を離脱し、アメリカ連合国（南部連合）を樹立。大統領にジェファソン・デイヴィスを選出し、首都をアラバマ州モンゴメリー（その後まもなくバージニア州リッチモンド）に定めた。その年の4月、戦端が開かれた。

　この有名な写真は、ジョージア州アトランタの奴隷競売所を写したものだ。扉の前に座っている歩哨は、北軍の青い制服を着た黒人兵士である。一見したところ、ごく普通の南部の風景にすぎない。実際は、この写真は南軍の敗北が決定的となった1864年に撮られた。写真家ジョージ・N・バーナードは、ほかのなににも増してアフリカ系アメリカ人の基本的人権が危機にさらされていた戦争の結果を、この1枚で象徴的に示そうとしたのである。

> われわれ白人種はすべて、身分の高い者も低い者も、富める者も貧しき者も、法的見地からは平等である。しかし黒人はそうではない。従属が彼らの居場所である。彼らは生まれつき……われわれの社会構造ではそこに位置するのが適しているのだ。
>
> 南部連合副大統領
> アレクサンダー・スティーヴンズ
> 1861年3月21日

> ほとんどの場合、中傷に対する最高の弁明は真実です。
>
> エイブラハム・リンカーンから陸軍長官エドウィン・M・スタントンへあてた言葉、1864年7月14日

正直者エイブ

　エイブラハム・リンカーンは大統領らしくなく、風変わりな男だった。不格好だが、カリスマ性があった。精神的だが、宗教には懐疑的だった。ひじょうに知的だが、ほとんどが独学だった。1809年にケンタッキー州の丸太小屋で生まれた。1830年代はイリノイ州で議員を務め、やがて1861年にホワイトハウスの住人となる。それが南北戦争の幕開きだった。彼は大統領になる前から、誠実な人柄や明快な弁舌によって「正直者エイブ」と呼ばれていた。

　戦争はリンカーンを劇的に変えた（写真は1860年にアレクサンダー・ヘスラーが撮影）。南部の土地と生活様式を徹底的に破壊しないかぎり勝利は得られない、と痛感するようになったのである。また、奴隷制に対する考え方も純度を増した。1861年3月4日の第1次大統領就任演説で、リンカーンは次のように語っている。「現時点で奴隷制を維持している諸州に、直接的にも間接的にも、介入するつもりはありません」それから2年もたたないうちに、リンカーンは奴隷解放宣言を発布し、南部に住む300万人の奴隷は「以後再び奴隷になることはなく、永遠に自由」だと述べた。

　現在、大多数のアメリカ人が、リンカーンはジョージ・ワシントンとならぶ最高の大統領だと考えている。しかし在職中は、しばしば強烈に嘲られた。北軍のすぐれた将官のひとりジョージ・マクレランは、大統領を「本物のゴリラ」にたとえた。またロンドンの『タイムズ』紙は、1863年のリンカーンの演説を「退屈で平凡」と酷評した。今日、それは「ゲティスバーグの演説」として、アメリカのほとんどの小学生が暗唱できるほど習う教材となっている。

ゲティスバーグの戦い

1863年7月5日、アレクサンダー・ガードナーと助手ティモシー・オサリヴァンは、ペンシルベニア州の交通の要衝ゲティスバーグ周辺の草原や丘を歩き、南北戦争の激戦に斃れた数千人もの兵士の死体が散乱する風景を写真に収めた。

7月に入ってからの3日間、北部への進攻をめざすロバート・E・リー将軍率いる南軍部隊は、ジョージ・G・ミード将軍麾下の北軍に行く手を阻まれた。セメタリーリッジ（墓地の尾根）やデビルズデン（悪魔の棲み処）など、不気味な名前のついた地点で死闘が繰り広げられた。戦闘に参加した兵士は16万5000人以上。ガードナーとオサリヴァンがこの写真を撮る頃には、兵士の3分の1近くが死ぬか、死にかけているか、重傷を負っているか、行方不明になっていた。

ゲティスバーグの戦いは南北戦争の転換点となった。リー将軍の北部進攻を確実に阻止したことで、南部連合の独立や奴隷制維持を保証する談合の必要はなくなった。この勝利に勢いづき、勇将ミード、ウィリアム・T・シャーマン、ユリシーズ・S・グラントらが率いる北軍は、最終的な勝利に向けて着実に進んでいった。そして1865年4月、バージニア州アポマトックス・コートハウスの戦いでリー将軍は降伏し、南北戦争は事実上終わりを迎えた。

熱烈な連邦主義者だったガードナーは北軍と行動をともにし、オサリヴァンと2人で撮った写真は、連邦が掲げる理念の正当性や無残な戦争の悲劇を強く訴えた。ただ、彼らの最も有名な写真のうちのいくつかは、死体を動かしたり、移動式のスタジオに用意した小道具類をならべたりして、演出されたことがわかっている。

> 戦闘の模様を伝えるには、複雑な説明を要することが多い。しかし、これは一言で足りるだろう。悪魔の所業だ！
>
> アレクサンダー・ガードナー、1866年

> わたしは敵の破滅を喜ぶ気にはなれなかった。かくも長きにわたって雄々しく戦い、大義のためにかくも苦闘してきた敵。だがその大義とは、思うに、戦争史上最悪なもののひとつにすぎなかったのだ。
>
> ユリシーズ・S・グラント将軍の回想
> 1865年のアポマトックス・コートハウスの戦いについて

降伏

　バージニア州リッチモンドは南部連合の首都だった。また、南軍最高の軍人とされるロバート・E・リー将軍の故郷でもあった。比類ない戦略家であるリーは、南北戦争時の南部人の希望の星であり、その名声は南部連合の大統領ジェファソン・デイヴィスをしのいだ。

　リーは生涯を通じて武人だった。ウェストポイント陸軍士官学校を優秀な成績で卒業、1840年代はメキシコ戦争（発端はアメリカのテキサス併合）に従軍して活躍。勇猛果敢な司令官となったリーは、さまざまな劣勢をはねのけて北軍の諸将を打ち負かし、七日間の戦い（1862年）、第2次ブルランの戦い（1862年）、フレデリックスバーグの戦い（1862年）、チャンセラーズビルの戦い（1863年）、コールドハーバーの戦い（1864年）などで勝利をあげた。

　このリー将軍の肖像は、ワシントンに拠点を置く写真家マシュー・ブレイディが撮影した。ブレイディは、南北戦争を記録したアレクサンダー・ガードナーらを雇った人物である。彼は1865年4月16日にリーの自宅を訪れ、息子のG・W・カスティス・リー（左）と側近ウォルター・H・テイラー（右）と一緒にいる将軍と会った。写真に漂う沈鬱な雰囲気は、当時のきびしい状況を物語っている。この7日前、リー将軍率いる北バージニア軍はアポマトックス・コートハウスで、北軍総司令官のユリシーズ・グラント将軍に降伏した。そして前日には、リンカーン大統領が兇弾に斃れた。

　かつてリーが語った有名な言葉に、「戦争が悲惨なのはよいことだ。さもなければ、人々は戦争を好むようになるだろう」というものがある。62万人の戦死者とともに、リーが深くかかわった悲惨な戦争は終わった。

植民地建設

　南北戦争でその人権が最大の争点となった奴隷の大半は、西アフリカから輸入された。1810年代から、アメリカの一部で「黒人を現地に帰還させる」ことが議論されるようになった。1820〜30年代、アメリカ植民協会は解放黒人奴隷を乗せた船をいわゆる「胡椒海岸」（西アフリカのギニア湾岸）に送りこみ、開拓地に移住させることにした。この植民地政策——背景には善意と人種的偏見が同程度に存在していた——から誕生したのが、新国家リベリアである。プロテスタントのアメリカ系アフリカ人（白人との混血の人々もいた）が現地のアフリカ人を支配するという構造だった。

　こうした新リベリア人のひとりに、長老派教会牧師でジャーナリストのエドワード・ウィルモット・ブライデン（写真の後列右端）がいる。1832年にカリブ海のセントトマス島に生まれ、1850年にリベリアに移住した。その後リベリアの知的活動に深くかかわるようになり、外交官、新聞のコラムニスト、大学教員などとして活躍。1861年にはリベリア大学のギリシャ語・ラテン語科の教授になった。彼は「エチオピアニズム」に関する著作を広範に執筆し、地球上に散らばっている黒人は「故国」に戻って尽力するのが一番である、と説いた。

　この写真を撮ったときのブライデンは中年期に入っており、すでにリベリアから隣国のシエラレオネに移っていた。彼の背後にあるのは「キリスト教少年共励会（YPSCE）」の旗。プロテスタントとゴスペルを広めることを目的とした、アメリカの宣教組織である。ブライデンがどの程度この活動にかかわっていたのかはわかっていない。彼は歳をとるにしたがい、サハラ以南のアフリカ人にはキリスト教よりもイスラーム教のほうが合っているという考えを深めていった。

これは人種の編成と人種の統合の時期のように思える。ヨーロッパのさまざまな人種は、生まれながらの類似性にしたがい、自分たちをひとつにまとめようと努力している。

エドワード・ウィルモット・ブライデン
『キリスト教・イスラーム教・黒人種』
（1888年）

うるわしのオーストラリア

　1860年代には、大西洋から遠く離れた別の場所でも帝国の拡張が進み、劇的な変化をとげていた。オーストラリアの東海岸を流刑地にしようとイギリスが考えたのは、18世紀後半である。約100年のあいだに大陸全体がイギリス領となり、農業従事者や金採掘者などが入植、町を築き、土地を開発し、外国から労働者を移入した。

　外国人労働者の一部は、南太平洋の島々やトレス海峡諸島、パプアニューギニアから強制的に連れてこられた奴隷だった。そのほかは中国やインド、イランなどから自発的にやってきた入植者で、エジプトやトルコからの労働者は、ラクダ隊を仕立ててオーストラリア原野の横断を試みた。

　北アメリカで起こったのと同じように、オーストラリアを植民地化する過程でも、すでに4万〜8万年前から大陸や周辺の島々で暮らしてきた先住民とのあいだに凄まじい紛争が繰り広げられた。1860年代から1900年代にかけて、演出を施した先住民族アボリジニの写真がたくさん撮られた。伝統的な生活を送りながらも、彼らは新来のヨーロッパの衣服やマナーを取り入れて問題なく暮らしている、と宣伝するためである。

　現実の苛酷さは、ファッションの変化の比ではなかった。たとえば、1860年代にメルボルンの議員たちが定めたアボリジニ保護法というものがある。これはヴィクトリア植民地の総督に、アボリジニが住む場所や稼ぐ額の決定権、子供を両親から引き離す権利などを与えていた。

まだ野蛮だったその昔、黄色の囚人服を着せられた流刑者たちが上陸したのも、山賊まがいの軍隊が展開したのも、カンガルーを追っていただけの罪もない先住民を殺し回ってついに絶滅させたのも……この楽園で起きたことだった。

マーク・トウェインが描写した19世紀のオーストラリア、1897年

NEXT PAGE ▶

スエズ運河

　スエズ運河——エジプトのスエズ地峡の砂漠を貫通する全長約160キロメートルの人工水路（現在は約190キロメートル）——は、フランスの外交官フェルディナン・ド・レセップスの構想から生まれた。目的は地中海と紅海をつなぎ、ヨーロッパと中東の貿易路を短縮することである。当時、商船はアフリカ大陸を回る以外に方法がなかったのだ。レセップスはエジプト総督ムハンマド・サイード・パシャとの友好関係を活用し、長年の夢を実現させた。1869年、運河は正式に開通し、全世界の船に開かれた。開通式は11月16日の宗教行事に続いて、17日に盛大におこなわれた。建設事業を主導したフランス帝国のエーグル号(鷲の意)を先頭に、多数の船舶が運河を渡る予定だった。

　スエズ運河は物議を醸した。とくにイギリスがそうだった。運河の開通によって自国のインド貿易が不利益をこうむることを懸念したのである。建設を止めることは不可能だったので、開通式のときにフランスに恥をかかせてやろう、とイギリスは考えた。先陣を切るのはエーグル号のはずだったが、水路に出るのを待っているあいだに、イギリス海軍の「女王陛下の」ニューポート号がするりと先に出ていった。

　その後の国際情勢はスエズ運河に大きな影響を受けることになる。飛躍的な速さで世界各地に行けるようになり、それにつれてヨーロッパ人はアフリカに対する興味を高めていった。国際貿易におけるアフリカの重要性——つまり征服による植民地化と略奪——があきらかになるのは時間の問題だった。

1870年代

困難の時代

わたしは自分の目の前に現れた美を
すべてとどめておきたいと願いました。
そしてとうとう、その願いがかなったのです。

ジュリア・マーガレット・キャメロン、1874年

ワイト島のフレッシュウォーターにあるその家は、主人がセイロン（現スリランカ）に所有していた地所にちなみ、ディンボラ・ロッジと呼ばれた。隣に住んでいたのはイギリスの桂冠詩人アルフレッド・テニスンである。ロッジの女主人ジュリア・マーガレット・キャメロンは敷地内の鶏小屋を写真スタジオに改造し、生まれて初めてカメラに取り組んだ。

キャメロンは1815年にインドで白人上流階級の娘として生まれた。写真をはじめたのは48歳になってからだったが、出発が遅かったにもかかわらず、最も重要な働きをした初期の写真家のひとりとなった。彼女の手にかかると、感光板は「肖像」の制作手段に変わった。当時、人物の内面まで表現するような肖像写真はあまり撮られていなかったのである。作風はラファエル前派（1840年代後半に結成）の影響を色濃く受けており、芸術的な作品をめざした。彼女の興味は、世俗的な成功を求めたロジャー・フェントンやアレクサンダー・ガードナーとは一線を画していたといっていい。

ジュリア・マーガレット・キャメロン（旧姓パトル）の写真は人物中心で背景の空間が少なく、ソフトフォーカスなのが特徴である。ロマンスや歴史、ファンタジーや神話を主題にすることも多かった。モデルがチャールズ・ダーウィンなどのように世界的に有名で、高い襟のシャツを着た、髭の長い紳士であっても、その姿からなんらかの精神性を引きだそうとした。キャメロンは、自分の目標は「外見の特徴だけでなく内面の偉大さ」を見つけることだと述べている。また、モデルをアーサー王や古代ローマの女神ディアナなど、いにしえの想像上の人物や典型例に見立て、ポーズを取らせたり衣裳を着せたりすることも好んだ。隣人のテニスン（写されるのは大の苦手だった）は髭ぼうぼうの、中世の学者に仕立てられた――写真のタイトルは〈汚れた修道僧〉。

キャメロンのキャリアは短かったが、その影響は大きかった。1863年の誕生祝いに娘からもらったカメラで写真をはじめ、夫のチャールズ・ヘイ・キャメロン（ジュリアよりも20歳年上だった）にしたがってワイト島からセイロンに戻った1875年頃にやめた。だが1879年に没するまでに、彼女は写真界に消えない足跡を残した。少数ながら同じ目標を掲げた人々――オスカー・ギュスターヴ・レイランダーや、『不思議の国のアリス』の著者ルイス・キャロルなど――とともに、キャメロンは写真が「真の芸術」として認知される過程に大きく貢献したのである。

キャメロンにはお気に入りのモデルが2人いた。姪のジュリア・ジャクソン（作家ヴァージニア・ウルフの母）とメイ・プリンセップである。キャメロンは1860年代から1870年にかけて、姪たちの写真を数多く撮影した。本章冒頭の女性は、16世紀後

1870

6月
スペイン女王イサベル2世が正式に退位。結果的に第3次カルリスタ戦争につながる。

7月
普仏戦争勃発。

9月
フランスのナポレオン3世が廃位され、共和国宣言がなされる。パリ包囲がはじまる。

1871

1月
プロイセン王ヴィルヘルム1世が、ヴェルサイユ宮殿でドイツ皇帝に即位。その後、ビスマルクがドイツ帝国宰相に昇格する。

3月
パリ・コミューン樹立。政府軍により2か月で崩壊。

10月
シカゴで大火災が発生し、広範な市街地が焼失。

11月
ヘンリー・モートン・スタンリーが、行方不明のデイヴィッド・リヴィングストン博士とタンガニーカ湖畔で対面。

1872

3月
ワイオミング、モンタナ、アイダホ州にまたがる地域がイエローストーン国立公園に指定される。

3月
イングランドで、史上初のサッカー・トーナメント大会「FAカップ」の決勝戦がおこなわれる。

1873

1月
ナポレオン3世が亡命先で死去。

5月
考古学者ハインリヒ・シュリーマンが古代都市トロイアの遺跡と考えた丘から、「プリアモスの財宝」が発掘される。

5月
ウィーン証券取引所で株の大暴落と金融危機が発生。連鎖的に世界規模の「大不況」に突入する。

1874

12月
スペインのアルフォンソ12世が王位に就き、第一共和政が終わる。

半のイタリア貴族の娘ベアトリーチェ・チェンチに扮したプリンセップ。ベアトリーチェは家族を虐待する父親を殺害し、共犯の家族もろとも、ローマ教皇クレメンス8世の命令により斬首された悲劇の女性として名高い。

この写真が発表されたのは1866年である。だが、暗い中世がこだましているようなベアトリーチェ・チェンチの悲しい生涯と、「レンズと鶏卵紙」という新技術の組み合わせは、恐怖と驚異が渾然一体となった1870年代を象徴しているようにも思われる。

この10年間には、時代に逆行するような出来事も起きた。ローマでは、教皇として例外的に長く在位し、近代化に激しく抵抗したピウス9世の治世が終わりに差しかかる。在位中は世俗主義的な統治者と戦争を繰り返し、「教皇不可謬性」を宣言した。また、王位継承をめぐって1830年代から断続的に争いが起きていたスペインでは、王弟ドン・カルロスの血筋を支持するカルリスタ（絶対主義的な反動派）との戦争が再燃する。パリでは、プロイセン王国との不運な戦争にフランスが敗れたあと、革命的な民衆が武装蜂起して自治政権を樹立したが、パリ史上有数の虐殺で幕を閉じた。

しかしながら、近代的発展と不可分の出来事も多かった。世界経済は目に見えない産業資本とますます固くむすびつき、世界全体が構造不況に苦しんだ——長引く「大不況」のはじまりである。アメリカでは、南北戦争による凄まじい国土の荒廃が残った。歴代大統領アンドルー・ジョンソン、ユリーズ・S・グラント、ラザフォード・B・ヘイズは南部の再建という難問に立ち向かう一方、西部の原野に眠る鉱物資源と地形調査に着手した。広大な地域の調査と探検は、アメリカ先住民との暴力的な緊張関係を悪化させてゆく。

アフリカでは、デイヴィッド・リヴィングストン博士やヘンリー・モートン・スタンリーなどの探検家によって、内陸部の探検がさかんにおこなわれるようになった。しかし勇敢な探検行は、ヨーロッパ列強が経済的動機からアフリカの土地や資源を私物化する動きと無縁ではいられなかった。アフガニスタンの首都カブールでは、中央アジアの覇権をめぐってイギリスとロシアが対峙する「グレート・ゲーム」が起こり、市街を血に染める。バルカン諸国からダーダネルス海峡にかけては、露土戦争（ロシア＝トルコ戦争）が同様の事態を引き起こす。

その間、芸術家は同時代をなんとか理解しようとした——たとば桂冠詩人のテニスンや小説家レフ・トルストイ伯爵。また、キャメロンのような写真家。彼女は帝国主義的な背景を有しており、また最新技術を扱いながらも古風な感受性をそなえた女性だった。そしてイギリス海峡に浮かぶ島の鶏小屋にしつらえた彼女の聖域で、世界を繊細なまなざしでとらえ続けた。

1875

11月
スエズ運河のエジプト持ち株をイギリスが購入。

1876

3月
アレクサンダー・グラハム・ベルが史上初めての電話通話に成功。「話すことがあるから会いに来てくれ」と助手を呼び出した。

6月
モンタナ州でリトル・ビッグホーンの戦いが起こる。アメリカ先住民のラコタ・スー族とシャイアン族がアメリカ騎兵隊に勝利し、ジョージ・アームストロング・カスターが戦死。

11月
ポルフィリオ・ディアスがメキシコの実権を武力で掌握。

1877

4月
露土戦争勃発。

4月
レフ・トルストイが4年越しで執筆した長編小説『アンナ・カレーニナ』が完結。

1878

2月
エジソンが蓄音機の特許を取得。

2月
ローマ教皇ピウス9世死去。約32年の在位期間は聖ペトロ以降最長だった。

11月
カイバル峠での紛争を契機に、イギリスとアフガニスタンのあいだで第2次アフガン戦争勃発。

1879

1月
南アフリカのズールー王国とイギリスのあいだでズールー戦争勃発。ロルクズ・ドリフトの戦いが起こる。

10月
エジソンが白熱電球の実演をおこない、のちに特許を取得。

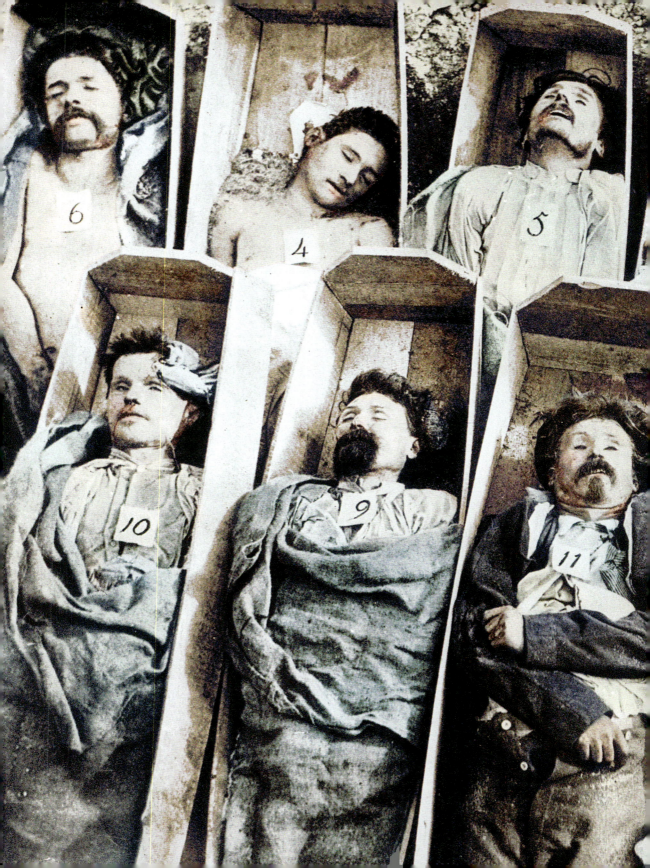

パリ・コミューンを見よ。あれこそがプロレタリア独裁だったのだ。

フリードリヒ・エンゲルスの序文
──1891年ドイツ語版『フランスの内乱』
(カール・マルクス著、1872年)によせて

PREVIOUS PAGE

パリ・コミューン

　1870年7月、長く緊張関係にあったプロイセンとフランスのあいだで戦争が勃発した。数日のうちに、オットー・フォン・ビスマルクが首相を務めるプロイセン軍のほうが圧倒的に優勢であることがあきらかとなった。老いと病に苦しみ、動揺したナポレオン3世は捕虜となり、ドイツ国内に幽閉され、フランス第二帝政は崩壊した。新政府──共和制の臨時政府──が結成されて戦争を継続したものの、1871年1月の真冬までパリは4か月もプロイセン軍に包囲された。敗北が決定的な状況下で、フランス人は、プロイセン国王ヴィルヘルム1世がヴェルサイユ宮殿で新生ドイツ帝国の皇帝に即位する光景を見なければならなかった。

　包囲中のパリを防衛していた国民軍は、加速度的に革命的色彩をおびていった。休戦条約締結後、いまだプロイセン軍がパリ周辺に駐留する3月には、市内の緊張は爆発寸前まで高まった。3月18日に臨時政府が国民軍陣地の大砲を強引に接収しようとしたことから、激しい抵抗がはじまった。8日後、全市民による選挙がおこなわれ、コミューン(評議会)が成立した。革命的な社会主義政権は市街にバリケードを築き、国民軍の予備兵と市民兵が防衛にあたった。コミューン派は2か月持ちこたえたが、5月21日に正規軍がパリに侵入。「血の週間」と呼ばれる凄惨な市街戦ののち、コミューンは崩壊し、秩序が回復された──燃えさかる炎と大虐殺の果てに。前ページの有名な写真は、アンドレ=アドルフ=ウジェーヌ・ディズデリが撮影した。写っているのは12名にすぎないが、およそ6000〜1万人のコミューン支持者が殺され、共同墓地に埋葬された。

カルリスタ戦争

　普仏戦争がフランス第二帝政を崩壊に導く一方、スペインでは王冠をめぐる争いが国土を戦場に変えた。

　1833年、ボルボン朝(スペイン・ブルボン家の王朝)のフェルナンド7世が死去すると、王位継承をめぐって二つの勢力が対立した。ひとつはフェルナンドの娘イサベル2世派。もうひとつは王弟ドン・カルロス派。王弟を擁立しようとする人々(カルリスタ)は女子の王位継承を認めない伝統を支持し、従来の絶対王政的な価値観を背景に、彼らこそ正統な王権だと主張した。

　写真の男性はマドリード公カルロス。カルリスタが1870年代に擁した王位請求者である。彼の主張は成功寸前のところまでいった。1870年、イサベル2世は革命勢力の台頭によって退位に追いこまれた。スペイン議会は跡継ぎにイタリア王家の王子を選び、アマデオ1世として即位させたが、不人気な王は1873年早々に退位。その後の22か月間は共和政が続くが、1874年12月にイサベルの息子がアルフォンソ12世として即位して、ボルボン朝が復活することになった。

　こうした混乱が続くなか、カルロス7世を標榜するマドリード公はできるかぎりの妨害を企てた。カタルーニャやバスク地方の分離派の感情を煽り、私設軍隊を組織してゲリラ戦をおこなった。1873年から75年のあいだ、カルリスタは数千、ときには数万の部隊を展開する勢いだった。

　何度か大規模な戦闘や包囲戦が繰り広げられたものの、1876年にカルロスは優勢な政府軍の勝利を認め、フランスへ亡命した。1881年からはフランスの正統な王を主張、シャルル11世をなのった。結局どちらの王位にも就けず、1909年に没。しかしカルリスタは自説を主張し続け、やがてスペイン市民戦争でフランコ将軍率いるナショナリスト勢力と運命をともにすることになる。

露土戦争（ロシア＝トルコ戦争）

スペインが内乱に引き裂かれ、フランスがプロイセンの侵略に苦しんでいるとき、東ヨーロッパでは、ロシアとオスマン帝国の長年にわたる敵対関係が再燃していた。

1870年代の緊張の舞台はバルカンである。1875〜76年、オスマン帝国が支配するブルガリア、ルーマニア、セルビア、モンテネグロ、ボスニア・ヘルツェゴビナの各地で反乱や暴動が相次いだが、きびしく鎮圧された。

バルカン諸国の蜂起はヨーロッパ中から同情を集めた。とくに、ブルガリア市民に対する大規模な残虐行為や虐殺があきらかになるにつれ、その傾向は強まった。ロシアはそれを好機と見た。ヨーロッパ列強が（クリミア戦争のときとは異なり）オスマン帝国の支援に乗りださないという確信が深まると、ロシア皇帝アレクサンドル2世は1877年にオスマン帝国に宣戦布告し、西はドナウ川流域まで、東はコーカサス地方まで軍隊を派遣した。

写真はオスマン帝国の国防軍の兵士たちである。彼らの任務は帝国中心部の防衛だった。1877〜78年の戦争では、彼らは敗者となった。1878年の3月にロシア軍はコンスタンティノープル近郊に迫り、オスマン帝国は屈服してサン・ステファノ条約をむすんだ。この講和条約によって、ルーマニア、セルビア、モンテネグロの完全独立、ボスニア・ヘルツェゴビナへの自治権付与、そしてロシアの監視下のもと大ブルガリア公国の設立が承認された。

バルカンの反乱とオスマン帝国に対するロシアの勝利は、この地域のパワーバランスを劇的に変えた。この変化の結末は、次の世紀がはじまるまで完全にはあきらかとならない。

> 幸せな家族はどれもみな似ているが、不幸せな家族にはそれぞれの不幸の形がある。
>
> レフ・トルストイ『アンナ・カレーニナ』
> （1875〜77年）

レフ・トルストイ

　ロシアとオスマン帝国の戦いは、レフ・トルストイの小説『アンナ・カレーニナ』の最後でも不気味な影を落とす。この長編小説は1875〜77年に月刊誌『ロシア報知』に断続的に掲載され、やがて近代文学の傑作のひとつに数えられるようになった。
　『アンナ・カレーニナ』はヒロインであるアンナの人生、不倫、死を描いたものだが、トルストイのほかの著作と同じように内容は幅広く、実際の主題はロシアそのもの——そこに生きる人々、その政治、そのジレンマ、その魂だといっていい（かつて作家は「わたしの主人公は真実だ」と述べた）。この作品に先立つこと10年、トルストイは同じ雑誌に、ナポレオン戦争時代のロシア貴族社会を壮大な規模で綴った歴史小説『戦争と平和』（1865〜69年）を、またその前にはクリミア戦争を題材にした『セヴァストーポリ』（1855年）を発表している。
　ここにあげた作品名は、トルストイの膨大な著作のごく一部にすぎない。生まれたのは1828年。20代から注目を集め、その名声は晩年まで続いた。この写真は、孫のイリヤとソニアに、キュウリがたくさん実った菜園のお話をしているところ。1910年に亡くなる前年に撮られた。
　トルストイが生きた時代は文学の黄金期だった。同時代の作家としては、ロシアならイワン・ツルゲーネフ、フョードル・ドストエフスキー、アントン・チェーホフ。ロシア国外では、ジョージ・エリオット、トーマス・ハーディ、ヴィクトル・ユゴー、ギュスターヴ・フローベール、エミール・ゾラ、ヘンリク・イプセン、ハーマン・メルヴィル、マーク・トウェイン、ヘンリー・ジェイムズらが活躍した。いずれの作家も19世紀中盤から後半にそれぞれの人生を送り、その経験を文字にして不滅の命を与えた。

大多数の血を救うためなら、多少の血を流すのはやむを得ないことだった。

ポルフィリオ・ディアス
1908年のインタビュー

ポルフィリオ・ディアス

　ポルフィリオ・ディアスがロシア人だったら、おそらくトルストイは小説の登場人物のひとりに加えたに違いない。

　1830年にメキシコで生まれたディアスは、少年時代神学校に入学したが、1840年代に聖職者になることをやめ、最初は法律を学び、次に軍人の道へ進んだ。1857〜60年の内乱（レフォルマ戦争または改革戦争と呼ばれる）に参加後、フランスを交えた1861〜67年の内乱でも戦った。ナポレオン3世はメキシコに傀儡皇帝を即位させ、フランスに従属的な帝国を樹立しようと目論んだのである。

　メキシコからフランスを追放したときには、ディアスは将軍になっていた。しかし彼の狙いはもっと上にあった。1870年代になると、ディアスはセバスティアン・レルド・デ・テハーダ大統領の就任に反対する勢力を率い、1876年のテコナクの戦いでレルド派を破る。レルドはアメリカに亡命した。翌年、ディアスは正式にメキシコ大統領に選出された。1877〜80年の任期のあと、1884〜1911年まで連続7期にわたって大統領に就任。ポルフィリオ時代を築いた。

　大統領となったディアスはメキシコに海外資本を導入し、教会と国家のあいだの平和を維持して、メキシコ経済の近代化をはかった。だが、その政治は本質的に独裁であり、蔓延する汚職と縁故主義は一部のメキシコ人しかうるさなかった。1910年、ディアスが強引に8期目の大統領に就任すると、革命が勃発。ディアスは自分が取ったのと同じ手法で祖国を追われることになる。

大不況

　たとえ不平等な分配だったにせよ、ポルフィリオ時代にメキシコ経済が堅実に発展したのは、世界経済が大不況と呼ばれる低迷期に突入したことを考えれば、すばらしい成果だった。

　この大不況は初の本格的な世界経済危機とされてきた。1930年代の金融危機が世界を揺るがすまでは、大恐慌と呼ばれたものである。引き金になったのは、1873年5月9日に生じたウィーン証券取引所の株の大暴落。ここから連鎖的に金融危機が広がり、いわゆる「1873年恐慌」の状態に陥った。

　ウィーン証券取引所の崩壊はまたたくまに海外に波及した。国家経済が産業資本とむすびつき、相互に依存していることが露呈されたのである。市場の混乱は銀行の破綻や、鉄道会社の倒産を招いた。とくに深刻な打撃を受けたのはイギリスとアメリカだったが、1873年以降、多くの国々で物価や賃金の低落傾向が続き、解雇があいついだ。1878～79年に世界経済は持ち直しはじめたものの、大不況の影響が1890年代まで及んだ国も多かった。

　当時の世相をしのばせるこの写真の作成者は、スウェーデン生まれで、イギリスに渡ったオスカー・ギュスターヴ・レイランダー。最初レイランダーは、この写真にチャールズ・ディケンズの同名小説（1854年）にちなんだ〈ハード・タイムズ（困難な時代）〉というタイトルを付けたが、その後〈心霊写真〉に変更した。これは、職を失った大工が妻子を案じている図である。芸術写真のパイオニアだったレイランダーは、しばしば複数のネガを合成して1枚の写真を作った。この写真も、最初の版では大工の頭部に妻の顔をうっすらと重ね、子供が祈る姿を足元に配していた。

> わたしは毎日戦いにおもむく人生であっても、喜んでそうするだろう。
>
> ジョージ・アームストロング・カスター

カスター将軍最後の戦い

　大不況と南北戦争後の再建の困難さが、1870年代のアメリカを苦しめた。それは間断なく続く先住民族と政府との戦いによって、いっそう複雑さを増した。1870年代、この紛争は一気に加熱し、1876〜77年のグレート・スー戦争（ブラックヒルズ戦争）で激闘を繰り広げるにいたった。ワイオミング州とサウスダコタ州にまたがるブラックヒルズ山域──永久にスー族の保留地とされていた──で、1874年に金が発見されたのが原因だった。
　この戦争の主役のひとりが、第7騎兵隊の指揮官ジョージ・アームストロング・カスター中佐である。南北戦争では北軍兵士として従軍。抜群の戦功によって少将に特別昇進した。この写真はその将軍服姿で撮ったもの。大胆不敵としか形容しがたいカスターは、ハンサムな容貌、危険をかえりみない騎兵魂、女性好きな性格で全米に名をはせた。
　ブラックヒルズの金鉱を発見したのは、カスター率いる調査隊だった。戦闘的な士官は、白人採掘者の道筋から先住民族を取り除く──つまり、ラコタ・スーやダコタ・スー、シャイアン、アラパホの諸部族をブラックヒルズから他の保留地へ放逐するための軍事作戦に飛びこんだ。最終的にその目的は達成されたが、彼は自分の命でそれを贖うことになった。1876年6月25日、モンタナ州のリトル・ビッグホーンの戦いでカスター隊は、シッティング・ブルやクレイジー・ホースら高名な首長を擁するスー族とシャイアン族の大隊に迎え撃たれた。カスター隊は丘に包囲され、「カスター将軍最後の戦い」と呼ばれる戦闘で全滅した。この戦いで唯一生き残ったのは「コマンチ」という名の馬だけである。コマンチはその後も生きながらえ、1891年に死んだ。

再建

　南北戦争の傷痕が残るアメリカの再建は、ただ死者を埋葬し、破壊された町や荒廃した国土を修復するだけではすまなかった。ばらばらになったかけらを拾い集め、引き裂かれたアメリカを元どおりにするには、解決しなければならない法律や政治、文化の問題が山積していた。

　通常、再建時代のはじまりは1863年とされる。この年、エイブラハム・リンカーン大統領は南北戦争をできるだけ早く平和裡に解決するため、合衆国離脱州の復帰を認める手続きを開始した。終わりは1877年で、ラザフォード・B・ヘイズ大統領の当選確定と引き換えに、南部に駐留していた合衆国軍が撤退したときである。

　再建時代の最重要課題のひとつが、解放された数百万人の黒人奴隷をどのように受け入れるか、ということだった。合衆国憲法修正第13条は公式に奴隷制を廃止した（犯罪者の処罰を除く）。修正第14条では国民としての平等の権利を、修正第15条では（男性に）参政権の付与を認めた。法律こそ変わったものの、戦禍をこうむった多くの地域では、人種と平等に対する偏見は容易になくならなかった。再建は、融和的な社会を求める人々と、きびしく対立した国家像に固執する人々との争いだった。

　この写真は南部サウスカロライナ州ベルトンの解放奴隷。ベルトンは綿花栽培で栄えた町である。当時、真っ先に合衆国を離脱したサウスカロライナは、南北戦争の戦端が開かれた州だった。

籠の鳥がなぜ歌うのかぼくは
知っている
ああ、ぼくにはわかる
翼が傷つき、胸が痛むとき……

ポール・ローレンス・ダンバー
『共感』(1895年)

> 天才は1パーセントのひらめきと99パーセントの努力である。
> ——トーマス・エジソン(伝)

PREVIOUS PAGE

トーマス・エジソン

　南北戦争後のアメリカの企業家精神をトーマス・アルバ・エジソンほど完全に体現した人物は、ほとんどいないだろう。この非凡な発明家は、電信機と通信技術に対する少年期の好奇心を出発点に、無限とも思えるほどの新機軸を次から次へと打ちだしていった。

　エジソンは1847年にオハイオ州に生まれた。正式な学校教育はごくわずかしか受けなかったが、知識欲旺盛で、新しいものが好きな少年に育った。10代で電信技師として働きはじめると、許可も得ずに機材で実験しては騒動を起こした。

　実験はすぐに発明に転じた。エジソンが生涯で取得した特許数は1000以上にのぼる。彼の発明によるものには、実用的な白熱電球、映写機（キネトスコープ）、アルカリ蓄電池、蓄音機などがある。この写真は、1878年に自身が改良した蓄音機と写るエジソン。撮影はマシュー・ブレイディ。

　蓄音機は、エジソンが開発した長距離電話システム技術から生まれた。音をシリンダーに記録し、そこで再生するのである。この機械はアメリカだけでなく世界を魅了し、エジソンに名声と財政投資、そして自分の無数のアイデア——たとえばX線技術の産業応用から映画ビジネスまで——を実現させる自信を与えた。彼は1931年に没するまで生来の好奇心を失うことはなく、アメリカの発明王として人々の記憶に刻まれた。

スタンリーと「カルル」

　当時のテクノロジーの巨人がエジソンなら、エキセントリックな冒険に生きた代表格はヘンリー・モートン・スタンリーだろう。1841年にウェールズの貧しい家庭に私生児として生まれたスタンリーは、青年期にアメリカへ渡った。南北戦争では最初に南軍、次に北軍に参加して戦った。

　南北戦争末期に海軍から脱走し、ジャーナリストに転身。そして数年後、彼の名前を一躍有名にする手記を書くことになる。『ニューヨーク・ヘラルド』紙のジェイムズ・ゴードン・ベネットの要請を受けて、アフリカで行方不明になった宣教師にして探検家のデイヴィッド・リヴィングストン博士の捜索に向かったのだ。

　あらゆる障害を乗り越えて、スタンリーは1871年にタンガニーカ湖畔でリヴィングストンと邂逅を果たした。そのときに交わしたとされるのが「リヴィングストン博士ですね？」という有名な挨拶の言葉である。この写真は博士発見の詳細を伝えるために——最初その知らせは信じてもらえず、でまかせとあしらわれそうになった——スタンリーがイギリスへもどった直後に撮ったもの。撮影場所はロンドン・ステレオスコピック・カンパニー。一緒に写っている黒人少年は本名をンズグ・ムハリといい、スタンリーは彼を「カルル」と名づけて従者にし、数年間をともに過ごした。

　スタンリーはその後もたびたびアフリカへ赴いた。1877年の探検中、カルルはコンゴ川の滝に落ち、溺れ死んだ。スタンリーはそこに「カルル滝」という名前を付けている。1880年代には新聞社の仕事を離れてベルギーのレオポルド2世のために働き、アフリカ赤道直下に位置するコンゴ盆地の広大な土地を国王の私有財産として確保した。その結果、スタンリーは「アフリカ分割」の初期における立役者のひとりになったのである。

セテワヨ王

コンゴのはるか南では、ズールー王国のセテワヨ・カムパンデ王が、自分の生命と王国の運命を懸けた戦いに挑んでいた。どちらも風前の灯だった。危機の原因を作ったのはイギリスである。イギリスは、支配圏のアフリカ南部を強制的に連邦化しようと考えた。彼らの構想のなかには、ケープ植民地や、併合したトランスヴァール（オランダ系移民が建てた独立国）も含まれている。いずれもズールー王国と国境を接している地域だった。

ケープ植民地総督ヘンリー・バートル・フレア卿は主戦論の急先鋒であり、イギリスの安全のためにはズールー王国の壊滅が必須と考えていた。1879年1月、戦争の名目を意図的に作ったフレアは、数千人のイギリス軍をズールー王国へ侵攻させた。

セテワヨの軍隊はこの初回侵攻に徹底抗戦し、1月22日のイサンドルワナの戦いで重武装のイギリス軍を撃破。その勢いのまま、ロルクズ・ドリフトの伝道所に設けられたイギリス軍の小守備隊に襲いかかった。しかし守備隊は少人数ながらも11時間におよぶ伝説の防衛戦を繰り広げ、ズールー軍は敗走した。

セテワヨ（写真は1870年代なかばに撮影）にとっては不幸にも、ズールー軍の華々しい勝利はここまでだった。1879年7月、増強されたイギリス軍は王国の首都ウルンディに達し、都を焼きはらった。捕虜となったセテワヨはケープタウンに追放され、王国は彼の政敵とイギリスに分割された。

1882年にセテワヨはイギリスに渡り、王としての帰還を要請したが、すでに王国は取り返しがつかないほどの痛手を受けていた。翌年ズールーランドにもどったセテワヨが見たのは、内乱によって混乱した国土だった。王は再び逃亡を余儀なくされ、1884年に死去した。ズールー人の多くは毒殺だと信じた。

> わたしはアガメムノンの顔を見つめております……
>
> ハインリヒ・シュリーマン、1876年

NEXT PAGE

ミケーネ

ハインリヒ・シュリーマンの興味をかきたてたのは同時代の戦争ではなく、古代の戦争だった。意欲と野心に燃えるドイツ人考古学者は1870年代前半、現在のトルコ北西部に位置するヒサルルックの丘で発掘に没頭した。シュリーマンはここで発見した遺跡こそ、ホメロスの叙事詩にうたわれた古代都市トロイアだと信じて疑わなかった。

1870年代なかば、遺跡から出土した「プリアモスの財宝」と呼ばれる黄金製品を無断で国外に持ちだしたことがわかり、シュリーマンはオスマン帝国政府に訴えられた。そのため1874年から76年にかけて、シュリーマンはギリシャのミケーネ遺跡（写真）の発掘に取りかかった。今回の主題もやはりホメロスである。叙事詩『イーリアス』にトロイア戦争時の武勲と愛憎が描かれた、アガメムノン王とその妃クリュタイムネストラの墓を探すのが目的だった。

シュリーマンは青銅器時代の砦や、王族の墓所群を見つけた。そこに収められていた財宝のなかに、ひときわ精巧に作られた黄金のデスマスクがあった。アガメムノンのものに違いない、とシュリーマンは確信した。しかし現在、彼が発見した財宝はトロイア戦争の時代——紀元前12世紀から11世紀とされる——よりも数世紀前のものであることがわかっている。

1878年にシュリーマンはヒサルルック遺跡の発掘にもどった。その後、1890年に没する前には、ペロポネソス半島のティリンスでも発掘をおこなった。その手法——ときに破壊的、欺瞞的であり、ほとんどいつも自分を美化した——はしばしば批判されたが、自己プロデュース能力に長けていた彼は世界的な名声を獲得した。シュリーマンは、のちにハリウッド映画が「インディアナ・ジョーンズ」として世に送り出したような、冒険的考古学者の先駆けだったのである。

アフガン戦争

　中央アジアでは、イギリス軍はアフリカとはまったく異なる自然環境で植民地戦争を繰り広げていた。アフガニスタンは南北をイギリス領インドとロシア帝国にはさまれている。はからずも地形的に緩衝地帯となっていたため、この領域の覇権をめぐるイギリスとロシアの争い「グレート・ゲーム」に翻弄された。

　1838～42年の第1次アフガン戦争では、イギリス・インド軍はアフガニスタンの首都カブールを陥落させたのち、政権交代をねらったが失敗。撤退時に1万人以上の命が失われた。第2次アフガン戦争は1878～80年に起きた。これはその当時の写真で、撮影者はアイルランド生まれのジョン・バーク。再びカブールに侵攻して政権交代をねらうイギリス・インド軍に随行した写真家である。

　写真は、カイバル峠の入口に位置するジャムルド砦の外壁で撮られた。開戦当初のものである。中央にイギリス軍人のタッカー大尉(中央、右から2人目)がおり、そのまわりをアフガニスタンの族長たちが囲んでいる。

　イギリス軍は1879年前半にカブールを占領、シェール・アリー・ハーン王はロシアの援助を求めて北へ逃亡した。5月、イギリスは後継の国王と不平等なガンダマク協定をむすび、イギリス使節のカブール駐在を認めさせた。しかし3か月後、アフガニスタンの反英勢力が使節団を殺害したことを受けて、フレデリック・ロバーツ将軍麾下の軍隊がカブール再占領。1880年9月、シェール・アリー・ハーンの息子率いる反乱軍は鎮圧され、新たにアブドゥッラフマーン・ハーンが即位した。新国王は外交権をイギリスに譲ることを受け入れ、ここに短期間ながらも血みどろの戦いは終わりを迎えた。

ふたつの金属ポットに挟まれた小さな土瓶。

ロバート・ブルワー=リットン(インド総督)が1878年にアフガニスタンを評した言葉

教皇ピウス9世

考古学者がギリシャで伝説的な歴史上の人物の発掘にいそしんでいる頃、ローマでは忠実な神の僕(しもべ)が死の床についていた。本名をジョヴァンニ・マリア・マスタイ=フェレッティといい、ローマではピオ9世、そのほかではピウス9世と呼ばれた教皇は、初代の聖ペトロ以降最長の在位期間を記録した。彼は過激な政治的指導者であり、近現代というよりも中世的な教皇だった。ピウス9世は自分自身をイタリアの愛国主義者たちの犠牲者とみなした(彼にはそれなりの理由があった)——たとえばイタリア統一運動の英雄ジュゼッペ・ガリバルディなどは、彼の在位中にローマ教皇領の占領を試みたのだから。

約32年間の在位期間中に示した、さまざまな——通常は保守的、しばしば波紋を呼ぶ——見解のうち、最も有名なものは「聖母無原罪懐胎(無原罪の御やどり)」の布告(「聖母マリアは最初から原罪とは完全に無縁な存在であり、そのままイエスを懐胎した」という教義)と、「教皇不可謬性(ふかびゅうせい)」の宣言(1869〜70年の第一バチカン公会議で採択された説で、「信仰および道徳の問題について教導する教皇の決定は本質的に誤りえない」という教義)である。ピウス9世は当初、前教皇が拒否した鉄道敷設を許可し、また急進勢力との融和をはかったが、やがて不寛容な反近代主義者となり、ローマのユダヤ人ゲットーを再制定するなど、かつて自分がとった自由主義的な政策への反動を強めた。

ピウス9世は生前および死後の両方で写真を残した、初めての教皇である。ここに掲げたのは、1878年2月7日に85歳で息を引き取ったあとの写真。2000年9月の列福(福者の地位にのぼること)に先立ち、4月4日に白い石棺が開けられたとき、ピウス9世の遺体はほぼ完全な状態で保存されており、唇にはかすかな微笑が浮かんでいたという。

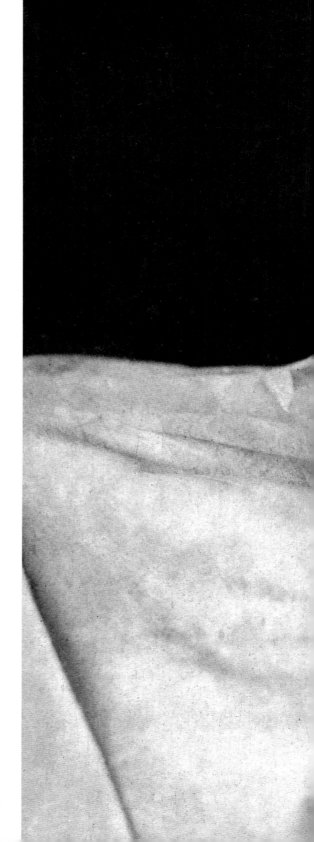

> ロザリオを手に祈りを捧げる軍隊をわたしに与えよ。そうすれば、わたしは世界を征服するだろう。
>
> ローマ教皇ピウス9世

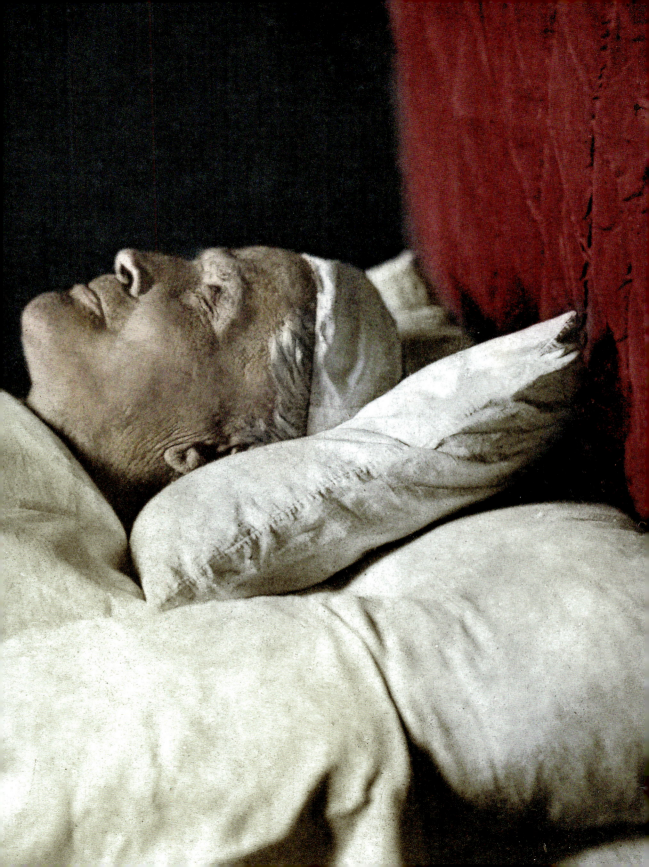

1880年代

驚異の時代

われわれが求めている人生とは、自由な人生だ。
わたしは白人が持っている馬や鉄道、
衣服や食料に価値を見いだしたことはない。
さえぎるもののない大地を移動し、
自分たちのやり方で生きる権利以上に
すばらしいことがあるはずはない。

シッティング・ブル、1882年のインタビュー

18

85年の夏、アメリカ先住民ハンクパパ族のシッティング・ブルはサーカスの一座に加わり、アメリカとカナダを巡業した。〈バッファロー・ビルのワイルド・ウェスト〉は動物芸やロデオ、射撃の妙技、戦闘の再現などを呼び物とするショーだった。どの出し物も興業主ウィリアム・フレデリック・"バッファロー・ビル"・コーディの血湧き肉躍る体験に基づくものとされ、コーディは西部開拓者の王としての自分のイメージを入念に作りあげた。

54歳のシッティング・ブルを〈ワイルド・ウェスト・ショー〉に雇い入れたのは、コーディの見事な戦略といえた。ハンクパパ族は、大平原の西部に住むラコタ・スー族に属する。1876年のリトル・ビッグホーンの戦いでジョージ・カスター中佐とその部下を全滅させた戦士のうち、最も有名なのがシッティング・ブルだった。先住民たちは、偉大な戦士にして呪術師の彼を勇気と知恵の手本とした。アメリカ白人社会にとっては、彼は不可解で、エキゾチックで、残酷な、堂々たる野蛮人の見本だった。

ワシの羽根を1枚さしたシッティング・ブルの肖像は、その1885年に撮られた。撮影者はコーディの友人で、ダコタを拠点に活動した写真家デイヴィッド・フランシス・バリー。彼が最も好んだ主題はアメリカ西部であり、そのほかの先住民としてはレッド・クラウドやアメリカン・ホース、ゴールなど、またコーディ一座の射撃の名手アニー・オークリーの写真も撮った。シッティング・ブルの一族は、バリーを「リトル・シャドウ・キャッチャー(小さな影を捕まえる者)」と呼んだ。彼の外見(身長165センチ)と、細長い小片に鮮明な肖像を映しだす技術の両方をかけあわせた命名である。

シッティング・ブルがコーディと行動をともにしたのは1シーズンだけだった。1886年、彼はダコタ・テリトリー内のスタンディング・ロック保留地へ帰った。彼の一族は数年前からグランド川の北岸にあるこの村に留められ、農業をしながら暮らしていた。そして1890年、再びトラブルが起こった。きっかけは、平原北部の居留地から伝わった「ゴースト・ダンス(幽霊踊り)」の大流行である。これは呪医のウォヴォカ(ジャック・ウィルソンという名前も持つ先住民)がはじめた救世主信仰で、キリスト教の千年王国論(終末論のひとつ)と先住民の儀式を融合させたものだった。ゴースト・ダンスを踊り、ゴースト・シャツという衣服を着れば、やがて白人は地上から奇跡的に消滅する、とウォヴォカは信者に説いた。

1880

6月
オーストラリアの銀行強盗団のリーダーで、義賊として名をはせたネッド・ケリーが警察に逮捕される。11月に絞首刑に処された。

12月
第1次ボーア戦争(南アフリカ戦争またはブール戦争ともいう)が南アフリカで勃発。

1881

3月
ロシア皇帝アレクサンドル2世が爆弾で暗殺される。アレクサンドル3世が即位。

5月
世界初の路面電車が開業。プロイセン陸軍士官学校とベルリン近郊の駅をむすんだ。

5月
クララ・バートンと支持者がアメリカ赤十字を設立。

1882

1月
ジョン・D・ロックフェラーが秘密裡にスタンダード・オイル・トラストを結成。

5月
ドイツ、オーストリア=ハンガリー、イタリアのあいだで三国同盟締結。

6月
ジュゼッペ・ガリバルディ死去。

7月
ワーグナーのオペラ『パルジファル』がバイロイトで世界初演。

8月
チャイコフスキーの『序曲1812年』がモスクワで世界初演。

1883

3月
カール・マルクス死去。

8月
オランダ領東インド(現インドネシア)のクラカタウ火山島が噴火。この大規模噴火により、約4万人が死亡した。

1884

10月
国際子午線会議が「地球上の経度ならびに時刻の基準となる経度零度の子午線」を選出し、グリニッジ標準時を定める。

11月
ビスマルクの提唱により、ヨーロッパ列強の「アフリカ分割」の原則を定めるベルリン会議開催。

12月
マーク・トウェインの『ハックルベリー・フィンの冒険』(イギリス版)出版。

保留地への食糧供給問題を背景に、絶望に裏打ちされて発生したこの残酷なファンタジーは偽りの希望をかきたて、アメリカ先住民の諸部族に一気に広まった——ハンクパパ族も例外ではなく、シッティング・ブルは一族のゴースト信仰を奨励した。この熱狂的な舞踊は新たな戦争の下準備に違いないと断じたアメリカ政府は、先制攻撃をしかけることに決め、保留地にインディアン警官隊を差し向けた。12月15日、警官隊は丸太小屋にいるシッティング・ブルの逮捕に踏みきった。撃ちあいが起こり、シッティング・ブルは撃たれて死んだ。

2週間後の12月29日、インディアン戦争中でも最悪の虐殺のひとつが、サウスダコタ州ウーンデッド・ニー・クリーク河畔でおこなわれた。この地で女性と子供をふくむ150名以上ものハンクパパ族とミニコンジュー・ラコタ族が、第7騎兵隊ほかのアメリカ軍兵士に惨殺されたのである。アメリカ先住民と入植者のあいだの争いは1920年代まで続いたが、大平原の先住民の生活を大昔から支えてきたバイソンの群れは姿を消し、絶滅寸前の状態になった。抵抗は徐々に弱まり——やがてなんの意味もなくなった。

欲望と復讐、そして文化の根絶を目的とした戦争の、このやりきれない結末は、なにも1880年代のアメリカに特有な現象というわけではない。アフリカでは、ヨーロッパ列強の「アフリカ分割」が熱をおび、この10年間で残虐な植民地支配の段階に入った。極悪非道な行為のいくつかは、ベルギー王レオポルド2世の私有地となったコンゴ自由国でおこなわれ、想像を絶するほど冷酷な、非人間的な様相を呈した。作家アーサー・コナン・ドイルはベルギーの犯罪を「史上最悪」と呼ぶにいたる。

ニュースが即座に世界配信される以前の時代、アメリカやヨーロッパの人々はこうした恐怖をまだ知らずにいた。一般の国民にとって、1880年代は驚異的な建築物が出現した時代であり、ニューヨークの自由の女神像、パリのエッフェル塔のほか、「摩天楼」と呼ばれる新種の高層ビルが建てられた。また、天文学者は天空の仕組みについて新たな洞察を加え、国際的なスポーツ大会がはじまった。

そしてアメリカ赤十字を創設したクララ・バートンらは、この世には他者に対してどこまでも残酷になりうる人間が存在する一方、汲めども尽きぬ寛容さをそなえ、悪ではなく善のために闘える人間がいることを示した。

1885

2月
ベルギー王レオポルド2世がコンゴ自由国を建国。

6月
「マフディー(神意により正しく導かれた者)」と呼ばれたムハンマド・アフマドが、スーダンにおけるイギリス・エジプト軍との戦争中にチフスにより死去。

1886

1月
カール・ベンツが、4サイクルエンジンを搭載した車「モトールヴァーゲン」で特許取得。

5月
コカ・コーラがアメリカで初めて販売される。

10月
ニューヨーク湾内に建設された自由の女神像の除幕式がおこなわれる。

1887

6月
ヴィクトリア女王とイギリス帝国は、女王の在位50周年記念式典(ゴールデン・ジュビリー)を挙行。

9月
中国の黄河で洪水が発生し、数十万人が死亡。

1888

3月
「1888年のグレート・ブリザード」がアメリカ東海岸を直撃。

6月
ドイツ帝国ではヴィルヘルム2世が、祖父ヴィルヘルム1世と父フリードリヒ3世の死去を受けて、新皇帝として即位。

8月
ロンドンで「切り裂きジャック」の最初の犠牲者メアリー・アン・ニコルズの死体が発見される。

1889

1月
オーストリア皇太子ルドルフが自殺。

5月
フランス革命100周年を記念して、パリ万国博覧会が開催。会場のモニュメントとしてエッフェル塔が建設された。

5月
ジョンズタウン洪水がペンシルベニア州を襲い、甚大な被害をもたらす。

路面電車

　路上に設置された軌道を走る公共交通車輌「トラム」は、電化されるまで、さまざまな動力を用いた。1807年にサウスウェールズで世界初の乗客用トラムが運行されてから、ラバ、馬、ケーブル滑車、蒸気エンジンなどが車輌を引いて町や都会を走った。19世紀後半には、トラムは世界中の都会に普及していった——つまり、日常的な公共交通機関として広く受け入れられたのである。

　1880年代からは、20世紀前半に自動車やバスが出現するまで、電気で走るトラム「路面電車」が一躍首位に立つようになった。この写真は1881年5月にベルリン近郊のリヒターフェルトで操業を開始した、世界初の路面電車である。この町の駅から新設のプロイセン陸軍士官学校「ハウプトカデッテンアンシュタルト」まで、約2キロメートルをむすんだ。定員は20人。最初は軌道から直流電力を得たが、やがて軌道の上方に架線が設置された。この路面電車を開発したヴェルナー・フォン・ジーメンスは、前の年、世界初の電気式エレベーターを発表していた。

　エレベーターや路面電車だけでなく、電力は磁石、電球、電話、あるいは船舶にまで使われるようになった。1881年のパリ国際電気博覧会では、さまざまな新製品が展示されたほか、学術的な決定もなされた。電気の単位（アンペア、ボルト、オームなど）をはじめ、今日使われている電気関係の科学的基礎が、このときに定められたのである。電気につながることで変わりゆく未来の社会像は、すぐに世間に認知されていった。

疲れはて、貧しさにあえぎ、
自由に焦がれる人々の群れを、
わたしのもとに
寄こしなさい……

エマ・ラザルス『新しき巨像』1883年

自由の女神

　世界を照らすのは電気ではなく「自由」であると、第22代アメリカ大統領グローバー・クリーブランドは1886年10月28日、ニューヨーク湾に建設された巨大な像の除幕式で述べた。自由の女神（正式名称〈世界を照らす自由〉）は、台座の基部からたいまつの先端まで93メートルもの高さがある。構想が生まれたのは1865年。フランスとアメリカの両国民が参加した大事業だった。

　ローマ神話の自由の女神リベルタスをモチーフにした像はフランスで、分割して制作された。この写真は1881年、パリのガジェ・ゴーティエ社の工房で撮られた。制作しているのは、アメリカの独立記念日（1776年7月4日）が刻印された銘板（独立宣言書）を持つ左手部分である。親指のところにいるのは、設計者の彫刻家フレデリック・オーギュスト・バルトルディ。彼は以前、新規開通したスエズ運河の入口に建てる巨大な女性像を考案したことがあった（計画は実現しなかった）。

　自由の女神像の着想から搬入まで長い時間がかかったのは、ひとつには制作の規模自体がとてつもなく大きかったからであり、もうひとつには1870年代の大不況が影響したからだった。アメリカの支援者は台座建設費用のための基金を設立し、新聞人ジョセフ・ピューリッツァーが善意の募金を呼びかけたほか、詩人エマ・ラザルスはソネット『新しき巨像』を発表して募金運動を盛りあげた（その詩の銘板が台座の内壁に飾られている）。

　当初、女神像は日の光に映えるように銅版で覆われていたが、20年のあいだに銅が酸化し、現在のわたしたちがよく知る緑の衣をまとうようになった。

ジョン・D・ロックフェラー

19世紀に世界を変えた輸送と技術の進歩は、新種のエネルギーに依存していた。なかでも石油ほど重要なものはほとんどなかった。石油業とその関連業種——なによりも鉄道業界——を支配すれば巨万の富を得られた。こうしてジョン・D・ロックフェラーは、近現代史において最も裕福な男になったのである。

ロックフェラーのスタンダード・オイル社は、1870年にオハイオ州で設立された。そして1880年代には、少数の株式受託者を介してアメリカ全土の何十もの会社を支配する、複雑なトラスト（独占的大企業）に成長した。ロックフェラーの野心、石油と交通産業に関する深い理解、そして大胆かつ秘密裡にビジネスをする手腕によって、スタンダード・オイル社はアメリカの石油精製と流通を独占するにいたった。

1881年に『アトランティック・マンスリー』誌は、鉄道業界をはじめとするアメリカ産業界全般の腐敗を非難する長文の記事を掲載し、「ロックフェラーがどのようにして何百万ドルもの資産を作っているのか、誰も知らない……スタンダード・オイル社とは何者なのかという基本的なことも、彼らの資本の実体も、また鉄道業界とどのような関係をむすんでいるのかについても、ごく少数を除いて誰も知らない」と批判した。1911年にスタンダード・オイル社は反トラスト法違反と判断され、解体を命じられたが、2年後のロックフェラーの個人資産は9億ドルにのぼると推定された。歴史的な大富豪——たとえば古代リュディアのクロイソス王や、15〜16世紀ドイツの豪商ヤーコプ・フッガーなどに匹敵するような財を築いたロックフェラーは、その富ゆえにかなり嫌われた。だが彼は私財を投じて、博愛的な理由から、生物医学研究、公衆衛生、教育などの分野に多額の寄付もおこなった。

公正かつ正直に、稼げるだけ稼ぎ、蓄えられるだけ蓄え、与えられるだけ与えるのは、宗教的な義務だと言います。

ジョン・D・ロックフェラーのスピーチ、1899年頃

わたしはこの塔に嫉妬すべきだろう。わたしよりずっと有名なのだから。人々はわたしひとりでこの塔を建てたと思っているようだ……

ギュスターヴ・エッフェル(伝)

NEXT PAGE

エッフェル塔

1880年代のフランスは、他国のランドマークばかり作っていたわけではない。この時代には、パリの空にそびえるエッフェル塔も建設された。自由の女神像の設計でも主導的な役割をはたした、ギュスターヴ・エッフェルの代表作である。

構造技術者のエッフェルは、すでに巨大建築のプロジェクトで国際的な活躍をしていた。チリ北部の町ではプレハブ方式による鉄骨の教会、ハンガリーでは鉄道駅、ポルトガルでは高架橋を建設。そして1886年、3年後にパリで開催される万国博覧会の一大モニュメントを設計する権利を勝ちとった。

建設作業は1887年の初夏、万博会場となるパリ7区のシャン・ド・マルス公園ではじまった。掲載した6枚の写真は1888年7月14日から1889年3月12日のあいだに撮られたもので、地上300メートル以上——当時の世界最高——を誇る塔が驚異的な速さで完成されていった様子を示す。当初は、現在親しまれているブロンズ色ではなく明るい赤褐色に塗られており、みんなに好かれていたわけではなかった。実際、フランスの芸術家たちはデザインを酷評する陳情書を出した。作家のギ・ド・モーパッサンは塔を「悪夢」と呼び、「鉄板をボルトでつないだ醜悪な柱」とこきおろした。

結局、彼らの反対は実をむすばなかった。エッフェル塔は20年のリース期間を終えたあとに市の財産となり、マンハッタンの自由の女神像と同じく、パリの景観に欠かせないものとなっている。

14 Juin 1888 — 10 Juillet 1888 — 14 Octobre 1888

14 Novembre 1888

12 Février 1889

12 Mars 1889

パリ万国博覧会

公式ガイドブックによれば、1889年5月6日から10月31日まで「人間活動のあらゆる驚異がパリに集結」した。天空にはエッフェル塔がそびえ、地上のシャン・ド・マルス公園には南アメリカから極東まで6万以上もの出品者がひしめき、芸術、工芸、音楽、家具、織物、金属製品、食品、ワイン、技術、歴史の再現のほか、さまざまな産業の成果が特設会場に展示された。なかでもとくに有名なのが、ガラスと鉄で作られた広大なパビリオン「機械館」(8万平方メートル)である。

写真は1889年のパリ万博で最も人気のあった出展のひとつ、ジャワの伝統衣裳をつけた踊り子たち。当時、ジャワはオランダ領東インド(現インドネシア)の一部になっており、現地の村(カンポン)を再現した展示コーナーでは、実際にジャワ人たちが起居して、帽子作成の技術、農作業、宗教儀式のパフォーマンスなどを見せた。その出し物のうち、最も影響力が大きかったのは、おそらく民族音楽ガムランだろう。使われるのは銅鑼、ティンパニ様の太鼓、木琴様の楽器などである。演奏を聴きに足しげく通った若きフランス人作曲家クロード・ドビュッシーは、自作にガムランのモチーフを組み入れた。

この年のパリ万博は、1789年のフランス革命100周年を記念しておこなわれた(会場ではバスティーユ襲撃の模様も再現された)——共和政の夢を祝うには絶好のタイミングだった。来場者数も多く、利益もあがった。そして、たとえフランスの政治がたえず動揺していても、少なくとも都市としての首都は、先の普仏戦争とパリ・コミューンの荒廃から立ち直ったことを示したのである。

> 建築は安定性を確保しながら、できるかぎり軽量化することが肝要だ。
>
> ウィリアム・ル・バロン・ジェニー
> 1891年

初の高層ビル

　ジョン・D・ロックフェラーの最大の功績のひとつは、シカゴに新しい大学を作ったことだろう。この都市は1880年代に変貌を遂げた。写真の建物は、ラサール通りとアダムズ通りの角にあるホーム・インシュアランス・ビル。1885年に完成したときは、当時としては破格の10階建てであり、この写真が撮られた20世紀初頭までに2階分が増築された。

　設計者はウィリアム・ル・バロン・ジェニー。1850年代にパリで建築を学んだ。クラスメートにギュスターヴ・エッフェルがいる。ジェニーがシカゴで建設に着手できたのは、1871年に起きた大火災のためだった。都市伝説によれば、デコベン通りの納屋で牛がランプを蹴り倒したのが出火原因とされる。市中心部の9平方キロメートルを焼き尽くし、300人が死亡、10万人以上が家を失った。

　柱と梁に耐荷重性の鋼鉄や錬鉄を使えば建物を高くできる、とジェニーにはわかっていた。こうして、ジェニーは「摩天楼の父」と呼ばれるにいたった。建築歴史家は、ホーム・インシュアランス・ビルがほんとうに世界初の高層ビルだったのかどうか、いまだに議論しているが、ジェニーの洞察はその後の高層建築すべてに影響をおよぼし、世界中の都市の地平線を永久に変えた。

　ジェニーのビルは増設されて12階建てになったが、すぐにほかのもっと高い建物に追い越された（写真で隣に写っているビルだけではない）。そして1931年に取り壊され、跡地には45階建て、高さ163メートルの巨大なフィールド・ビルが建設された。

ベルギー王レオポルド2世

　1865年から1909年までベルギー王だったレオポルド2世は、高層建築ではなく遠い土地に興味を抱いた。1880年代、レオポルド2世はサハラ以南のアフリカを探検し、「文明化」し、併合する活動を支援した。国王が望んだのは広大なコンゴ盆地──最初は国王の私有財産となるコンゴ自由国、のちのベルギー領コンゴである。私的な植民地を得た国王は、天然資源で収益をあげるために先住民を苛烈に酷使した。

　1880年、レオポルド2世(写真はイギリスのチチェスターを拠点に活動したラッセル&サンズが撮影)は探検家のヘンリー・モートン・スタンリーを雇い、王の特使としてコンゴ川流域に派遣した。貿易拠点を建設するとともに、先住民の部族長たちを説得して彼らの土地を王国の領土とする条約を締結させるためだった。最初、植民地の輸出産業は象牙が中心だったが、1890年代になると天然ゴムに変わった。自動車のタイヤや電気ケーブルの材料として需要が高かったからである。レオポルド2世の私設軍である「公安軍」は、国王が要請するゴム生産量を満たすため、先住民に対して脅迫、誘拐、鞭打ち、拷問、手足の切断、殺人などの手法を駆使し、強制労働に駆り立てた。数百万人のコンゴ人が死亡した。飢餓と疫病がはびこった。

　非人道的な植民地支配をおこなったのは、もちろんベルギーだけではない。レオポルド2世によるコンゴの搾取は「アフリカ分割」の延長線上にあった。1870〜80年代にかけてイギリス、フランス、ポルトガル、ドイツなどのヨーロッパ列強は、次々にアフリカ大陸を自国の領土にしていったのである。1884年に開催されたベルリン会議は、このアフリカ強奪熱に合法性の衣を着せた。1902年には、アフリカ人居住地域の90パーセントがヨーロッパの支配下になっていた。

コンゴ自由国で蔓延している犯罪のすべては、あなたの名のもとにおこなわれております。したがって、あなたは公の場で国民統治の失敗に関する罪を償わなければなりません……

ジョージ・ワシントン・ウィリアムズによる「レオポルド2世への公開書簡」
1890年7月18日

ザンジバルのスルタン

　東アフリカの王国ザンジバルの第2代スルタンはバルガッシュ・ビン・サイード（写真前列中央、周囲は重臣）で、1870年から1888年3月26日に没するまで在位した。当時の多くの統治者たちと同じく、バルガッシュも「アフリカ分割」に乗じて大陸を切りとろうとするヨーロッパ列強から自分の国土を守るという、やっかいな仕事に直面させられた。

　ザンジバルは、「アフリカの角」直下の西インド洋に浮かぶ群島の中央に位置する。その恵まれた位置のおかげで、昔から交易の拠点として栄えた。アラブの奴隷商人から、金やスパイス、コーヒーを扱う商人まで、この島はひじょうに便利な場所だったのである。

　1870年代までザンジバルに大きな影響力を持っていたのは、イギリスだった。東インド会社やイギリス領インドからの商人が多数往来したからである。イギリスの外交圧力は、1873年にバルガッシュに奴隷貿易をやめさせたときにも発揮された。しかし1880年代になると、イギリスはザンジバルの利益のために働かず、ザンジバルが海をはさんですぐ西のアフリカ大陸に有していた領土タンガニーカは、ドイツのものになった。こうして少しずつ、「保護」を与えるという口実のもと、植民地勢力はザンジバルの領土の大半を奪っていった。

　バルガッシュの死から2年後の1890年、すでにあらかた領土を失っていたザンジバルは、正式にイギリスの保護領になった。この状態は、1963年に独立国として英連邦に参加するまで続く。翌64年ザンジバルはタンガニーカと連合して、現在のタンザニア連合共和国を成立させた。

カイゼル・ヴィルヘルム2世

　ドイツは「アフリカ分割」に参加する一方、自国では帝国統治者の交代期を迎えた。1888年6月15日に帝位に就いたのは、イギリスのヴィクトリア女王の孫で29歳のヴィルヘルム2世。祖父のヴィルヘルム1世、父のフリードリヒ3世が立て続けに死去したことを受けての即位だった。

　ヴィルヘルム2世は不安定で破壊的な皇帝だった。即位後まもなく断行したのが、老宰相オットー・フォン・ビスマルクの罷免である。写真の皇帝(トーマス・フォイクト撮影)はイギリス陸軍の軍服姿だが、縁戚であるイギリスとの関係はつねにギクシャクしており、従弟にあたるニコライ2世のロシアでも不人気だった。

　対外政策においては失言が多く、摩擦を増大させ、一貫性に欠け、しかも過度に攻撃的な傾向があったため、ヴィルヘルム2世は友人よりも敵を作りやすかった。あからさまな反ユダヤ主義や人種差別的な発言をする一方、ドイツ史の理解も表層的だったため——その好例が1900年に義和団事件鎮圧のために遠征軍を中国に派遣する際、ドイツ軍兵士を1000年以上前のフン族アッティラ王の大軍になぞらえた「フン族演説」——しばしば激烈な反感を呼び起こした。

　複雑な国際情勢のなかで発揮されたヴィルヘルムの好戦性は、やがて1914年の第1次世界大戦勃発につながっていく。1918年のドイツ敗退後に退位してからは、亡命先のオランダで立派な髭の手入れ、樹木の伐採、狩猟などをしながら、長い余生を送った。ヴィルヘルムはアドルフ・ヒトラーを嫌い、それはお互い様だった。1941年に没したとき、総統が元皇帝をドイツ軍の礼式で葬ったのは歴史の皮肉だったといえる。

この帝国を統治する者はたったひとりである。わたしはほかの誰にも許すつもりはない。

ドイツ皇帝ヴィルヘルム2世
デュッセルドルフでの演説、1891年

NEXT PAGE

グレート・ブリザード

　この凍てつく冬の情景は、写真家ピーター・ヘンリー・エマーソンと画家トマス・フレデリック・グドールの『ノーフォーク・ブローズの生命と風景』に収められた1枚で、1886年の最初の凍結の様子を写したものだ。静かで牧歌的な雰囲気が漂うが、凍りついた田舎の風景は、この時代の一側面でもあった。というのも、1880年代は地球の気温がいちじるしく下がったからである。

　異常な寒さの冬は、まず1880〜01年に記録された。北半球の1884年の夏の気温は前年よりも平均1.2℃低かった。低温傾向は1888年まで続き、アメリカ東部とカナダはグレート・ブリザードと総称される暴風雪に閉ざされた。寒冷な気候は農作物の不作を招き、奇妙な大気変化を引き起こした。とくに知られているのが、強烈な色彩の夕焼けである(ノルウェーの画家で表現主義の先駆者エドヴァルド・ムンクが1893年の『叫び』で描いた燃えるようなオレンジ色の空は、こうした夕焼けの記憶に基づくとされている)。

　この異常気象の主因のひとつは、オランダ領東インドのジャワ島とスマトラ島のあいだで1883年8月26〜27日に発生した、火山の大噴火による雲だった。観測史上最大規模の爆発を起こしたのは、3つの火口丘を持つクラカタウ火山島。噴煙の高さは80キロメートル、噴出量は25立方キロメートルにおよび、轟音は3700キロメートル離れたオーストラリアにまで達した。海は津波で荒れ狂い、地球の大気には何トンもの火山灰が舞った。噴火により少なくとも4万人の命が失われ、その後も暗く陰った空の下で世界中の人々が寒さに震えた。

> 現代の産業は途方もない規模で自然の力を操ろうとしている……その力を愚か者の手にまかせる人々はなんと不幸なことか。
>
> アメリカの地質学者
> ジョン・ウェズリー・パウエル
> ジョンズタウン視察後、1889年8月

ジョンズタウン洪水

1889年5月31日、異常気象によって、ペンシルベニア州ジョンズタウンに2000人以上の死者を出す壊滅的な被害が発生した。前日からこの一帯に激しい雨が降り続いた。町から23キロメートル離れたところには、サウスフォーク・ダムにせき止められたコネモー湖があった。しかしダムは長年補修されておらず、この集中豪雨の負荷に耐えきれなくなった。何度か注意報が発表されたにもかかわらず、避難はおこなわれなかった。

5月31日の午後3時直前、水位はダムを越えてあふれ出し、ダムは決壊した。1400万立方メートルの水がリトル・コネモー川を流れ下り、周辺の村々を飲みこみながら、高さ18メートルの大洪水となってジョンズタウンに襲いかかった。その道筋にいた大多数は溺れるか、瓦礫に潰されるかして命を落とした。たとえ助かっても、すべてを失った人がほとんどだった。この写真は、ジョンズタウンの住人ジョン・シュルツの家である。大木に串刺しにされ、ひっくり返ったまま数区画も流されたあと、横ざまに倒れたこの家の写真は、数多く撮られた(シュルツは奇跡的に助かった)。シュルツの家は「洪水の奇禍」と呼ばれた。奔流の猛威を如実に物語っていたからである。

中国で約90万人の死者を出した1887年の黄河洪水に比べれば、ジョンズタウンの悲劇の規模は小さかった。それでも、当時としてはアメリカ史上最大の災害であり、人道上の危機は世界中の同情を集め、支援の手が差し伸べられた。

彼女たちは高い目的を胸に、
なすべき義務を見た
そして正義という武器を手に
壁を打ち破った

クララ・バートンの詩
『現場におもむく女性たち』

クララ・バートン

　『ジョンズタウン・デイリー・トリビューン』紙の編集者は、1889年にジョンズタウンを襲った災害の支援に尽力したアメリカ赤十字（ARC）のクララ・バートンと看護師たちに賛辞を惜しまなかった。「辞書に載っているあらゆる言葉を探してみても、彼女と彼女の仕事に対する感謝の念を伝えられるものは見つからない」

　1821年にマサチューセッツ州で生まれたバートンは、極度に内気な子供だったが、やがて自分の天職を見つけた。最初は教師として働き、次はボランティアの看護師として南北戦争の激戦地アンティータム、フレデリックスバーグ、荒野の戦い（オーバーランド方面作戦）などにおもむいた。戦後は各地で講演をおこない、自身の体験を詳細かつ鮮明に語って聴衆に感銘を与えた。

　健康を害していたにもかかわらず、バートンはその後の生涯を看護に捧げた。1870年代の普仏戦争では前線で働いた。傷病者の保護と治療を戦地部隊に義務づける1864年ジュネーブ条約の承認を求めて、アメリカ議会に働きかけた。1881年にはアメリカ赤十字を立ちあげた。このとき財政的支援をしたのはジョン・D・ロックフェラー、精神的支柱となったのは奴隷制廃止論者のフレデリック・ダグラスである。また、黒人や女性の参政権を求める活動にも積極的に参加した。

　この写真の撮影者はジェームズ・E・パーディー。ニューイングランド地方の写真家で、多くの作品を残した。バートンが彼の前に座ったのは1904年、83歳のとき。アメリカ赤十字の会長を退き、引退した年だった。バートンは8年後の1912年4月12日にこの世を去った。

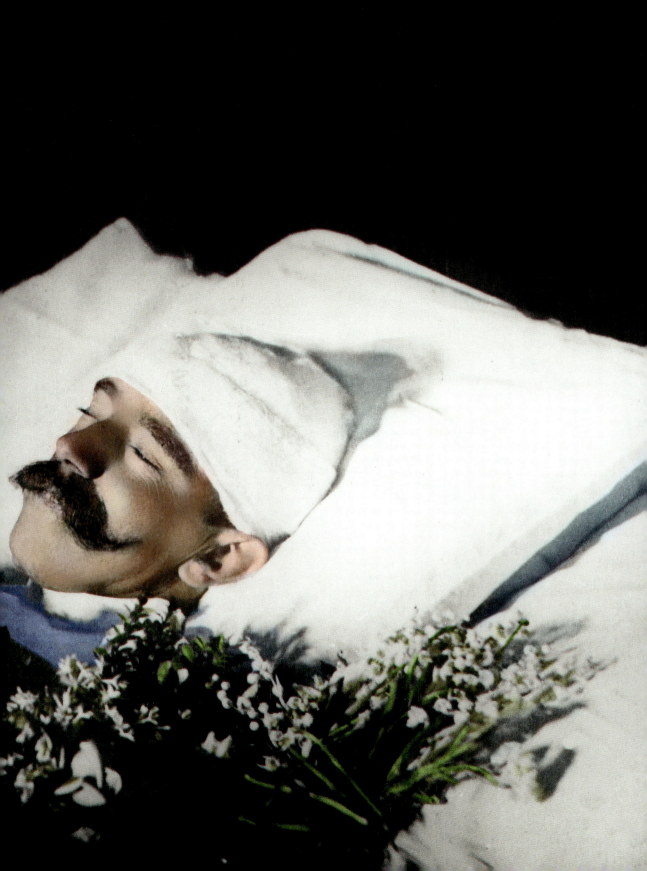

オーストリア皇太子ルドルフ

　オーストリア帝国の皇太子ルドルフ大公が抱えていた困難は、赤十字などの組織で解決しうるものではなかった。写真は1889年1月30日に自殺を遂げたルドルフの遺体である。ルドルフはさまざまな失望に苛まれ、ついにはオーストリア＝ハンガリー帝国の継承者として絶望するにいたった。

　フランツ・ヨーゼフ1世のひとり息子ルドルフは、1858年に生まれたときから世継ぎに定められていたが、父帝や廷臣たちとはかなり異なる政治信条を持つ皇太子に育った。自由主義的な思想を持ち、貴族に批判的で、ドイツに警戒感を抱くルドルフは、政権の中枢から孤立した。

　ルドルフの不幸をさらに複雑にしたのは、1881年のベルギー王レオポルド2世の次女ステファニーとの政略結婚だった。血縁関係は離れており、カトリック教会が定めるカノン法に抵触しなかったが、夫婦関係はすぐに破綻した。娘をもうけたものの、ルドルフがそれ以外に妻に与えたのは性病だけで、数年もしないうちに離婚を望むようになった。

　破滅への衝動にあぶられながら、1889年にルドルフは拳銃で自殺した。その亡骸のそばには、皇太子の愛人のひとりである17歳の男爵令嬢マリー・ヴェッツェラが、撃たれて死んだ姿で横たわっていた。この情死事件が起きたのはウィーン近郊マイヤリンクの狩猟館である。ルドルフの死が最終的にもたらした結末は、誰も予想しないものだった。オーストリア＝ハンガリー帝国の帝位はルドルフの従弟フランツ・フェルディナントが継承したが、サライェヴォでのフェルディナント大公暗殺事件が第1次世界大戦の引き金となったのである。

> 写真は小さいかもしれないが、ひじょうに貴重な情報を与えてくれる。そして信頼に足る正確さをそなえている。
>
> 『オブザーヴァトリー』誌、1880年

十三夜の月（ギボスムーン）

　事件が相次ぐ地球のはるか上では、月が変わることなく19世紀後半のドラマを見つめていた。この驚異的な写真を撮ったのは、イギリスの天文写真家の草分けアンドルー・エインズリー・コモンである。職業は衛生工学士だったが、コモンが情熱を傾けて生涯取り組んだのは天空を見ることだった。1876年に、王立天文学会の会員に選ばれた。この高解像度の写真は1880年1月20日、ロンドン西部のイーリングの自宅で撮影された。使用したのは910ミリの反射望遠鏡。撮影ノートには「露出、短時間。約10倍に拡大」と記されている。

　その日コモンが望遠鏡で覗いた月は、正確には「十三夜の月（ギボスムーン）」だった。上弦の月から満月までの月相である。この写真はとくに、「月の海」と呼ばれる黒い部分が鮮明に写っていることで注目された。しかしコモンが現像したものは──ここに忠実に再現している──上下左右が逆さまだった。すなわち、これは北半球ではなく、南半球に現れる月なのである。たとえそうでも、月面の様子はすぐにわかる。左下の小さな黒い円は「危難の海」、その右下方にある大きめの円は「晴れの海」、そしてふたつの海の中間に位置するのが「静かの海」──89年後に人類が初めて月面に着陸した場所である。

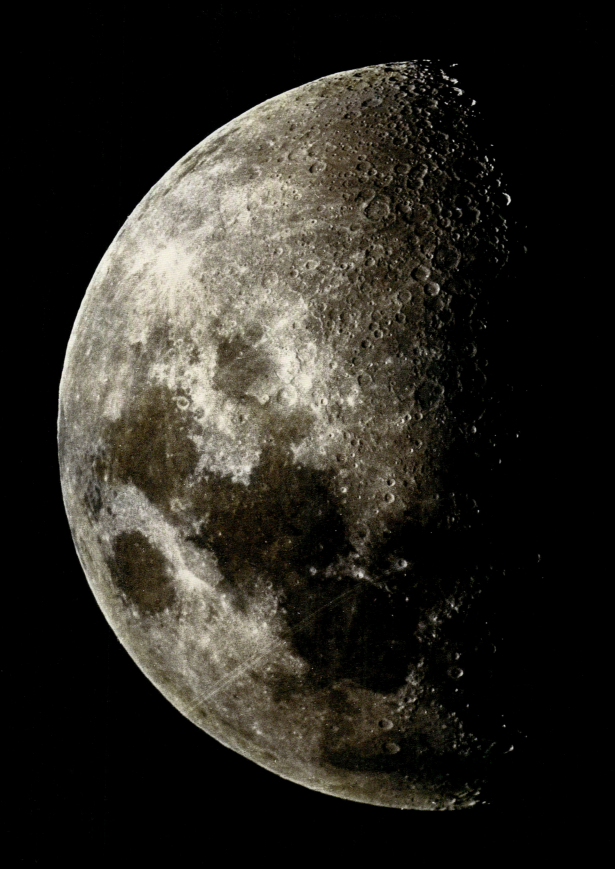

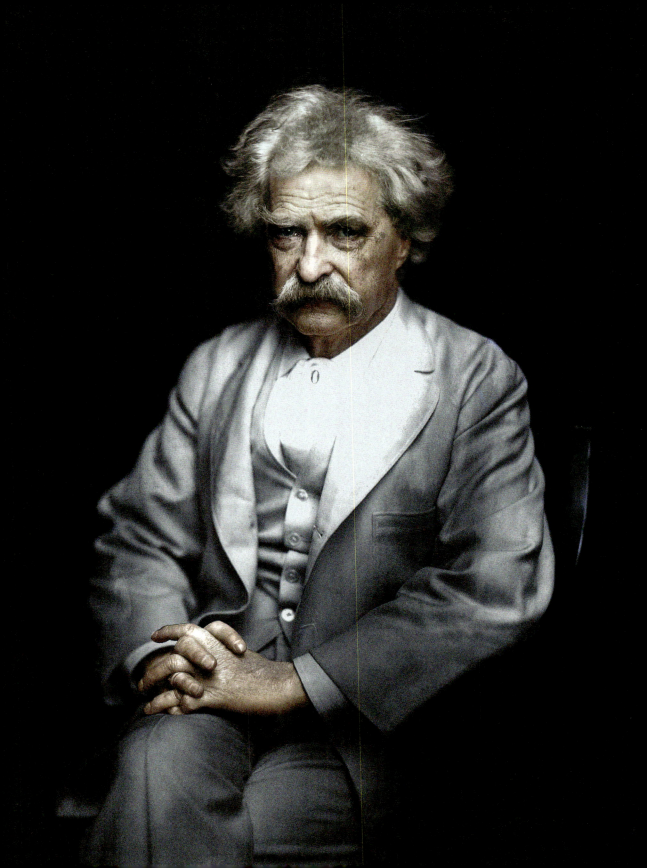

1890年代

世紀の黄昏

ユーモアとは偉大なものだ、
救いとなるものだ。
ユーモアが現れた瞬間、
あらゆる苦しみは押し戻される。

マーク・トウェインのエッセイ、1895年

18 94年、アメリカのユーモア作家、小説家、出版人、水先案内人、講演家にして才子のマーク・トウェインは破産を宣言し、世界一周講演旅行に出発した。先の20年間では、代表作となる『トム・ソーヤーの冒険』(1876年)、『ハックルベリー・フィンの冒険』(1885年)を出版している。1890年代は奇妙な時期だった。トウェインの著作の需要は高まる一方なのに、彼の出版社のほうは経営不振におちいったのである。

マーク・トウェインは1835年にアメリカ中西部のミズーリ州に生まれ、生地からやや離れたミシシッピ川沿いの町で育った。一家は裕福だったが、父親が多額の負債を抱えたまま死んだために貧しくなった。作家の本名はサミュエル・ラングホーン・クレメンズという。有名なペンネームは1863年から使いはじめた。青年時代にミシシッピ川の蒸気船の水先案内人をしたときの経験に基づくものである(「マーク・トウェイン」は水先案内人の用語をもじった名前で、蒸気船が安全航行できる水深を示す"by the mark, twain(水深二尋)"に由来する)。水上生活をやめて文筆業に専念すると、トウェインは少年時代の思い出や自身の経験を糧に、ミシシッピの素朴なアメリカの「少年の心を失わない」作家としての評価を確立した。

トウェイン——この肖像は晩年のもので、高名な女性写真家フランシス・ベンジャミン・ジョンストンによる撮影——は生粋のアメリカ人だったが、1890年代の大半は世界各地を旅してすごすことになる。オーストラリアからニュージーランド、インドから南アフリカ、ロンドンからウィーンと、どこに行っても熱い話術を駆使し、波瀾万丈の人生の面白おかしい逸話をふんだんに盛りこみながら、それぞれの土地の感受性にあわせた講演を変幻自在におこなって、聴衆を楽しませ、有力者を魅了した。チャールズ・ディケンズが1870年に没して以来、これほど時代の精神に合致して生きた作家は存在しなかった。

1873年、トウェインは当時を「金メッキ時代」と評した。これは共著で出版した小説のタイトルである。技術の急速な発展、人口の増加、実業家の急成

1890

3月
ドイツ皇帝ヴィルヘルム2世がオットー・フォン・ビスマルク宰相を罷免。

7月
イギリスとドイツが条約をむすび、イギリスがザンジバルを、ドイツが北海のヘルゴランド島を獲得。

12月
ハンクパパ・ラコタ・スー族のシッティング・ブルが撃たれて死亡。2週間後、サウスダコタ州のウーンデッド・ニーで150名以上のスー族が虐殺される。

1891

2月
南北戦争で北軍を主導し、焦土作戦や徹底的な敵地破壊など「無制限の戦争」を展開したウィリアム・T・シャーマン将軍が死去。

4月
ロンドン—パリ間に電話が開通。

1892

1月
ニューヨークのハドソン川河口のエリス島にアメリカ合衆国移民局が開設。

4月
エジソン・ゼネラル・エレクトリック・カンパニーとトムソン・ヒューストン・カンパニーが合併して、ゼネラル・エレクトリックを創設。

1893

1月
ハワイ王国が倒され、その後リリウオカラニ女王の退位、アメリカによる併合にいたる。

5月
アメリカで金融危機と信用危機が発生し、1893年恐慌と呼ばれる急激な経済不況が起こる。

9月
ニュージーランドが世界で初めて女性に投票権を認める。

1894

5月
ジェイコブ・コクシーがワシントンで逮捕される。コクシーは失業者の集団を率いて首都に向かい、政府に景気対策として公共事業への投資を請願しようとした。

8月
日清戦争勃発。

11月
ニコライ2世がアレクサンドル3世の跡を継いでロシア皇帝に即位。

長、アメリカ再建はさまざまなひずみを社会にもたらした。そのなかで過度な楽天主義や堕落という、人間に付き物の弱点が混ざりあい、ぶつかりあう――そんな時代を批判した作品だ。1890年代に世界をめぐったときも、批評精神に富むトウェインは各国の様子をつぶさに観察した。

　母国のアメリカでは、人口はますます増加する一方、経済は1870年代と同じように予想がつかず、おおぜいの国民が不安定できびしい人生を送っていた。とはいえ、アメリカそのものも新たな段階に入っていく。大陸のルールを拒否して生まれたはずの新国家は、帝国主義に舵を切りはじめる。1898年のスペインとの戦争で、アメリカはキューバ、フィリピン、プエルトリコ、グアムを支配下におき、また同時期にハワイを併合。アメリカの帝国主義派と孤立主義派の対立は、その後も何十年となく続き、さまざまな形で21世紀の今日にも影響をおよぼしている。

　太平洋の向こうでは、帝国主義がまた別の問題を生みだした。1890年代には、中国、日本、朝鮮、また日本海と黄海領域に経済的・政治的興味を持つヨーロッパ列強のあいだで紛争が多発する。同じくアフリカでも、イギリス、フランス、ドイツ、イタリア、ベルギーなどの植民地支配は変わらずに続き、これらの宗主国の都合で定めた原則を堅持していく。

　1890年代のヨーロッパでは、盛大な式典が催された。1896年のアテネでのオリンピックと、1897年のヴィクトリア女王在位60周年記念の祝典である。一方、フランス支配層の腐敗を白日の下にさらしたドレフュス事件をはじめ、卑劣な事件も発生した。そうしたなかでも、世界は着実に進んでいく。蒸気機関車は煙を吐き続け、工場からは世界初の近代的な自動車が出荷され、舞台のスターたちは新技術――映画に目を向けはじめる。

　つまり、これがマーク・トウェインの旅した世界だった。自分自身の冒険を休まずに書き続け、確実に名声を高めながら、作家は1900年10月にニューヨークに到着し、自分が帰国したこと、二度と離れないこと、そして世界で見聞を広めた結果、真に憎むべきは帝国主義であると学んだことを告げた。

1895

1月
ドイツのスパイ容疑をかけられたユダヤ人アルフレッド・ドレフュス大尉が、フランス陸軍から正式に位階剥奪される。じつはこれは冤罪だった。

2月
リュミエール兄弟が映写機「シネマトグラフ」の特許を取得。エジソンの「キネトスコープ」のライバルである。

10月
李氏朝鮮の閔妃が、日本人暗殺団らによってソウルの景福宮で殺害される。

1896

3月
メネリク2世に忠誠を誓うエチオピア軍が、アドワの戦いでイタリア軍を撃破。

4月
1896年夏季オリンピックがアテネで開催。近代オリンピック最初の大会となる。

5月
アメリカ合衆国最高裁判所が、プレッシー対ファーガソン裁判で人種差別を容認する重要な判決を下す。

1897

5月
アイルランド生まれの劇作家オスカー・ワイルドが、男同士の「著しい卑猥行為」による2年間の禁固刑を終えて出獄。

6月
イギリス帝国がヴィクトリア女王の在位60周年記念式典を開催。

7月
カナダのクロンダイクでゴールドラッシュがはじまる。一攫千金を夢見て10万人がカナダとアラスカの国境沿いをめざした。

1898

2月
アメリカの軍艦メイン号がハバナ湾で爆発。アメリカとスペインが開戦する契機となる。

9月
スーダンのオムドゥルマンの戦いで、イギリス軍がマフディー軍を撃破。

10月
中国で武術組織「義和拳」のメンバーによる外国人襲撃が多発。その運動が拡大して「義和団事件」に発展していく。

1899

1月
サラ・ベルナールとパトロンが「サラ・ベルナール座」をパリに設立。ヴィクトリアン・サルドゥの戯曲『トスカ』改訂版などを上演。

2月
アメリカとフィリピンが開戦する。

10月
南アフリカで第2次ボーア戦争が勃発。

コクシーズ・アーミー

　トウェインの「金メッキ時代」の写し絵ともいうべき事態が、1893年にアメリカを襲った。アメリカ財務省が保有する金準備量の減少をきっかけに起きた経済不況は、4年間も続き、アメリカ史上最悪の規模となった。

　アメリカは金本位制だったので、通貨ドルの裏付けとなるのは金の保有量である。国家の金準備量がいちじるしく減少しているのがあきらかとなった1893年4月、ドルに対する信用が大きく揺らいだ。資金回収が加速する一方、投資家はできるかぎりの株を売って、資産を金の裏付けのあるドルか、金塊に変えた。

　パニックはまたたくまに金融システム全体に広がり、銀行取り付け騒ぎや銀行破綻が相次いだ。それに続いて、必然的に倒産する会社が続出し、とくに鉄道業や製鉄業が大打撃をこうむった。年内に5人に1人のアメリカ人が職を失い、デモがはじまった。

　写真は、1894年の「コクシーズ・アーミー」の行進の様子。オハイオ州のビジネスマン、ジェイコブ・S・コクシーは金本位制の中止、道路工事などの公共事業による景気対策を政府に請願するために、数百人を率いてオハイオ州のマシロンを出発し──途中で参加人数はどんどん増えた──ワシントンをめざした。しかし首都に到着した5月1日、コクシーは芝生に不法侵入したかどで逮捕され、いかなる公式発表もおこなえなかった。

　経済の混乱は1897年に収束に向かった。その頃には、不人気だったグローバー・クリーブランド大統領の2期目の任期は終わりを迎え、政府に高利で多額の緊急援助資金を提供したJ・P・モルガンなどの銀行家やロスチャイルド家は資産を増やし、カナダのクロンダイク地方では新たな金鉱が発見された。

われわれは、働く能力と意志のある人すべてに職を与える法律の制定を請願しに、ここへ来ました。

ジェイコブ・S・コクシー
1894年におこなう予定だった演説

ゴールドラッシュ

アメリカ経済を支えるのが金である以上、新たな供給源の発見は格好のビジネスだった。1896年の夏、カナダ西部のユーコン地方を調べていた探鉱者たちは、アラスカとの国境付近のクロンダイク川の支流で、天然の金塊が豊富にあるのを見つけた。彼らはその支流をボナンザ・クリークと名づけた。ボナンザとは「豊富な鉱脈」「ぼろもうけ」という意味だから、まさに当を得た命名である。探鉱者の夢は一攫千金にほかならない。1840年代には、その夢に取り憑かれた白人入植者たちが西部のカリフォルニアをめざした。そして再び、史上有数のゴールドラッシュが幕を開けた。

1897年7月、氷が解けてボナンザ・クリークの富のニュースが外界に伝わったとたん、およそ10万人がけわしい山道をたどったり、大枚はたいて航路でアラスカに渡ったり、サンフランシスコから川船に乗ったりしながら、一山当てる旅に乗りだした。続々と到着する新参者を収容するため、ユーコン地方の先住民ハン族は保留地に移動させられた。

実際、クロンダイクには膨大な量の金があった。しかし需要は供給量をはるかにしのいだうえ、そこで幸運をつかんだ人よりも失った人のほうが多かった。数百人が金鉱に向かう途上で命を落とした。また採掘者のキャンプも、シアトルの写真家フランク・ラ・ロシュが撮ったこの写真のように、粗末なものだった。新たに出現したドーソン・シティのような町は、法外な賭け事、酒がらみの乱行、病気、無法状態、火事、売春婦、暴力沙汰が横行することで知られた。

クロンダイクは1899年の夏まで多くのアメリカ人を惹きつけた。やがてアラスカ西部の町ノームで新たに金が発見されると、一攫千金の夢に魅入られた人々は移動していった。

> それこそあっという間に、西海岸の住人はわれを忘れて興奮した……史上類を見ない殺到がはじまった。
>
> エドウィン・タッパン・アドニー
> 『クロンダイクへの殺到』(1900年)

サラ・ベルナール

　ゴールドラッシュ熱がアメリカ北西部を席巻する一方、アメリカ全土が舞台の至宝の虜になった。フランスの女優サラ・ベルナールは1890年代、花の都パリからアメリカへのツアーを3回おこない(1891、1896、1900年)、ヴィクトリアン・サルドゥの『トスカ』や『クレオパトラ』、エドモン・ロスタンの『シラノ・ド・ベルジュラック』など、フランスの人気劇作家の新作を上演して観客を熱狂させた。

　オランダ系ユダヤ人高級娼婦の私生児として生まれたベルナールは、一気にスターダムにのし上がったわけではない。しかし1870年代から、舞台での圧倒的な存在感と美声によって国際的な名声を獲得した。作家で劇作家のヴィクトル・ユゴー、ヴィクトリア女王の息子で未来のエドワード7世となるアルバート・エドワードをはじめ、錚々たる著名人がベルナールの賛美者に名を連ねた。

　ベルナールは男役も得意とした。とくに有名なのがシェークスピアのハムレットや、ロスタンの『レグロン』に登場するナポレオンの息子役である。パリの「サラ・ベルナール座」(テアトル・デ・ナシオンを改称)の座長を長期間務めた。

　1890年にW&D・ダウニーが撮ったこの写真は、サルドゥのオリエント史劇『テオドラ』の主役に扮したベルナールである。この頃には、ベルナールは世界で最も有名な女優になっていた。また、激しい性格で「神なるサラ」という渾名で呼ばれたりもした。傘をドアマンの頭でたたき壊したり、1891年のサンフランシスコ公演では、ピストルを握って「撃つぞ」と舞台係を脅したりしたのである。1915年、長年苦しんだ膝の怪我が感染症を引き起こして右足を切断。それでも大女優は仕事を続けた。1923年にパリの自宅で映画の撮影中に倒れ、この世を去った。

サラ・ベルナールの声には、黄金以上のものがあった。雷鳴と稲妻があった。天国と地獄があった。

イギリスの伝記作家リットン・ストレイチーによる女優サラ・ベルナールについてのエッセイ(1925年)

NEXT PAGE

リュミエール兄弟

　演劇界に30年間君臨したサラ・ベルナールが映画初期のスターのひとりになったのは、当然といえる。同国人のオーギュストとルイのリュミエール兄弟が映画を発明したのは、ベルナールの名声が頂点に達した頃だった。

　写真は中年期のリュミエール兄弟。2人は、よくはやっている写真乾板工場と旺盛な探究心を父親から受け継いだ。1895年2月13日に撮影機兼映写機「シネマトグラフ」の特許を取得。これは大勢の観客が同時に映像を見られるものだった。一度にひとりしか見られないエジソンの「キネトスコープ」とは、この点で大きく異なったのである。兄弟の最初の映画——リヨンの彼らの工場から帰る労働者たちを撮った46秒の映像——は、同年12月28日にパリのカピュシーヌ通りにあるグラン・カフェで、何点かの作品とともに初上映された。今日、この作品は世界初の実写映画とされている。

　キネトスコープやシネマトグラフなどの新技術が市場に出現すると、映画の将来性はただちに認識され、舞台俳優たちが初期の短編映画に出演するようになった。ベルナールは1900年、レイアーティーズと決闘するハムレットを演じた。しかし、映画事業に対するリュミエール兄弟の興味は、それほど長く続かなかった。実写式の短い記録映画を数千本まとめたあと、彼らの関心は「オートクローム」という初期のカラー写真の開発や、「ステレオスコピー」という立体視映像の研究に移っていった。オーギュストはまた、癌や結核などの病気の研究にも多くの年月を費やしている。弟のルイは1948年に、兄のオーギュストは1954年に没した。

新たなオリンピアンたち

　不思議なことに、1896年のアテネオリンピック——国際オリンピック委員会が主催する近代オリンピックの第1回大会では、金メダルは存在しなかった。実施された競技——陸上、レスリング、体操、テニスなどのほか、競泳には水兵限定の種目もあった——の1位には銀メダル、2位には銅メダルが授与された。

　写真は、陸上100メートル競走決勝のスタート直前の様子。左から2番目のレーン、当時はめずらしかった「クラウチング（かがんだ）」スタート姿勢をとっているアメリカの選手トーマス・バークが、12秒のタイムで優勝した。優勝は喜ばしかったものの、このタイムはバークにとって特別というほどのものではなかった。自己ベストは11.8秒だったからである。とはいえ、バークが400メートル（この種目でも彼が優勝した）のスペシャリストとされていたことを考えれば、すばらしい記録だった。

　古代ギリシャのオリンピア祭典を復興しようという企画は、1896年以前にもあった。とくに有名なのが、1859年から1888年までおこなわれたオリンピック競技会である。企画したのは慈善家として名高い実業家、エヴァンゲロス・ザッパス。オリンピック復活のため、ザッパスは紀元前4世紀にパナテナイア祭のために建設された競技場（パナシナイコ競技場）を発掘、修復した。1896年の30年以上前にザッパスは没したが、彼の残した機構はフランス人のピエール・ド・クーベルタンに受け継がれた。

　今日の基準からすれば、規模も小さく素人っぽかったものの、第1回アテネ大会は古代のスポーツの祭典を成功裡に復活させた。ここから夏季大会、冬季大会（1924年から）が続いていくことになる。中止されたのは、二度の世界大戦のときだけだった。

> オリンピックは、勝つことではなく参加することに意義がある。人生において不可欠なのは、征服することではなく善戦することである。
>
> ピエール・ド・クーベルタン、1908年

> 自走式車輌の構想は歴史よりも古い。
>
> チャールズ・ドゥリエー、1915年

自動車

　1830年代以降、発明家は走行に鉄の軌道を必要とせず、自力で走る車輌の実用化をめざして努力した。1890年代は彼らの夢がついに実現した時代だった。ガソリンで動く車が道路を走るようになったのである。ヨーロッパでは、1880年代にドイツのカール・フリードリヒ・ベンツとゴットリープ・ダイムラーが、それぞれガソリン動力の車を完成。アメリカでは、1893年にマサチューセッツ州スプリングフィールド近郊で、チャールズとフランクのドゥリエー兄弟がガソリン車「ドゥリエーのモーターワゴン」を開発した（ドゥリエー兄弟の車はアメリカ初のロードレースで栄冠を獲得し、またアメリカ初の交通事故を起こしたことで知られる）。

　写真はフランス製の6馬力のパナール・ルヴァソール。1898年撮影。所有者のチャールズ・スチュアート・ロールズはウェールズ出身の男爵の息子で、工学分野に目がなく、初期の航空機や車を収集した。やがて興味が昂じて20世紀初頭、ヘンリー・ロイスと組んでビジネスを展開するようになる。彼らが1906年に立ちあげた会社ロールスロイスは、静かでなめらかな走りを提供する高級車の生産で名をはせた。ロールズは1910年、愛機ライトフライヤー号に乗って航空ショーに出演中に墜落死したが、会社はその後も存続した。

　1890年代の車はまだ実験段階で、非実用的な部分も多かったが、自動車の時代が幕を開けたのはあきらかだった。次の10年のあいだに、オールズモビル・カーブドダッシュやフォード・モデルTなどの大衆車が工場の流れ作業で大量生産されていく。人々の交通手段は永遠に変わったのである。

モンパルナス駅の鉄道事故

　交通手段が発達するにつれて、大規模な、ときには致死的な事故の可能性も高まった。史上最も有名——かつ写真映えのする——事故のひとつが、1895年10月22日、パリのモンパルナス駅で起きた。フランス北東部のグランヴィル発パリ行きの列車が、午後も終わりを告げようという頃に到着したとき、車止めを乗り越え、駅舎の壁を突き破って、先端からレンヌ広場の歩道に激突したのである。

　その後の数時間、この前代未聞の光景を写真に収めようと、パリ中の有名カメラマンが現場に押し寄せた。この写真は、絵はがき専門のレオン&レヴィ印刷会社が出版したもの。有名な写真がもうひとつあるが、それはエキセントリックな写真家で発明家のアンリ・ロジェ（のちのアンリ・ロジェ=ヴィヨレット）が撮影した。

　奇跡的に、この脱線事故での死亡者はひとりだけだった。その不運な人物は、新聞売りのマリ=オーギュスタン・アギラール。列車が駅舎を突き破ったときに落下してきた石に直撃されたのである。だが機関車時代は、脱線、正面衝突、ボイラーの故障による爆発などで多くの人命が失われた。この10年間の惨事のうち、1891年にスイスのミュンヘンシュタインで列車が橋から落ちた事故では70名以上、1896年にアメリカのアトランティックシティで起きた衝突事故では50名が死亡した。乗客の安全向上をはかる対策は、永遠の課題のように思われた。

> 列車が強烈な速度で車止めに突進していったとき……乗客がどれほど呆気にとられたか想像するにあまりある。茫然自失状態はまたたくまに恐怖に変わった……
>
> 『ル・プティ・ジュルナル』紙、1895年10月23日

> 《わたしは弾劾する！》
> ……わたしは第1回の軍法会議を弾劾します。被告に開示しない証拠によって被告を有罪にするという違法行為を犯したからです。
>
> エミール・ゾラの公開書簡
> 『オーロール』紙掲載、1898年1月13日

NEXT PAGE →

ドレフュス事件

　1890年代のフランスを揺るがした最大のスキャンダルは、列車事故ではなく裁判だった。1894年、ユダヤ人の陸軍大尉アルフレッド・ドレフュスは、国家を裏切って軍事機密をドイツに売ったとして有罪判決を受けた。その後10年以上続く「ドレフュス事件」は、一般社会を巻きこむ大問題に発展した。

　このドレフュスの写真は、1895年1月5日、正式に位階剝奪されたあとに撮られたものである。ドレフュスは公衆の面前で軍服の徽章や連隊名、飾り紐やボタンまで引きちぎられ、剣を折られた。そして、終身刑としてフランス領ギアナのデビルズ島に送られた。

　最初から一貫して無罪を主張したドレフュスは正しかった。やがてドレフュスが冤罪の犠牲者であることがあきらかとなった。証拠の捏造と強烈な反ユダヤ主義によって罪に陥れられたのである。ドレフュス擁護派のジャーナリストたちは彼の容疑を晴らすため、まずフェルディナン・ワルサン=エステラジー少佐という人物の有罪を立証しようとした。1898年の軍法会議がエステラジーを無罪放免にすると、『オーロール』紙は作家エミール・ゾラによる共和国大統領宛の公開書簡《わたしは弾劾する》を掲載した。一連の判決と事実の隠蔽を激しく糾弾する内容だった。

　これを受けてゾラが名誉毀損で有罪とされる一方（ゾラは収監を避けてイギリスへ亡命）、ドレフュス事件はフランスを二分するにいたった。ドレフュスを支持する共和派とカトリック教権反対の左派（彼らはドレフュス派と呼ばれた）と、ドレフュス擁護陣営を反フランス勢力とみなすカトリック系のナショナリストたちである。1899年にドレフュスの再審が開始されたが、再び有罪が宣告された。民間法廷がドレフュスの無罪を宣言するのは、ドレフュス派が政権を掌握した7年後のことである。名誉を回復したドレフュスは第1次世界大戦にも従軍した。1935年没。

> メイン号を忘れるな──
> スペインをやっつけろ！
>
> アメリカを席巻したスローガン
> 1898年

軍艦メイン号の爆沈

　ドレフュス事件がフランス国内を二分していた頃、大西洋の向こうのキューバでは武力衝突が発生した。きっかけは1898年2月15日のハバナ湾で起きた、アメリカ軍艦メイン号の爆発である。大爆発が艦の前方を吹き飛ばし、260名──乗組員の4分の3近くが死亡する事態となった。

　なぜ爆発が起きたのかは、いまだにはっきりわかっていない。だが、その結果は火を見るよりあきらかだった。アメリカとスペインの全面戦争の開始である。

　写真は爆沈後のメイン号。これはキューバのアメリカ人とアメリカ国益を保護するために派遣された軍艦だった。キューバでは3年前からスペイン支配に抗する独立戦争が続いており、強制収容所におけるスペインの残虐行為がアメリカで報道されていた。

　1898年4月21〜25日のあいだにアメリカとスペインは断交、それぞれが宣戦を布告する。キューバとスペイン領フィリピンに軍隊を派遣したアメリカは、圧倒的な軍事力で10週間後に勝利を収めた。8月、スペインは休戦協定に調印。12月10日にむすばれたパリ講和条約では、アメリカの監督下でキューバが独立を果たすこと、フィリピン、プエルトリコ、グアムがアメリカに割譲されることが決まった。議論の余地なくアメリカが世界強国の地位を確立する一方、かつて覇権を誇ったスペインの力はいちじるしく減退され、わが身の傷をなめるのみとなった。

> ああ、誠実なアメリカの人々よ……しいたげられたわが国民のために、わたしの声を聞いてください！　みなさんがみなさんの政体を大切に思うのと同じように、この国の政体のありようも、彼らが愛しんできたものなのです。
>
> リリウオカラニ、ハワイ女王
> 『ハワイ物語』（1898年）

ハワイ最後の女王

　リリウオカラニは最初にして最後の女性だった。彼女はハワイ諸島を統治した初めての女性であり、ハワイ王朝最後の君主として、1898年のアメリカによるハワイ併合を迎えた。

　生まれたのは1838年。リディア・カマカエハの名前も持つ。兄カラカウア王の死去を受けて52歳のときに王位を継いだ。しかし女王の御代は平坦ではないうえに、短かった。ハワイは真珠湾のアメリカ海軍基地建設を含め、アメリカと密接な相互経済協定をむすんで発展していたが、リリウオカラニはその流れを弱め、ハワイアンによる王朝復権をめざした。女王の姿勢はただちに政治的対立を招いた。白人宣教師の息子でハワイ生まれのサンフォード・B・ドールらを中心とする勢力は、両国の緊密な関係を維持発展させていけばハワイをアメリカに併合できると考えていたからである。

　1893年にリリウオカラニは強制的に退位させられ、宮殿に幽閉された。ドールは1894年にハワイ共和国の大統領に就任。その4年後の米西戦争（アメリカ＝スペイン戦争）のさなか、アメリカ大統領ウィリアム・マッキンリーはハワイを正式に併合して準州とした。1959年、ハワイはアメリカ50番目の州となった。

　写真のリリウオカラニはバーネット・M・クラインディンストが撮影。元女王は王朝が消滅したあともホノルルに住み、裁判を通じて、彼女から奪取された王国の返還を訴えた。1917年11月11日、ホノルル自邸のワシントン・プレイスで死去。

東の戦争

太平洋の西でも紛争が起きかけていた。日本——明治維新後に自信を深め、近代化を推進し、熱心に富国強兵をはかりはじめた国——と中国の清朝が朝鮮の支配をめぐって対立したのである。

形式上、朝鮮を統治しているのは李朝第26代王の高宗(ゴジョン)とその妻閔妃(ミンビ)だった。だが中国（清朝）は朝鮮を属国とみなしており、日本は日本で朝鮮の豊富な石炭や鉄などの資源、安い朝鮮米の獲得などをねらい、王朝に圧力をかけて日本に有利な通商条約をむすぼうとした。このため朝鮮国内の政治は混乱し、朝鮮政府と軍隊にも日清それぞれの派閥ができて、しばしば武力衝突や暴力事件に発展した。

1894年3月、親日の開化派金玉均(キムオッキュン)が上海で暗殺された。その当時朝鮮国内では、春から大規模な農民蜂起「甲午農民戦争（東学党の乱）」が発生していた。一触即発の状態ではあったものの、日清両国は危うい均衡を保っていたが、6月に朝鮮政府から援軍の派遣を要請された清が軍隊を派遣すると、日本も8000名の軍隊派遣を決定した。7月下旬、日本は高宗を捕らえて親日政権を樹立。直後に豊島沖で日清両軍による海戦が起こり、日清戦争がはじまった。正式な宣戦布告は8月1日である。イギリス海軍をモデルにした、日本の圧倒的に優勢な海軍力が戦争の趨勢(すうせい)を決定した。

写真は、日本海軍の軍艦「比叡(ひえい)」の乗員たち。これはイギリスのウェールズで建造された装甲コルベット艦で、1894年9月に鴨緑江河口付近の黄海でおこなわれた海戦に向かう途上である。黄海海戦で比叡は大きな被害を受けたが、沈没にはいたらなかった。

1895年の春には日本の勝利が確定的となり、清は講和を迫られた。4月17日に調印された下関条約で、清は「台湾、澎湖島、満洲の一部（遼東半島）を日本へ割譲すること」［ロシア・ドイツ・フランスの三国干渉によって遼東半島は清に返還された］「朝鮮の独立を承認すること」などが決まった。日本の勝利は清朝の崩壊を早めることにつながり、朝鮮には悲劇的な帰結をもたらした。

故朝鮮王妃は、さほど幸福な人生を送っていなかったようだ。また、あらゆる報告が真実だとすれば、王妃はあまりそれに値する人物ではなかったらしい……

『ウェストミンスター・ガゼット』紙
1895年11月

閔妃

　1894〜95年の日清戦争の結末は、朝鮮王の高宗(ゴジョン)に重くのしかかった。宗主国だった清の敗北により、今後は日本の利益に沿った政治をしなくてはならないからである。とくに高宗の妃である明成皇后——出身一族の姓で「閔妃(ミンビ)」と呼ばれる王妃は、このことに不満を募らせた。

　1866年に14歳で高宗と結婚して以来、閔妃はさまざまな混乱を招いた。宮廷内で政治的な権力を握ろうとし、女性を従属的なものとする伝統的な儒教の価値観をほとんど顧みなかった。自分の一族を中心とする派閥を率いて、軍隊の改革、近代化の推進、積極的な開国政策を主導した。しかし、その後は一転して守旧的な政治を執るようになる。日清戦争後は、日本の内政干渉を弱めるためにロシアへの接近をはかろうとする国内勢力に同調した。

　閔妃の肖像はきわめて少ない。この写真の女性が誰かについても議論が交わされている。これは閔妃にまちがいないとする意見、あるいは朝鮮宮廷の女官だとする主張——というのも、閔妃の安全をはかるために、女官たちは王妃と同じような衣裳を着ることが多かったからである。

　だが、ひとつだけたしかなことがある。1895年10月8日、43歳の閔妃は漢城(ソウル)の景福宮に侵入した日本人暗殺団らによって斬殺された。死体は焼きはらわれ、高宗は翌年ロシア公使館に避難した。1897年に景福宮にもどったあと、高宗は閔妃の盛大な葬儀を催した。

　1897年、高宗は国号を大韓帝国に改めて皇帝に即位したが、10年後日本によって強制的に退位させられた。1910年に韓国は日本に併合され、それは1945年まで続く。

> われらの国家は存亡の危にある……滅びねばならないのなら、なぜ死ぬまで戦わないのか？
>
> 西太后
> 1900年6月17日の諮問会議にて

義和団事件

　日清戦争の勝敗は中国でも大事件を引き起こした。1898年から1901年まで、大規模な飢饉や干ばつを背景に排外主義が高まり、農民が蜂起したのである。1900年からは西太后も排外派の支持にまわった。暴徒化した農民は、先祖伝来の国土を滅亡させる元凶は西洋人や中国人キリスト教徒だとして、各地で襲撃をおこなった。

　暴動の主体は「義和団」という秘密結社である。彼らは民間武術の「義和拳」を学ぶ農民たちの集団で、その武術に習熟すれば西洋人の銃弾にもあたらないと信じていた。最終的にその考えは捨てることになるが、義和団はそれまでに中国北東部で無数のキリスト教徒と宣教師を殺害し、教会や西洋人の住宅を焼きはらい、北京を包囲するにいたった。

　包囲は1900年6月20日にはじまった。それに対して中国に利害関係を有する8か国（日本、ロシア、フランス、イギリス、アメリカ、オーストリア＝ハンガリー、ドイツ、イタリア）は連合軍を組織して、大軍を上陸させた。2万以上の混成軍は北京に向かって進み、包囲を終了させた。西太后と光緒帝は北京を脱出。1901年9月7日、清朝は屈辱的な講和条約をむすび、西洋列強に巨額の賠償金を支払うこととなった。義和団員や動乱を支持した重臣は処刑され、北京やその周辺に諸外国の部隊の駐留が認められた。

　義和団事件は中国に対する評価を弱め、清朝にとっては致命的な一撃となった。清朝の中国支配の歴史はまもなく終わりを迎える。

イタリア=エチオピア戦争

　イタリア軍は中国の義和団事件鎮圧に力を貸した。しかし、同じ頃にアフリカでイタリアの勢力伸長をはかる試みは、まったく異なる結末を迎えた。

　エチオピア帝国（ヨーロッパではアビシニアと呼ばれた）は、1880年代の「アフリカ分割」でヨーロッパ列強による植民地化をまぬがれた、数少ない地域のひとつだった。しかし1895年、フランチェスコ・クリスピを首相とするイタリア政府がエチオピアの保護国化をねらうと、国家の地力が最大限に問われることになった。

　1889年に両国間で条約をむすんだ際、イタリアは条項をわざと曖昧な表現で記載し、自分たちの意図を巧妙に隠そうとした。たかが植民地と侮るクリスピの傲岸さはエチオピア皇帝メネリク2世の怒りを招き、条約破棄を宣言させるだけに終わった。ひそかにイギリスの支援を取り付けたイタリアは、1895年に戦争を開始した。近代装備の西洋諸国に比べ、はるかに劣った武器しか持たない交戦国との戦いは、どうせいつもどおりの結果になると思っていた。彼らの頭にあったのは、この写真のような武器を手にした相手だった。これは紅海沿岸の町マッサラの病院の外で撮影されたものである。

　ところが予想に反してイタリア軍は、充実した装備に身を固めて士気の高い敵に打ちのめされた。多種多様で昔から反目しあっていたエチオピアの諸部族はメネリク2世のもとに結集しており、1896年3月1日のアドワの決戦で、人数で劣るイタリア軍は10万を超すエチオピア軍に敗走させられた。譲歩を余儀なくされたイタリアは面目を失い、その後数十年にわたって植民地獲得の野心をあきらめざるを得なかった。クリスピは退陣した。その一方、メネリク2世は勝利の美酒を味わった。アフリカに侵入してきたヨーロッパ勢力を追いはらい、自国の独立を維持した稀有な君主の立場を主張することができたからである。

われわれの国土を蹂躙し、信仰を変えさせようとして、いまや敵どもが襲いかかってきた。神のご加護を頼り、わが国をけっして彼らには渡さない。

エチオピア皇帝メネリク2世の国民への宣言、1895年9月

キッチナー伯爵

　アフリカ植民地化時代の最盛期、イギリスが掲げた戦略的目標のひとつは、フランス勢力をスーダンに進出させないことだった。スーダンは北の国境をエジプト、南東をエチオピアに接する位置にあり、1885年からはイスラーム教で「神意により正しく導かれた者」あるいは「救世主」を意味する「マフディー」を指導者にいただくマフディー国家になっていた（みずからマフディー宣言をおこなって国家を樹立したムハンマド・アフマドは、政府発足後まもなく病死）。エチオピアの動乱がスーダン介入の口実になると考えたイギリスは1898年、従属国エジプトの支援軍も組織して侵攻を開始した。征服をまかされたのは、大柄で性格に難のある、アイルランド生まれの陸軍士官ホレイショ・ハーバート・キッチナー。写真の人物である。

　嫌われ者だったが軍事の才にたけていたキッチナーは、スーダンで勝利を重ね、1898年9月2日、頂上決戦となるオムドゥルマンの戦いを迎えた。この戦闘で（ウィンストン・チャーチルが青年士官として従軍していたことでのちに有名になった）、イギリス・エジプト軍はアブドゥッラー・イブン・ムハンマド率いるマフディー軍を撃破した。イギリス側は敵兵を「デルヴィーシュ（修道者もしくは乞食僧）」と呼んだが、マフディー側は自分たちを「アンサール（支持者）」と称し、死せるマフディーに忠誠を誓っていた。

　オムドゥルマンの戦いののち、キッチナーは1899年11月末のウム・ディワイカラトの戦いで決定的な勝利をおさめた。その結果、スーダンはイギリスとエジプトの共同統治下におかれることとなり、キッチナーは爵位を与えられた。1899〜1902年の第2次ボーア戦争では、最初はフレデリック・ロバーツの副司令官として参加したが、1900年11月からは総司令官となった。第1次世界大戦が勃発すると陸軍大臣に任命され、立派な髭をたくわえた似顔絵が兵士募集のポスターに使われた。

　キッチナーは1916年6月に軍艦ハンプシャー号に乗船中、艦がオークニー諸島の西でドイツ軍の機雷に触れて沈没し、海に消えた。このとき失われた人命は737名。彼の死を受け、国王ジョージ5世は「国家にとって大きな損失」と悼んだ。

かなり傲慢そうで紫がかった顔に、らんらんと光る、だがどこかどんよりした目。

小説家・劇作家のJ・B・プリーストリーによるキッチナー伯爵の回想

> けっして忘れられない日。思うに、わたしに贈られたほどの大喝采を受けた人は、いまだかつていないでしょう。
>
> ヴィクトリア女王
> 1897年6月22日の日記

在位60周年記念式典(ダイヤモンド・ジュビリー)

　キッチナーの軍隊がスーダンの砂漠を進軍しているあいだ、イギリスでは国を挙げての帝国の祭典が幕を開けた。ヴィクトリア女王の在位が60周年を迎えたのである。この在位期間はイギリス史上初めての記録だった。

　1897年6月22日にロンドンで開催された在位60周年記念式典——ダイヤモンド・ジュビリー——では、豪華絢爛なパレードがおこなわれた(写真)。世界各地のイギリス帝国植民地や保護国、自治領から集まった総督や派遣軍も路上を行進し、異国情緒もあざやかな一大絵巻を繰り広げて、永遠に君臨するかと思われる君主に敬意を捧げた。長いパレードのあいだ、関節炎をわずらう78歳の女王はほとんどを馬車に乗って過ごし、もはやその頃には女王のトレードマークになっていた、彼女より先に世を去った多くの家族や縁戚を悼む喪の衣裳に身を包んでいた。

　この祝典を記念して、ヴィクトリアは短い電信メッセージをしたため、はるか彼方の領土にまで送った。「わが愛する臣民に心より感謝します。彼らに神のご加護がありますように」文面は簡潔だったかもしれない——しかし、ヴィクトリアがインドやカナダ、オーストラリアなどの遠い国々と簡単に交信できたという事実は、女王の御代がはじまった1830年代からその終幕までのあいだに、さまざまな技術的進歩があったことを物語る。

　イギリスとイギリス帝国、そしてそのほかの世界は、この60年間の技術革新や動乱によって劇的に変化した。変わることなく王位に就いていたヴィクトリア女王は、ごく稀な例外のひとつといってよい。20世紀の夜明けと長いヴィクトリア朝時代の終焉(しゅうえん)が目前に迫ったいま、その先になにがあるのかは、誰にもはっきりとはわからなかった。

1900年代

夜明けの闇

死なんてなんでもありません。
いわせてもらえば、人生だってそう。
死ぬのも、眠るのも、
無に入っていくことでしょう。
どんな違いがあります?
なにもかも幻想なのよ。

マタ・ハリの最後の言葉

世を風靡した美貌の女性が何人も〈ヴァレリーズ〉のカメラにおさまった。しかしマタ・ハリほど、レンズに——あるいは世界に——強い印象を残した女性はほとんどいなかった。官能的なダンサー、煽情的なパフォーマー、愛人、高級娼婦と、さまざまな顔を持つ彼女の本名はマルガレータ・ヘルトロイダ・ツェレという。だが彼女の芸名は、入念に作られた神秘の衣をまとい、性的な奔放さを想起させて、彼女をパリの舞台のスターにし、最終的にはヴァンセンヌ城内の騎兵隊演習場へ連れていった。そこでマタ・ハリは12名の歩兵にライフルで銃殺され、最後に上官が彼女の頭にとどめの一発を撃ちこんだ。

　1876年8月7日にオランダのレーワルデンに生まれたマルガレータが、パリのロンドル通りにある〈ヴァレリーズ〉のスタジオに現れたのは1906年、彼女が29歳か30歳のときだった。「ヴァレリー」というのは、「マタ・ハリ」と同じく、別名である。写真家の本名はオストロルク伯爵スタニスラフ・ユリアン・イグナツィ。リトアニア人の父親から、名前と爵位と肖像写真を撮る才能を受け継いだ。写真家としてフランスの娼婦からペルシアの国王まで、さまざまな階層の人々を撮影した。

　そうしたモデルのすべてに物語があった。とはいえ、マタ・ハリの物語に匹敵する人は数少ない。彼女がマタ・ハリになってまもないこの頃までに、マルガレータは母を亡くし、幼稚園の教師になったもののすぐに辞め、梅毒患者で粗暴で酒飲みのオランダ軍人ルドルフ・マクラウドと結婚し、2人の子供をもうけたもののひとりを亡くし、離婚した。マルガレータは今、まったく別のエキサイティングな人生に乗りだそうとしていた。洗練されたパリの紳士たちを相手に、人気絶頂のオリエンタル・スタイルで刺激的な踊りを披露するのを生業としたのである。

　マタ・ハリは、幼い頃から舞踊に夢中だったヒンドゥーの姫君だと自称した。実際のところ、マタ・ハリは高級ストリッパーだったのだが、その演技はひじょうにすぐれていた。インドネシア語由来の芸名（文字どおりの意味は「日の眼」、すなわち太陽をさす）に加え、宝石をちりばめた頭飾りと肌を大胆に露出した衣裳のほかは、ほとんどなにも身につけない彼女の踊りは、裕福な男たちの関心を惹きつけずにおかなかった。キャリアの最初期は、実業家エミール・エチエンヌ・ギメが後援者のひとりとなり、

1900

7月
イタリアのウンベルト1世が無政府主義者ガエタノ・ブレーシに暗殺される。

11月
ホレイショ・ハーバート・キッチナーが南アフリカのイギリス軍総司令官となり、第2次ボーア戦争では焦土作戦を展開する。

1901

1月
ヴィクトリア女王死去。息子のアルバート・エドワードが王位を継承し、エドワード7世となる。

1月
オーストラリアの6つのイギリス人居留地がオーストラリア連邦を結成する。

9月
第25代アメリカ大統領ウィリアム・マッキンリーが銃撃されて死去。ニューヨーク州バッファローで開催されたパン・アメリカン博覧会に出席中のことだった。

1902

5月
第2次ボーア戦争が終わり、フェリーニヒング条約が締結される。

5月
キューバがアメリカの保護下でスペインからの独立を達成。

1903

11月
パナマがアメリカの援助によりコロンビアからの独立を宣言。アメリカはパナマ地峡の運河建設を望んでいた。

12月
ライト兄弟がノースカロライナ州キティホークで、複葉機ライトフライヤー号の初飛行に成功。

12月
マリ・S・キュリーが、夫ピエール・キュリー、アンリ・ベクレルとともにノーベル物理学賞受賞。

1904

2月
日露戦争勃発。

8月
ドイツ領南西アフリカ（現ナミビア）でヴァーターベルクの戦いが起こり、ヘレロ族とナマ族の虐殺につながる。

9月
モスクワとロシア東部のウラジオストクをむすぶシベリア鉄道が開通。

マタ・ハリはギメが所有する美術館で初舞台を披露した。のちにはヨーロッパ中の政治家や軍人の注目を集め、ある者はマタ・ハリの舞踊を賞賛し、ある者は権力者を虜にする「宿命の女(ファム・ファタール)」の可能性をマタ・ハリに見て、色仕掛けで情報を盗むスパイとして使えるかもしれないと考えた。

ここに掲げたヴァレリーの写真は、最も豊満で官能的だった頃のマタ・ハリを見事にとらえている。彼女の人生はあと11年しか残されていない。ベル・エポックの興奮と栄華が10年後には徐々に衰えていくように、マタ・ハリの運命もまたそうだった。やがて、あの時代の無数の人々と同じく、マタ・ハリも第1次世界大戦の銃弾に命を奪われることになる。さまざまな国の軍高官と関係をむすんだあと、マタ・ハリは1917年にパリで逮捕され、性的魅力を武器にフランスの情報をドイツに流したスパイとして告発された。そして薄弱な証拠をもとに有罪を宣告され、10月15日に処刑された。

マタ・ハリの数奇な——エロティックで、危険で、破滅を運命づけられた物語は、1900年代の雰囲気をよく映しだしている。古い世界は道を譲りつつあったが、それがなにに対してなのか、誰にも見きわめはつかなかった。昔ながらの帝国は、母国では反乱の、植民地では暴動の試練にさらされる。ヴィクトリア女王は没し、息子が跡を継ぐ。ヨーロッパ中に散らばるイギリス王家の血筋のひとり、ドイツ皇帝は一貫性を保てず、好戦性を強めていく。ロシアでは、いまだ皇帝の治世だったが、日本との戦争や市街地での革命が王朝の支配力を揺るがす。また、途切れることなく移民の群れが押しよせるアメリカでは、銀行強盗や地震、そして3回目の大統領暗殺事件が発生する。

太平洋の島々からアフリカの角まで、暴力が多発し、軍事衝突が起きて、一般市民を逮捕したり生命を脅かしたりする方法は、ますます残酷さを増していく。科学技術の分野では、驚異的な新機軸が続々と登場する。飛行機、鉄道、運河が全大陸をつなぎ、ニュートンの科学は根本的に再構築される。しかし技術の進歩は、戦争を誘発したり、恐るべき新戦法を編みだしたりして、しばしば新たな危機を発生させるのだ。人類は未来に向かって突き進んでいくが、その帰結を見れば見るほど、はたしてこれでよかったのかという思いに襲われるに違いない。

1905

1月
ロシアのサンクトペテルブルグで血の日曜日事件発生。請願行進に参加した労働者ら数百〜数千人が軍による発砲で死亡もしくは負傷した。この事件を契機に、憲法制定や社会変革を求める革命運動が年末まで続く。

3月
アルベルト・アインシュタインが「奇跡の年」に発表した5本の論文(特殊相対性理論をふくむ)のうち、最初の論文を発表。

3月
マタ・ハリが、パリのギメ美術館でオリエンタル風舞踊のデビューを果たす。

1906

3月
アメリカの女性参政権活動家スーザン・B・アンソニー死去。

4月
サンフランシスコ地震が北カリフォルニアの湾岸地域に甚大な被害をもたらす。

12月
オーストラリアのメルボルンで、世界初の長編映画『ザ・ストーリー・オブ・ザ・ケリー・ギャング』が封切られる。

1907

7月
第3次日韓協約が締結され、日本の権限が絶対的なものとなる。

8月
イギリス、フランス、ロシアのあいだの国際協力関係「三国協商」が成立。

1908

1月
ロバート・ベーデン＝パウエル著『スカウティング・フォア・ボーイズ』が出版され、国際的なボーイスカウト運動が本格化する。

7月
オスマン帝国で青年トルコ革命が起こり、1876年発布の憲法と選挙政治が復活する。

9月
ミシガン州デトロイトで、初代フォード・モデルTが生産される。

1909

1月
パナマが正式にコロンビアから独立。

10月
日本の元老で4回首相を務めた伊藤博文が満洲で暗殺される。

12月
ベルギー王レオポルド2世死去。

葬送列車

　1901年1月22日の日没後、ワイト島のオズボーン・ハウスのベッドでヴィクトリア女王は死去した。愛犬や家族に見守られつつ、「バーティ」と、後継者である息子アルバート・エドワードの名前を呼んだあとに息を引き取った。皇太子は正式にエドワード7世となり、「エドワード朝時代」——イギリス以外では「ベル・エポック（よき時代）」と呼びならわされる時代の最後を率いることになる。

　亡くなったからには、ヴィクトリアも埋葬されなければならない。イギリスが以前に君主を葬ってから64年の歳月が流れていたが、ヴィクトリアは自分の葬儀に関する詳細な指示を残していた。そのなかには以前の慣例とは異なるものもあった。たとえば、自分の葬儀は軍葬にすること、棺を覆う布は黒ではなくて白と金の刺繍入りにすること、などである。そして最後の眠りにつく場所は、もちろん女王の母と愛する夫アルバートが眠る、ウィンザー城の敷地内にあるフロッグモア宮殿の霊廟——それはワイト島から100キロメートル以上離れている。

　葬送の旅は、荘重な古きものと果敢な新しきものが混在した、ヴィクトリア朝時代を体現するものだった。オーク材と鉛の棺は馬が引く砲車に載せられて運ばれ、次は王室の船、その次は汽車で永遠の臥所に向かった。強大なイギリス軍の担当官がきらびやかな軍装でずっと道中の警護にあたり、沿道では群衆が別れの声をあげて見送った。そのほとんどが、ほかのいかなる王も女王も知らない人々だった。写真は、女王の棺の到着を待つ葬送列車内の様子である。

　ウィンザー城のセントジョージ礼拝堂で2月2日におこなわれた葬儀には、ドイツ皇帝ヴィルヘルム2世（ヴィクトリアの孫）、オーストリア＝ハンガリー帝国のフランツ・フェルディナント大公など、各国の王族も多数列席した。10年以内に再びこの場に集まることになろうとは、彼らには知る由もなかった。

> なによりも貴重なものは、幼い子供たちの心に刻まれたあの土曜日の記憶だろう……早朝に連れてこられた彼らの目に映ったのは、喪に服し、黒一色となったロンドン……
>
> ロンドン『タイムズ』紙の社説
> 1901年2月4日

われわれの利益は紛争ではなく調和にあることを、そしてまことの名声は戦争の勝利ではなく平和の達成にあることを、けっして忘れないようにしましょう。

ウィリアム・マッキンリーの
パン・アメリカン博覧会での演説
1901年9月5日

ウィリアム・マッキンリー

　1901年に国家元首を葬った国はイギリス以外にもあった。9月6日、ニューヨーク州バッファローで開催中のパン・アメリカン博覧会に出席していた第25代アメリカ大統領ウィリアム・マッキンリーは、この写真が撮られた（ワシントンの有名カメラマン、フランシス・ベンジャミン・ジョンストン撮影）わずか数時間後、至近距離から二発撃たれ、一発は腹部に命中した。暗殺者はポーランド系アメリカ人の無政府主義者レオン・チョルゴッシュ。前年にイタリア王ウンベルト1世がやはり銃で暗殺されたニュースを聞いて以来、チョルゴッシュは大統領を殺害するという考えに取り憑かれていた。

　歓迎する群衆のなかにまぎれこんでいたチョルゴッシュは、ハンカチの下に隠し持っていた拳銃で、すぐ近くからマッキンリーを撃った。大統領はすぐに手当てを受けたが、8日後に敗血症で死亡。副大統領のセオドア・ルーズベルトが大統領に就任し、犯人のチョルゴッシュは電気椅子で処刑された。エジソンの映画会社は、10月29日にニューヨーク州オーバーン刑務所で執行された刑の様子を再現したサイレント・ムービーを制作し、1週間以内に劇場で公開した。

　共和党のマッキンリー大統領の政策は着実な変化をもたらした。経済の成長には、うまく議会の承認を取りつけた米西戦争やハワイの併合が随伴していた。マッキンリーは南北戦争に従軍した最後のアメリカ大統領であり、過去36年間に暗殺された3人目の大統領となった（最初はエイブラハム・リンカーン、2人目はジェームズ・ガーフィールド）。マッキンリーの在職期間はアメリカ政治の新たな局面──現在は「発展期」と呼ばれる時期のスタートとなった。

ライト兄弟

　キティホーク近郊のキルデビルヒルズは、人間が初めて飛行した場所である。より正確には、強風が吹きすさぶノースカロライナ州のこの砂丘で、アメリカ人のウィルバーとオーヴィルのライト兄弟が700回あまりの試験飛行（写真はその様子）を繰り返したあと、ついに1903年12月17日、空気より重い動力機を飛行させることに成功した。

　兄弟は彼らの飛行機を「ライトフライヤー号」と呼んだ。これはトウヒ材で作った複葉機で、パイロットは腹ばいになって操縦する。機体は骨組みだけといってもよく、安定性に欠け、4回の短距離飛行に成功したあと、強い風にあおられて修復不可能なまでに壊れてしまった。それでも、とにかく飛んだのである。

　この画期的な初飛行のあと、ライト兄弟は機体の改造に取り組んだ。1908年には、1時間以上の滞空時間を記録。ヨーロッパとアメリカでの公開飛行によって兄弟は有名になった。オハイオ州のハフマンプレイリーに飛行学校を開設し、工場生産したフライヤー号を顧客に販売した。彼らの顧客には、アメリカ軍も入っていた。

　しかしこの10年が終わるまでに、飛行技術は急速な進歩を遂げ、ライト兄弟は特許とデザインを守る法廷闘争の泥沼に落ちこんでしまった。1912年、兄のウィルバーはチフスのために短い生涯を閉じた。弟のオーヴィルは飛行機会社を売却したが、1948年に没するまで航空術とかかわり続けた。オーヴィルが死去したときには、飛行機は大海原を飛び越え、音速の壁も破って、一発で何万人もの人々を殺す原子爆弾も投下していた。

数年間、わたしは人間が飛べるはずだという信念に苦しんできました……その信念はわたしの命を奪いはしないにせよ、早晩多額の負債となってのしかかってくるだろうと感じています。

ウィルバー・ライトから
実業家オクターヴ・シャヌートに
宛てた手紙、1900年5月

マリ・S・キュリー

マリ・サロメア・スクウォドフスカは、ワルシャワの秘密高等教育機関「飛ぶ大学」で学んだが、女性飛行士になったわけではない［「飛ぶ大学」は1885～1905年に存在した非合法の教育組織で、ドイツやロシアの干渉を受けずにポーランド人の若者に勉学の機会を与えることをめざした］。むしろ、当時のもっとも優秀な物理学者となった。放射能の研究で2回もノーベル賞を受賞した彼女は、結婚後の姓名「マリ・キュリー」で広く知られた。

1867年に生まれたマリは、24歳のときにポーランドを離れた。生涯を通じてポーランド人のアイデンティティを保ち続けたが、研究は夫ピエール・キュリーとともにパリでおこなった。夫妻は共同で実験室を使い、不思議な性質を持つふたつの元素を見つけた。ポロニウム（ポーランドにちなんで命名）とラジウム（放射線を発すると考えられたことから「線（ray）」にちなんで命名）である。1903年に夫妻はこの業績により、マリの博士論文の恩師アンリ・ベクレルとともに、ノーベル賞（物理学賞）を受賞した。

1906年にピエールが交通事故で不慮の死を遂げたあと、マリはパリ大学の夫の教授職を引き継ぎ、ラジウム研究所を開いた（写真）。すばらしい設備のあるこの研究所で、マリは原子力と放射能の研究を続けた。そして1910年にラジウムの分離に成功し、1911年に2回目のノーベル賞（化学賞）を受賞する。第1次世界大戦中は赤十字と協力しあい、負傷兵の治療のために「移動式X線車輌」を展開して、放射線の知識を役立てた。

戦前、マリは女性であることや外国人であることに加え、ユダヤ人だとまで疑われて、フランスではつねに誹謗中傷にさらされ、冷遇されていた。しかし、戦後は一転して褒め称えられた。マリは金銭的な報奨を断ったが、科学へのはかりしれない貢献で得た名声は隠れようもなかった。マリ・キュリーは科学界の巨人だった——ただ、彼女の生きた時代はその功績に報いる段階に到達していなかった。

> すてきな女の子と一緒に2時間座っていたら、ほんの1分しかたっていないように感じるが、熱いストーブの前に1分座っていたら、2時間のように思える。相対性とはそういうことだ。
>
> アインシュタインの
> 『ニューヨークタイムズ』紙への寄稿、1929年

アルバート・アインシュタイン

マリ・キュリーが1回目のノーベル賞を受賞した2年後、26歳のドイツ人青年がスイスのベルンで特許庁の審査官として働きながら、これまで科学が万物の法則としてきた概念を根本からくつがえす理論を次々と発表していった。

アルバート・アインシュタイン——この写真は中年期のものだが、若いときから好きだった口ひげをたくわえており、髪はあいかわらずぼさぼさのまま——は、まったく無名の研究者でありながら、3世紀にわたって続いてきた時間・空間・エネルギー・質量に関するニュートンの考え方に異議を唱えようとした。そして、それに成功したのである。1905年にアインシュタインが『物理学年報』に立て続けに発表した論文は、一部は「思考実験」に基づいて執筆された——つまり、実際の実験をおこなわず、推論から導きだしたものだった。

1905年に発表した論文のひとつ「運動物体の電気力学」で、アインシュタインは彼の最も有名な説「特殊相対性理論」を提唱した。これによって、長く論争されてきた空間と時間の関係性についての問題は解決され、光の速度に近い速さで動く物体の奇妙な現象に納得のいく説明が与えられた。また、この理論では、質量とエネルギーの関係をあらわす方程式も示された。今日にいたるまでつねに引用される科学法則のひとつ、$E=mc^2$である。

約10年後の1916年、アインシュタインは相対性に関する第2の説「一般相対性理論」を発表した。これは特殊相対性理論を発展させ、「時空の物質性」まで示したものだった。1921年にノーベル賞（物理学賞）を受賞（実際に授与されたのは1922年）。その後、ヨーロッパに戦禍が忍びよる1930年代にアメリカへ移住した。アインシュタインは1955年に没するまで、万物の概念を再構築し続けた。

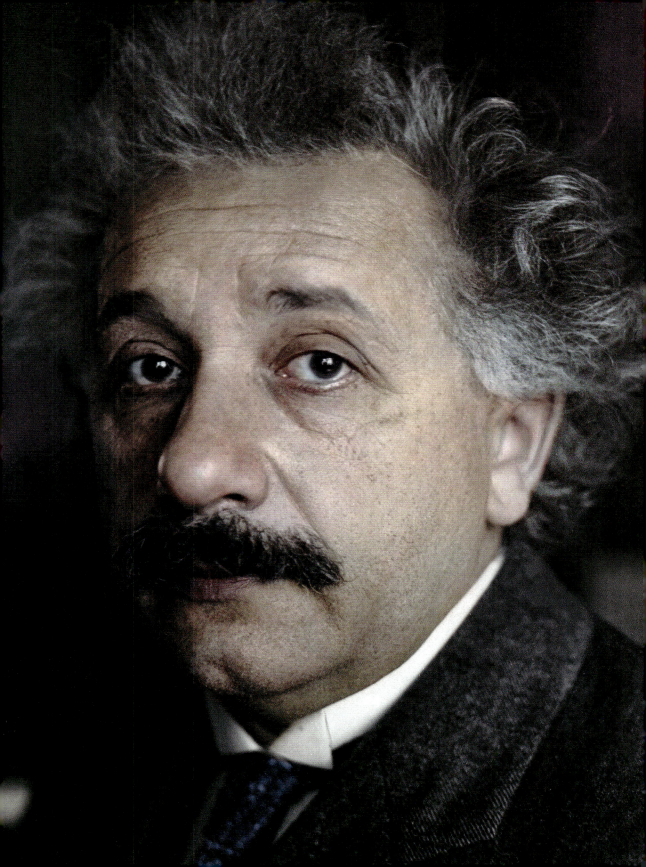

円盤式蓄音機「グラモフォン」

　科学の天才や野心的な発明家が人知の限界を押し広げていく一方で、一般の大衆が楽しめる技術も進歩を遂げていった。1877年、トーマス・エジソンは蠟管式蓄音機「フォノグラフ」を発明した。それから四半世紀後、円盤式蓄音機「グラモフォン」（もともとは一般名詞ではなく登録商標）が生産された。
　ドイツ出身の発明家エミール・ベルリナー（ヘリコプターの試作機の設計なども手がけた）が考案したのは、プレスした円盤を回転させて音を再生する装置だった。1909年からは有名なトレードマーク——飼い主の声が聞こえる蓄音機をのぞきこむ犬「ニッパー」の絵——が登場し、人気を博した。犬のかわりにライオンに同じ役をさせたこの写真は、ドイツの写真ジャーナリスト、フィリープ・ケスターの作品である。彼はほかにも、ラクダ、キリン、ゾウ、ヒグマ、ラマ、雄ジカに蓄音機の音を聞かせている写真を撮った。
　1900年代に消費者を熱狂させた不思議な新商品は、蓄音機だけではない。一般家庭はベンツやダイムラーのガソリン車、ゼネラル・エレクトリックのキッチン・トースター、ジレット・セーフティ・レザー社のかみそり、のちのケロッグであるバトルクリーク・トーステッド・コーンフレーク社のコーンフレーク、コダックのブローニーカメラなどの購入を検討できるようになった。
　掃除機、嘘発見器、車のワイパー、空調装置、ベークライト、セロファンなども、すべてこの頃に発明された。それ以来、どの製品も徐々に日常生活に溶けこんでいく。とくにアメリカでそうだった——世界各地から多くの人々がひたすらアメリカをめざしたのは、それも理由のひとつだった。

蓄音機がさもそれらしく話しているときは、近くにいたくない。人間の声をきちんと再現したためしがないからだ……

蓄音機懐疑派のマーク・トウェイン
『ロンドン・クロニクル』紙、1907年

> 不可欠な資質を持っていることを示せない移民はすべて、入国禁止にする法律を制定しなければならない。
>
> アメリカ大統領セオドア・ルーズベルト
> 入国審査に関する文書、1906年

エリス島

　1907年にアメリカ史に刻まれた記録は、その後90年近く破られないことになる。128万5349人の移民がアメリカに到着したのだ。その数は、バージニア州東部のジェームズタウンに最初の開拓地ができてから1812年の米英戦争まで、約2世紀のあいだに来た人数よりも多かった。

　移民に対する政策は各州で異なっていたが、連邦政府は1890年に一元管理することに決め、ニューヨーク港内のエリス島に新たな入国管理施設を設けた。いったん焼失したが、1900年12月17日に耐火性の高い移民局が再オープンし、初日は2251人が扉を通った。移民の流入は何年にもわたって弱まることはなく、ヨーロッパ南部や東部から、貧困、戦争、食料難、あるいは迫害（とくにロシア帝国のユダヤ人大虐殺）を逃れた人々が続々と到着した。

　この写真は、エリス島で所定の医学検査を受ける子供たち。病気の有無——呼吸器疾患、チフスなどの細菌性疾患、真菌感染、精神障害など——を見極めることが、入国審査の中心だった。病気が見つかったものは島の病院で治療されるか、故国へ帰された。

　1954年に閉鎖されるまで、エリス島は移民がかならず通過する場所だったが、高まる反移民感情を背景に運営された。1921年と1924年に、連邦政府は移民の人数を削減する法律を制定した——これによって、アメリカの人種の坩堝の蓋は閉じられた。

> 隊長が拳銃を抜いて部屋に入っていった。発砲するまもなく、キャシディが腰のベルトにつけたままの拳銃をぶっぱなした。隊長は倒れて死んだ……
>
> キャシディ最後の数時間を描いた記事
> 『エルクス』誌、1930年

ブッチ・キャシディ

　無法者ブッチ・キャシディ（前列右端）は移民の息子だった。彼の両親は19世紀半ばにイギリスから来たモルモン教徒で、ユタ州で牧場を営んだ。

　キャシディは13人いた子供の第1子だった。1866年生まれ、本名はロバート・ルロイ・パーカー。有名な通称の「ブッチ」は、短期間ながら食肉処理業者（ブッチャー）をしていたことにちなんで付けたもの。キャシディは1889年にコロラド州で働いた銀行強盗で名をはせるようになり、やがて「ワイルドバンチ」や「壁の穴強盗団」と呼ばれる無法者集団を結成。ワイオミングを拠点に、馬に乗って家畜泥棒や牛泥棒をしていた。

　この写真は、1900年頃に撮影したギャング団のメンバーたち。後列は左から、ウィリアム・カーヴァー、キッド・カーリー。前列は左から、ハリー・ロングボー（すなわち「サンダンス・キッド」）、ベン・キルパトリック、そしてキャシディである。

　この写真が撮影された頃には、彼らとその仲間は銀行強盗や列車強盗の犯人として、さまざまな州のお尋ね者になっていたが、保安官の追跡隊や有名なピンカートン探偵社の捜索員たちの手を（しばしば愚弄しながら）かいくぐり、逃げ延びていた。

　写真撮影からほどなくして、キャシディとロングボーは奪った金でパタゴニアに農場を買った。おそらく悪事から手を引くつもりだったのだろう。しかし、またもや2人はすぐに銀行強盗を働く。そして1908年に忽然と姿を消した。

　その後の話には諸説がある。通説ではボリビアの騎兵隊との銃撃戦で2人は死亡したとされるが、キャシディの妹のひとりは、兄がアメリカに戻り、1937年に没するまで名前を変えて暮らしたと主張している。実際の運命がどのようなものだったにせよ、キャシディの生涯――と伝説――は、西部劇の題材となった。

> サンフランシスコは死と破壊に運命づけられてきた……町はくすぶる廃墟の塊と化している。

大地震発生後の合同新聞
『サンフランシスコ・コール＝クロニクル＝エグザミナー』、1906年4月19日

サンフランシスコ地震

　カリフォルニア州の地下には、1200キロメートルもの長さにおよぶサンアンドレアス断層がある。これはふたつの構造プレートの境界線にあたり、不気味に動く接合部だ。サンアンドレアス断層は幾度か大地震を引き起こしてきたが、1906年の地震に匹敵するほど甚大な被害を出したことはほとんどない。4月18日午前5時12分に大地が揺れるや、476キロメートルにわたってずれた断層周辺の湾岸地区や市街など、サンフランシスコの大部分は壊滅状態になった。

　地震の揺れは約42秒続いた。マグニチュードはおよそ7.9。震源がほぼ直下だったことも相まって、人口が密集する大都会は大打撃を受けた。約3000人が死亡、25万人近くが家を失い、2万8000戸の建物が被害を受けた。

　被害の大半は直接の揺れによるものではなく、3日にわたって続いた火事のせいだった（写真）。ガス管が破損して火がついたのである。サンフランシスコ消防署長のデニス・T・サリヴァンは倒壊した建物の下敷きになって4月18日に死亡しており、指揮官不在の混乱状態のなか、防火帯を作ろうとダイナマイトで建物を爆破したため、火災はますます拡大してしまった。陸海軍が招集され、市長は戒厳令を発令。略奪者は「見つけ次第撃て」の命令が出された。

　地震直後は悲惨だったが、地震は都市の再生をうながす役割も果たした。スラム街はなくなり、ケーブルカーはただちに修復され、公共区域が再構築された。湾岸には、災害のあとに町を離れた人々に住居を提供するため、新たな市街地が作られた。10年もすると、サンフランシスコは再びカリフォルニア北部の拠点となった。

パナマ運河

　サンフランシスコの再建は大仕事だったが、アメリカ人技術者が1900年代に直面した最大の挑戦ではなかった。サンフランシスコから約6500キロメートル離れた南東部では、近現代の驚異が少しずつ形を取っていた。パナマ運河——南北の大陸をつなぐ中央アメリカのパナマ地峡を横断して、カリブ海と太平洋をむすぶ水路である。この運河が完成すれば、アメリカの東海岸から西海岸までの物流に要する時間は、数週間短縮されることになる。

　パナマ運河の可能性は、スペイン植民地時代の昔から検討されていた。初めて着工にかかったのは1880年代のことである。スエズ運河を立案したフェルディナン・ド・レセップスが指揮をとり、フランスが主導した。しかし、高温多湿の気候やマラリアなどの風土病に苦しんだだけでなく、海抜25メートル以上の地形に運河を建設するには莫大な費用がかかったことから、最終的にフランスは中断に追いこまれた。

　このプロジェクトを引き継ぐにあたり、アメリカ大統領セオドア・ルーズベルトは驚くほど狡猾な手段をとった。当時のパナマはコロンビア領だったため、コロンビアからの分離独立をめざすパナマ人勢力と手をむすぶことにしたのである。そして資金を含めた支援をおこない、独立を成功させた。それから新政府と運河地帯の賃貸条約を締結し、アメリカは運河の建設と永久に管理する権利を手に入れた。

　この写真は、運河の3つの巨大閘門のひとつを建設している様子。1907年からはアメリカ軍のジョージ・ワシントン・ゲーサルス将軍が建設総指揮をとり、予定より2年早くこの巨大プロジェクトを完了させた。アメリカによる当時世界最大の建設事業の開通式は、1914年8月15日におこなわれた。台頭しつつある超大国の力をいかんなく見せつける光景だった。

> この大陸でおこなわなければならない大建設事業のうち、これほどアメリカ人の利益になるものはほかにひとつもない。
>
> セオドア・ルーズベルトの議会演説
> 1902年

> 広域的な交通手段によって東西の物流を促進しなければならない……
>
> セルゲイ・ウィッテ
> シベリア鉄道について、1902年

シベリア鉄道

　アメリカがパナマ運河を建設している頃、太平洋の反対側では、やはり驚嘆すべき近代的交通網の完成が迫っていた。シベリア鉄道──ロシア帝国のモスクワと南東部のウラジオストクを直接むすぶ大陸横断鉄道は、1904年9月に完成した。

　シベリア鉄道の極東部の建設は、1891年に皇太子（のちのニコライ2世）が起工式をおこない、本格的に開始されたが、実際に指揮をとったのは当時の蔵相セルゲイ・ウィッテである（鉄道開通の翌年に初代首相となった）。沿線は全長1万2000キロメートルにおよぶ。不通区間だったバイカル湖岸の区間（ここは船や橇（そり）を使って乗客と積荷を運んでいた）も開通した。かつては16週間かかった旅は、1914年には10日を切るまでになった。

　シベリア鉄道はロシア社会の変化をうながす役割をはたした。およそ400万人の農民が西からシベリアに移住するために汽車に乗りこみ、三等車で揺られながら未知の大地をめざした。

　世紀の変わり目に起きた大がかりな鉄道建設事業は、ロシアの産業も刺激した。1860年から1917年にかけて軌道敷設は加速度的に進み、トータルの鉄道網は1600キロメートルから7万2200キロメートルに達した。ニジニ・ノヴゴロドのソルモヴォ鉄工所（写真）などの工場は数千個の蒸気エンジンを生産した。それは旅行や商売のためだけではなかった。シベリア鉄道開通の翌年、汽車は戦場におもむく兵士や必要物資を乗せ、モスクワから東に向かって音を立てて走っていった。

日露戦争

　1905年、ロシアの鉄道網は戦争遂行に役立った。シベリア鉄道を建設する一方、ロシア帝国政府は中国北部の満洲でも鉄道を敷設した。満洲の遼東半島の突端にある旅順港には、ロシアの前哨基地がおかれていた（現在の旅順口区にあたる地域）。ロシアはこの黄海の不凍港を清から租借していたのである。1898年からロシア艦隊が旅順港に停泊し、1900〜01年の義和団事件のあとは、数万のロシア軍が満洲に駐留した。

　ロシアのこうした満洲占領政策は、日本の警戒感を強めた。日本政府は、ロシアの南下政策を自国の勢力圏（朝鮮）に対する明白な危機とみなした。一方、ニコライ2世は従兄弟のヴィルヘルム2世から、満洲（と隣の朝鮮半島）を支配下におかねばならぬ、太平洋地域における日本の勢力拡大——ドイツ皇帝の人種差別的表現によれば「黄禍」という現象——を阻止しうるのはロシアのみ、と矢継ぎ早の手紙攻勢を受けていた。

　1904年2月8日、戦端が開かれた。日本が旅順港のロシア艦隊を攻撃し、最終的に旅順のロシア軍が降伏するまで、11か月におよぶ攻囲戦の幕が切って落とされた。地上での戦闘も凄惨を極めた。奉天会戦（1905年2月20日〜3月10日、現在の瀋陽での戦い）では、両軍あわせての死傷者数は15万人以上におよんだ。写真は、国際赤十字の日本人看護師がロシアの負傷兵を手当てしている様子。1905年の赤十字日本支部の会員数は100万人にのぼり、世界最大だった。

　日本は重要な戦闘にことごとく勝利した。それにもかかわらず、アメリカのセオドア・ルーズベルト大統領の斡旋により1905年9月5日にアメリカのニューハンプシャー州ポーツマスで調印された講和条約で日本が賠償金を獲得できず、また国民が期待したほどの領土も得られなかったことから、社会に落胆が広がった。一方ロシアでは、戦時中に強いられた窮乏によって1905年に深刻な動乱が多発し、追いつめられたニコライ2世は大幅な社会改革、政党政治、新憲法の制定を認めざるを得なかった。

ロシア人は作戦負けしたというより、打ち負かされたのだ。そして打ち負かされたのは、戦意に欠けていたからだった……

『ニューヨーク・サン』紙
「なぜロシアはこのあいだの戦争に負けたのか」、1906年8月

第2次ボーア戦争

インドの独立はつねにイギリス帝国の悩みの種だったが、世紀の変わり目に南アフリカで起きたほどの全面戦争には発展していなかった。

ボーア戦争はケープ植民地のイギリス帝国軍と、アフリカ生まれのオランダ系白人（ボーア人、意味はオランダ語で「農民」）が建国したオレンジ自由国とトランスヴァール共和国のあいだで戦われた。両国とも自治共和国であり、アフリカーンス語という独自の言語を話した。この複雑な紛争は、つまるところ、イギリス側は南アフリカを連邦化して支配下におき、金とダイヤモンドの鉱山資源を独占したいと考え、ボーア側はそれに抵抗した、という図式である。

戦争が勃発したのは1899年10月11日。長期にわたる激戦が続くなか、圧倒的に規模でまさるイギリス帝国軍は次第に攻勢を強めていき、両国の首都ブルームフォンテーンとプレトリアを包囲したほか、長期間包囲されていたマフィケングを解放した（籠城戦を指揮して勝利をおさめたのは、のちにボーイスカウトとガールガイドを創設したロバート・ベーデン＝パウエルである）。

しかし1900年6月頃から、戦争は凄惨な様相をおびていった。新たにイギリス軍総司令官となったキッチナーが、ゲリラ戦に対処するためボーア人の農場を焼きはらう焦土作戦を展開し、住民（およびアフリカ人労働者）をこの写真のような、強制収容所に入れたのである。

収容所の運営は悲惨で冷酷だった。ボーア側が降伏する1902年5月31日までに、約2万8000人のボーア人と約2万人のアフリカ人が、飢餓や病気のために収容所で死亡した。この無益な死は、はじまったばかりの新世紀を特徴づける残忍な戦争遂行手段の先駆けとなるだろう。

悲劇は終わった。ボーア人の上に幕を下ろされイギリスの臣下となり、あの勇敢な小共和国はもはや存在しない。

ボーア人将軍ヤン・スマッツの妻への手紙、1902年6月1日

ヘレロ戦争

　南アフリカではイギリス軍がボーア人とアフリカ人を強制収容所に送っていたが、その北部ではもっと残虐な行為がおこなわれていた。ドイツ領南西アフリカ(現ナミビア)で蜂起した先住民に対して、残酷な報復が加えられたのである。

　1880年代の「アフリカ分割」によってドイツ帝国が植民地化した南西アフリカでは、その支配に対して、先住民がたびたび反乱を起こしていた。1903年、ヘレロ族の首長サミュエル・マハレロが「キリ」という棍棒で武装した兵士を率いて蜂起したが、翌年のヴァターベルクの戦いで、近代的なライフルとマシンガンを装備した小編制のドイツ軍に敗れた。ドイツ軍司令官ロタール・フォン・トロータ中将は、制圧した地域に住んでいたヘレロ族を強制的にカラハリ砂漠へ追いやった。見かけた者は銃で撃ち殺し、先住民の大半が砂漠で渇きに苦しみながら死ぬようにしむけた。

　生き残った者は強制収容所に送られた。そのなかで最も悪名高いのが、シャーク島の奴隷労働施設だった。そこには病気が蔓延し、被収容者は飢え、殴られ、死ぬまで働かされた。その試練が終わるまで、約6万5000人のヘレロ族が死んだ。この清潔な西洋の衣服を着たヘレロ族女性の写真は、もともとはドイツで新たに創刊された週刊誌『ベルリナー・イラストリーアテ・ツァイトゥング』に掲載されたもの。これを見ても、ヘレロ族が経験した恐るべき真実の物語はほとんどなにも伝わらない。2004年、ドイツはかつての行為を大量虐殺と認めた。

虐待や投獄や、そのほかの地獄を味わって死ぬくらいなら、戦って死のうではありませんか……

ヘレロ族の首長サミュエル・マハレロから、ナマ族の首長ヘンドリック・ヴィトボーイにあてた手紙、1904年

フィリピン＝アメリカ戦争

かつてスペインの植民地だったフィリピンでは、再び長きにわたる紛争が生じていた。今度の相手はアメリカ軍である。米西戦争（アメリカ＝スペイン戦争）に勝利したアメリカは1898年にパリ条約を締結し、フィリピンの領有権を得た。だが、スペイン支配を終わらせるために戦っていた独立革命軍は、アメリカの援助を受けつつも自力でかなりの島々を解放していたので、合法的な政権として第1次フィリピン共和国を樹立した。

ふたつの勢力の緊張は極度に高まった。1899年2月4日、マニラ郊外サンタメサの村でアメリカ兵が発砲した。これが2日にわたるマニラの戦いを引き起こし、フィリピン人数千名、アメリカ人数百名が命を落とした。ここから（キューバ、ボーア、ヘレロの戦いと同じように）近代装備をそなえた占領国家軍と、武器には劣るものの粘り強いゲリラ兵との戦いがはじまった。

両陣営とも残虐行為をおこなった。アメリカ軍は殺害し、レイプし、市民を虐待し、略奪し、無数のフィリピン人を劣悪な強制収容所に抑留した（写真）。革命軍は磔、生き埋め、蟻責めで殺害するなどの方法で、捕虜に拷問を加えた。

こうしたグロテスクな暴力は、1901年7月にアメリカ大統領ウィリアム・マッキンリーがフィリピンに限定的な自治権を与えても、完全には終わらなかった。歴戦の革命軍兵士たちは「タガログ共和国」——現地のタガログ語を母語とする人々による国家——を主張、1906年まで戦い続けた。最後の反乱地域が鎮圧されたのは、1913年である。

公正なアメリカの愛国者たちがこの布告の悲しい真実を知ることができれば、かならずや一瞬のためらいもなく、この筆舌に尽くしがたい恐怖を阻止するに違いない。

エミリオ・アギナルド第1次フィリピン共和国大統領、1900年

青年トルコ人

「青年トルコ人」が掲げた目標は革命だった。彼らはオスマン帝国末期の1906年から1908年にかけて、アブデュルハミト2世の専制政治の打倒と憲政の復活をめざした。

1876年に即位して以来、スルタンとして30年間君臨したアブデュルハミト2世の治世は、けっして明るいものではなかった。トルコ経済と社会基盤の近代化が進められた一方、度重なる蜂起や対外戦争、アルメニア人虐殺、国内反対勢力に対する無慈悲で非合法な弾圧などが暗い影を落とした。

アブデュルハミト2世は1905年、アルメニア人による暗殺をからくも逃れた。そのかわりに、1908年夏に起きた事件がスルタンの運命を決めた。青年トルコ人運動の活動家——軍の将校やリベラル勢力の連合——が各地で蜂起したのである。スルタンに対する不服従が広まった。君主の地位を保全するには、かつて自分が1878年に停止した憲法を復活させる以外にないと悟ったアブデュルハミト2世は、立憲政治の再開を認めた。

こうして、オスマン帝国の第2次立憲制の時代がはじまった。中心となったのは青年トルコ人である。その指導者のひとりが、写真の青年将校エンヴェル・パシャだった。撮影はドイツの写真家ニコラ・ペルシャイドである。

改革を実行したものの、アブデュルハミト2世は翌年廃位され、弟のメフメト5世が即位した。傀儡皇帝をすえたにもかかわらず、オスマン帝国はエンヴェル・パシャの主導によって没落と崩壊を早めた。1914年、新独派のエンヴェル(戦争大臣)が親英仏派を抑え、ドイツ陣営で第1次世界大戦に参加することを決定したのである。戦時中の1915年におこなわれた150万人にのぼるアルメニア人虐殺には、エンヴェルにも大きな責任があった。1922年、エンヴェルはロシアの革命政権との戦闘中に現タジキスタンで死亡した。

> 諸王のなかの珍奇な宝は、彼のために用意されていた
> 人が夢のなかで見るものすべてを、彼は覚めたまま受け継いだ……
>
> ラドヤード・キップリング『王の死』1910年

NEXT PAGE

9人の王

イギリスの1900年代は、そのはじまりと同じく、王室の葬儀で終わりを迎えた。1910年5月20日、王家の死者を乗せた葬送列車が再びウィンザー城に向かった。亡くなったのはエドワード7世。腹囲が122センチあり、煙草と葉巻を離さない大の愛煙家だった国王は、2週間前に立て続けに心臓発作を起こしたのだった。

葬儀には70か国以上からの代表者と、何十人ものヨーロッパ王族が参列した。一連の儀式の合間に撮られたこの写真は、ひじょうにめずらしい——おそらくは唯一の——ものといっていい。一堂に会しているのは9人の王である。

左から右に、後列はノルウェーのホーコン7世、ブルガリアのフェルディナンド1世、ポルトガルのマヌエル2世、ドイツのヴィルヘルム2世、ギリシャのゲオルギオス1世、ベルギーのアルベール1世。前列は、スペインのアルフォンソ13世、故エドワード7世の息子で王位を継承したジョージ5世、デンマークのフレゼリク8世。

彼らのうち、幾人かはごく近い親戚同士だった。ホーコン7世はフレゼリク8世の息子で、ジョージ5世の義弟。ドイツ皇帝はジョージ5世の従兄。9人の王の多くは、遠からず重大な危機に直面することになる。この写真を撮影してから10年もしないうちに、ブルガリア王フェルディナンドとドイツ皇帝ヴィルヘルムは退位を余儀なくされ、ポルトガル王マヌエル2世は王位を追われ、ギリシャ王ゲオルギオス1世は暗殺される。ドイツとポルトガルの王朝は廃止され、そのほかの王家の権限もいちじるしく削減される。

王朝の時代は落日を迎えており、やがてほかの多くのことと同じように、第1次世界大戦の恐怖に押し流されていくだろう。

1910年代

戦争と革命

ぼくたちは死者。
ほんの数日前までは、
ぼくたちは生きていた、
夜明けを感じ、輝く夕日を見つめた、
愛し愛されていた、そして今は横たわる、
このフランドルの野に

ジョン・マクレイ『フランドルの野に』1915年

労

働者階級に生まれたアーネスト・ブルックス少尉は、上流社会の仕事を得ながら写真を学んだ。まだ若い頃に初めてカメラを購入してからというもの、王室の姫君の結婚写真を撮ったり、南アフリカやインドへの王室訪問旅行の随行団に加わって国王がトラ狩りをする場面を写真におさめたりした。ブルックスがロンドンにかまえた写真スタジオは、バッキンガム宮殿のすぐそばにあり、「王室御用達の写真家」と呼ばれるのを好んだ。

そうした世界はすべて過去のものとなり、1916年11月、ブルックスはフランス北部のソンム河畔に広がるボーモンタメルにいた。そしてぬかるんだ、爆風で吹き飛んだ塹壕(ざんごう)に立ち、腐り果てて頭蓋骨が剥き出しになったドイツ兵の死体にレンズを向けた。この地で死傷した100万人もの兵士と同じく、人類が新たに考案した戦法が猛威をふるった、無残な戦場に斃れた人間の亡骸――

1916年の4か月半のあいだ、ソンムの谷は激しく揺れ続けた。砲弾や機雷が炸裂し、戦闘機が悲鳴のような音を立てて空を切り、世界で初めて戦場に投入された戦車が泥を巻きこみながら密集した45メートルの有刺鉄線をなぎ倒していった。茶色く濁る大気に篠突く雨が降り注ぎ、目に見えないホスゲン有毒ガスの干し草のようなにおいがたちこめた。戦闘初日の7月1日だけで、連合国軍側の死傷者は約6万人におよんだ。突撃を命じられた若い兵士たちは銃剣付きのライフルをかまえて歩みを進め、敵の機銃掃射に打ち倒された。ソンムで戦ったあるイギリス士官は、その光景を次のように報告している。あたりは死体で「埋め尽くされ……連なる山の高さは2メートル近くもあった。あの時、焼けつくような暑さにあたためられた人間の血ほど胸の悪くなるにおいは、もう二度とかぎたくないと思った」

ウェールズ生まれの詩人デイヴィッド・ジョーンズは、歩兵としてソンムの戦場にいたときの体験を『括弧に入れて』という作品に綴り、戦争の恐怖を詩的に再構築した――「麗しの姉妹たる死は、今日はすっかり堕落して、娼婦の自信をみなぎらせ、勝ち誇ってのし歩く、恥ずかしげもなく欲望をさらけ出し、一糸まとわぬ姿で君からぼくへと秋波を送る」ジョーンズのほかにも、この戦争に参加した多くの兵士(ウィルフレッド・オーウェンやジーグフリード・サスーンなど)がその記憶を詩に託した。またジョーンズと同じく、多くの兵士がソンムでの体験

1910

1月
ニューヨークのメトロポリタン歌劇場から世界初のラジオ中継がおこなわれる。

5月
イギリス王エドワード7世死去。息子のジョージ5世が即位。

11月
メキシコで革命戦争勃発。長期独裁政権のポルフィリオ・ディアス大統領が、強引な手段で再選を果たしたことがきっかけだった。

1911

5月
ポルフィリオ・ディアスがメキシコからフランスに亡命。

10月
1908年に2歳で即位した幼帝溥儀の清朝で、暴力的な反乱が全国に多発。翌年に中華民国が設立される。

1912

1月
ロバート・ファルコン・スコット隊が南極点に到達するも、ノルウェーのロアール・アムンセン隊が先に到着していたことを知る。ベースキャンプへの帰途に荒天と飢餓により全員遭難死。

4月
豪華客船タイタニックが氷山に衝突して沈没。乗客乗員1000名以上が死亡した。

8月
中国の複数の政治結社が同盟して「国民党」を結成。

1913

3月
ギリシャのゲオルギオス1世が暗殺される。

5月
イーゴリ・ストラヴィンスキー作曲による革新的なバレエ『春の祭典』がパリで初演され、劇場が騒乱状態になる。

6月
イギリスの女性参政権活動家エミリー・デイヴィソンが、エプソム競馬場でジョージ5世の馬の前に飛び出し、致死的な重症を負う。

1914

2月
チャーリー・チャップリンが初めて「小さな放浪者」姿で映画に登場。

6月
オーストリア=ハンガリー帝国の皇位継承者フランツ・フェルディナント大公がサライェヴォで暗殺され、国際問題に発展。第1次世界大戦の直接の契機となる。

9月
「マルヌの戦い」と「海への競争」によって、ベルギーとフランスに西部戦線が構築される。

に深く傷つき、再発性の悲惨な神経発作に苦しめられた。ジョーンズは幾度も神経衰弱状態に陥った。21世紀の今日であれば、心的外傷後ストレス障害（PTSD）と診断されただろう。

そして大量殺戮に終わった戦いは、ソンムだけではなかったのである。この大戦の——第1次世界大戦の——軍事行動や戦いの名前は、その後の長い年月にこだますることになる。マルヌやヴェルダン、タンネンベルクやイープル、春季攻勢（ルーデンドルフ攻勢）や百日攻勢。19世紀の戦術で20世紀の軍事技術に立ち向かう戦争が、ヨーロッパからアフリカ、中東まで混沌におとしいれた。この破滅的な組み合わせが、ひとつの世代を墓に葬ったのである。

第1次世界大戦の塹壕戦に投入された発明品のうち、カメラほど無害もしくは有益なものはほとんどなかった。イギリス軍初の公式写真家に任命されたブルックス少尉は、ダーダネルス海峡から西部戦線まで各地の戦場におもむいた。そして軽量で折りたたみ式のゲルツ・アンシュッツ・カメラで4000枚以上の写真を撮影し、未曾有のスケールで非人間性の記録を残した。ブルックスは戦争写真の演出に断固反対だった。そのために彼が記録した紛争はかえって生々しいドキュメンタリーの迫力をおび、恐怖を倍増させ、作家のH・G・ウェルズに——悲しいことに間違っていたが——「戦争を終わらすための戦争」といわしめた。

世界が協商国（連合国）と同盟国というふたつの枠組みに分かれ、その敵味方のあいだで炸裂した死の衝突は1910年代を席巻した。1914年にはじまり、1918年の休戦協定を経て、1919～20年にさまざまな不備のある講和条約が締結されて決着する。しかしベルギーのフランドルや東プロイセンなどの戦地以外でも、この時代には極地探検、遠洋定期船の出航、美術・音楽・舞踊の革新的実験など、画期的な出来事が起きる。また、革命の——中国、メキシコ、ロシアで——狼煙（のろし）が上がり、世界には伝染性疾患が爆発的に広がって医学に新たな課題を突きつける。戦争、疫病、征服、死——地上はまるで、ヨハネの黙示録の四騎士が馬蹄をとどろかせて現れたかのような様相を呈した。塹壕で朽ち果てた骸骨は、ほんのはじまりにすぎない。

1915

2月
D・W・グリフィス監督の画期的な映画『国民の創生』が公開される。あからさまな人種差別表現が、白人至上主義団体KKKの再登場を後押しした。

4月
ダーダネルス海峡でガリポリ半島上陸作戦開始。作戦は連合国側の大失敗に終わり、撃退される。

5月
イギリス商船ルシタニア号がドイツ潜水艦に無警告撃沈される。

8月
ロシア皇帝ニコライ2世が、東部戦線のロシア軍最高司令官になる。

1916

4月
アイルランドの独立派によるダブリン市内の「イースター蜂起」がイギリス軍に鎮圧される。

5月
ユトランド沖海戦がはじまる。250隻が参戦した。

5月
サイクス＝ピコ協定締結。中東をイギリスとフランスの管理下に置く秘密協定だった。

7月
ソンムの戦い勃発。1日だけで6万人以上が死傷した。

12月
ロシア皇帝一家の寵愛を受けた怪僧ラスプーチンがサンクトペテルブルグで暗殺される。

1917

1月
ツィンメルマン電報事件発生。ドイツがメキシコにアメリカ侵攻を持ちかけていたことが曝露される。

4月
アメリカが英仏側で第1次世界大戦に参戦。

11月
ボリシェヴィキの革命が成功し、ロマノフ王朝は滅亡する。社会主義国がロシアに誕生。

11月
バルフォア宣言が出される。パレスチナに「ユダヤ人国家を建設」することにイギリスは同意した。

1918

3月
アメリカのカンザス州で「スペインかぜ」の患者が初めて報告される。やがて世界中で大流行となる。

4月
ドイツ軍のエース・パイロット「レッド・バロン」ことマンフレート・フォン・リヒトホーフェンが撃墜される。

11月
ドイツが休戦協定に調印し、第1次世界大戦が終結する。ドイツ皇帝ヴィルヘルム2世は退位。

1919

1月
パリ講和会議開始。最終的にヴェルサイユ条約が締結される。第1次世界大戦中のドイツの行為に対してきびしい懲罰が下された。

1月
アメリカで禁酒法成立。連邦全体でアルコールの製造販売が禁止される。

メキシコ革命

1870年代以降、メキシコ政府には過去の戦争の英雄ポルフィリオ・ディアスが君臨していた。いわゆる「ポルフィリオ時代」と呼ばれる長期独裁体制である。この期間には近代化が進み、国も富んだ一方、その代償として腐敗、弾圧、利権政治がはびこった。だが、1910年のディアスはもう老人だった。メキシコは新しい指導者を求めていた。80歳の独裁者があからさまな不正選挙でまたも大統領の座に就いたとき、蜂起の火の手が上がり、国家は内戦に突入した。

最も有名な革命家のひとりが、ゲリラ戦士「パンチョ・ビリャ」将軍である（本名はドロテオ・アランゴといい、ビリャは逃亡中の仮名。「パンチョ」はフランシスコの愛称）。この写真は1914年1月、糟糠の妻ドーニャ・ルス・コラールと一緒に撮影されたもの。ビリャはメキシコ北部のチワワ州で打倒ディアスの戦いに加わり、またたくまに指導者として頭角を現した。しかも、九死に一生を得る強運の持ち主だった。1912年、銃殺隊の前に立たされて処刑寸前というところに、執行停止の命令が届いたのである。

腕のいい山賊、無類の女たらし、カリスマ的な強盗かつ自由の戦士。ビリャは抜け目なくハリウッドのニュース映画会社と接触し、自分の戦いをサイレント・ムービーにする契約をむすんだ。しかし最初は良好だったアメリカとの関係も、1916年にビリャがニューメキシコ州を襲撃したことで悪化した。アメリカ軍は大規模な討伐隊を派遣。だがビリャは1年以上にわたってその追跡をかわし続けた。

メキシコ革命は1917年の新憲法発布で収束に向かったが、その後の年月に革命指導者たちは次々と命を落とした。パンチョ・ビリャは1923年7月に暗殺された。チワワ州パレル市の銀行に預けていた金を引きだして帰る途中、乗っていた車が銃撃されたのである。

> 3年間皇帝として哀れな役割を演じたあと、わたしは退位という哀れな役割を演じることになった……
>
> 溥儀『わが半生』（1964年）

NEXT PAGE

中国の辛亥革命

中国でも革命が進行していた。革命の波は全国におよび、市街地で斬首の処刑がおこなわれ、最終的にいくつかの文書が交わされて、2000年間王朝が支配した中国の歴史は幕を閉じた。

1908年、清朝第11代皇帝光緒帝が37歳で死去した。毒殺の可能性が高い［近年の調査で光緒帝の遺髪等からヒ素が検出され、2008年に国家清朝史編纂委員会は毒殺と結論づけた。犯人に関しては諸説がある］。ひょっとしたら実質的な権力者だった西太后の差し金だったかもしれないが、体調を崩していた西太后も光緒帝の死の翌日に息を引き取った。病床の西太后は、次期第12代皇帝に2歳の溥儀を指名していた。その後まもなく、溥儀は清朝最後の皇帝となった。

もちろん幼い溥儀は統治する立場にはない。3年間の在位中、1911年10月南部の武昌の蜂起からはじまった革命は、燎原の火のように全国に広がった。写真は市街で斬首された捕虜の写真。革命時に発生した凄惨な暴力のひとつである。1912年には、清朝支配の終了を求める圧力は抗しがたいほどに高まり、同年2月、溥儀の摂政たちは皇帝退位の布告をするよりほかはなかった。

これで理論上は、中国は共和政になったわけだが、現実にはその後の数十年間、共和主義者やナショナリスト、皇帝支持者、共産主義者、軍閥の思惑が入り乱れ、国土は混乱した。

こうしたなかでも、元皇帝の安全は、退位の際に取り決めた「清室優待条件」によって守られた。溥儀はその後の人生でも権力とつながりを保ち、清朝の復活を夢見た。1917年にはごく短期間だけ復位、1932年から45年は日本が建国した「満洲国」に最初は執政として就任、ついで実権を持たない皇帝となった。中国のラストエンペラーは1967年に病院で没した。

テラ・ノバ号

　1910年6月、ロバート・ファルコン・スコット大佐が率いる遠征隊はテラ・ノバ号に乗り組み、ウェールズのカーディフを出港して地球上で最も苛酷な大陸、南極に向かった。軍人、船乗り、科学者からなる精鋭ぞろいの遠征隊は総勢65名。「氷の大陸」の探検は約100年前から本格化した。スコット自身もアーネスト・シャクルトンらとともに、1901〜04年にディスカバリー号で遠征している。だが、南極点に到達した者はまだ誰もいない。スコットこそ最初にそれを達成する人物と目されていた。

　スコット隊は1911年1月4日、マクマード入江のエバンス岬に到着した。この写真は、遠征隊の写真家ハーバート・ポンティングが上陸直後に撮ったもの。氷山の洞のなかから撮影しており、入口付近にいるのは地質学者のトーマス・グリフィス・テイラーと気象学者のチャールズ・ライトである（その向こうに停泊中のテラ・ノバ号が見える）。ポンティングは1912年3月にイギリスへの帰途につくまで、1700枚以上のガラス写真版を作成した。帰国後に資金集めのツアーをするときに使う予定だった。ツアーの目玉は、もちろんスコットの講演である。

　しかしポンティングとテラ・ノバ号が出発したとき、スコットの姿はどこにもなかった。スコットと4人の隊員は1月17日に南極点に到達したものの、すでにノルウェーのロアール・アムンセン隊が1か月前に先着したあとだった。もどる途中、スコット一行は寒さと飢えのために衰弱し、氷の大地の上で全員死亡した。だがその年には、ほかにもおおぜいの人々が凍えるような寒さのなかで命を落とすことになる。

もし生きていたなら、あらゆるイギリス人に深い感銘を与えるような、隊員たちの不屈の精神、忍耐、勇気について、わたしはいくらでも物語っただろう。もはやこの覚書とわれわれの死体に、その物語を託すよりほかにない……

ロバート・ファルコン・スコットが遺した最後の日記
1912年3月29日

タイタニック号

　高さ53メートル、長さ269メートル、デッキ数9つ、速力21ノット。世界一の大きさを誇る大西洋航路用の豪華客船タイタニックは、1912年4月10日、イギリスのサウサンプトンからアメリカのニューヨークまでの処女航海に出発した。

　1週間もたたないうちに、タイタニック号は海底に沈む世界最大の船になってしまった。4月14日の夜11時40分、タイタニック号はニューファンドランドの南方150キロメートル沖合いで氷山と衝突し、船体の外殻が損傷したのである。

　救命ボートが降ろされたが、1316人の乗客と1000人近くの乗組員を収容するには、あまりにも数が少なかった。衝突から3時間弱で船はふたつに折れ、沈没した。救難信号を受信して急行したカルパチア号に705人が救助されたが、大多数は海に消えた。

　写真の新聞売りの少年はネッド・パーフェットという。タイタニック号を建造・運用した船会社ホワイト・スター・ラインのロンドンオフィスの前で『イブニングニュース』紙を売っている。沈没に関する2回の公的調査では、タイタニック号のエドワード・スミス船長が氷山の浮かぶ海を高速で航行したのが事故の原因とされ、会社の過失は問われなかった。しかし、乗船していたホワイト・スター・ライン社長J・ブルース・イズメイは──スミス船長とは異なり──生還したことから、世間にきびしく批判された。

　一方、パーフェット少年の人生はあと6年半しか残されていなかった。1918年の秋にフランスで粉々に吹き飛ばされたのである。その戦争は、タイタニック号の沈没で失われた人命は、やはり事故によるものと思わせるようなものだった。

> これほど多くの気高い女性と勇敢な男性がいわれもなく命を奪われ、一度に裁きの座へ押し寄せたことはかつてありません……
>
> ウィリアム・オールデン・スミス
> 上院議員、1912年

『春の祭典』

　世間に衝撃を与えたのは海難事故だけではない。1913年5月29日、パリのシャンゼリゼ劇場に足を運んだ「保守的」な劇場通たちは、ロシアからやってきた「革新的」なバレエ『春の祭典』に度肝を抜かれ、われを忘れた。音楽はイーゴリ・ストラヴィンスキー、振付は天才ダンサーのワスラフ・ニジンスキー、上演したのはセルゲイ・ディアギレフ率いるバレエ・リュス。作品の下敷きになったのはロシアの民族儀式と民族音楽だったが、この写真に見るように、作品そのものは台頭してきたアバンギャルド（前衛）――不協和、難解、混沌をものともせず、未知の表現を開拓しようとする美術、音楽、文学活動の先駆けだった。

　世界初演は大騒動になった。当惑した観客は、最初は失笑し、やがて怒号が入り乱れ、ものがオーケストラボックスに投げつけられた。観客を落ち着かせるために劇場の照明が明滅した。ダンサーたちはとにもかくにも踊りきったが、新聞の批評はにべもなかった。「ロシア人は自分たちが訪れた国の様式や衣裳の知識に欠けており、こうした限度を超えた愚劣に対してフランス人は容赦しない、ということを理解していなかった」と『フィガロ』紙は結論づけた。

　『春の祭典』は1週間のパリ公演のあと、ロンドンで短期間だけ上演された。その後ニジンスキー版が再び舞台にかかることはなく、音楽は新しい振付で踊られた。失われたニジンスキーのステップが蘇ったのは、1980年代になってからである。

> 100回もの稽古と1年もの準備を重ねたのに、結果はこの始末だ……わたしはパリを驚かせ、パリは落ち着きを失った。
>
> イーゴリ・ストラヴィンスキー
> 1913年

> 現代の政治では、割られた窓に関する議論が最も有意義な議論なのです。
>
> エメリン・パンクハースト
> 〈女性に参政権を〉、1912年2月23日

サフラジェット

　女性参政権、すなわち投票権を求める運動は1912年から14年に過激化した。とくにイギリスとアメリカでは、平和的なデモ行進や政治活動をあきらめ、暴力的な行為に訴えるようになった。放火や爆弾の投擲のほか、窓ガラスを割ったり電話線を切ったり、美術ギャラリーの絵画を切り裂いたりする器物損壊が多発した。

　そのなかでもとくに衝撃的な事件が、1913年6月4日、イギリスのエプソム競馬場で起きた。女性社会政治連合（WSPU、通称サフラジェット）のメンバー、エミリー・デイヴィソンが、メイン・レースのダービーの最中にコースへ飛び出したのである。疾走してくるジョージ5世の持ち馬アンマーにWSPUの旗を付けようとしたらしい。しかしデイヴィソンは目的を果たせず、馬に跳ね飛ばされて4日後に死亡した。

　写真はWSPU結成者のエメリン・パンクハーストが、1914年5月にバッキンガム宮殿へのデモ行進をおこなったときに逮捕された様子。主任警部フランシス・ハリー・ロルフに拘束されたパンクハーストは、「宮殿の門のところで逮捕されたわ！　国王に伝えて！」と大声で叫びながらホロウェイ刑務所に連行されていった。

　パンクハーストや仲間のサフラジェットにとって、刑務所は行きつけの場所だった。物議を醸す「猫とねずみ法」（1913年）のせいで、彼女たちは何度も出たり入ったりしていたのである。サフラジェットは逮捕されるとハンガーストライキに入った。業を煮やした政府はそれを阻止するため、収監中に健康が悪化したら釈放し、体力が回復したら再逮捕するという法律で対抗した。しかしこの逮捕劇後まもなく、パンクハーストとWSPUは政府と休戦協定をむすび、過激な活動をいったん停止させた。国家同士の戦争が迫っていた。世界は永久に変わろうとしていた。

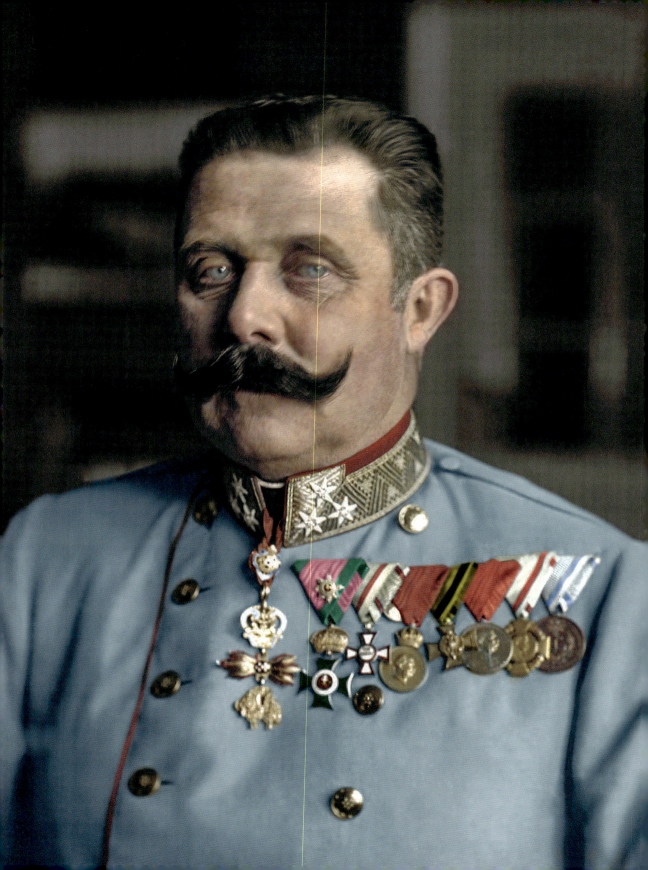

フランツ・フェルディナント大公

フランツ・フェルディナント大公はオーストリアの由緒正しい貴族で、保守的な性格だった。強大なハプスブルク家の一員として生まれ、青年期は軍人として過ごし、1896年にオーストリア゠ハンガリー二重帝国の皇位継承者となった。それなりに重要な地位ではあったものの、ヨーロッパ各地を旅して大好きなふたつの趣味——骨董品の収集と野生動物の狩猟——を満喫するのは忘れなかった。

フランツ・フェルディナントが唯一、断固として貫いた非保守的な行動は、王女ではなく貴婦人付きの女官ゾフィー・ホテクと結婚したことだった。身分違いの結婚で周囲から疎んじられていた夫妻は、1914年6月28日の日曜日の昼近く、オーストリアが併合していたボスニア・ヘルツェゴビナの州都サライェヴォの路上で兇弾に斃れなければ、歴史のなかに埋もれた可能性は高い。暗殺者はセルビアの民族主義者で学生のガヴリロ・プリンツィプ。彼の放った銃弾は予期しない結果を生み、それまでの人類史上最悪の戦争を招くこととなった。

フェルディナントの死に続いて起きた一連の出来事は、ヨーロッパの平和を維持するための19世紀式同盟システムが、戦争防止になんの役にも立たないことを露呈した。大公夫妻暗殺の報復として、オーストリア゠ハンガリー帝国がセルビアに侵攻。すると、セルビアのスラヴ民族主義と連携するロシアが軍隊を出動。オーストリア゠ハンガリーの同盟国ドイツはロシアに宣戦布告。すると、ロシアの同盟国フランスが軍隊を出動。ドイツもフランスに宣戦布告し、中立国のベルギーを突破してフランスに侵攻。ベルギーの名誉を守るために、イギリスも参戦。1914年の8月はじめには、ヨーロッパ中が戦争に巻きこまれていた。数年以内に、オスマン帝国、日本、アメリカも戦争に加わる。大戦が——第1次世界大戦がはじまった。

ヨーロッパ中の灯火が消えてゆく。われわれが生きているあいだに再びそれが灯るのを見ることはあるまい。

イギリス外務大臣エドワード・グレイ卿
1914年8月3日

塹壕の脇に死者を埋める時間的余裕しかありませんでした。いまや塹壕はぐしゃぐしゃですから、そこかしこから骨が見えています……

ギルバート・ウィリアムズ兵卒の
家族への手紙、1916年

西部戦線

　第1次世界大戦の初期には、アフリカの植民地でもふたつの陣営に分かれて戦闘がおこなわれた。しかし最も無残な戦闘の舞台は、1914年9月にヨーロッパで幕を開けた。侵攻しようとするドイツ軍と、それを阻もうとする英仏連合軍が対峙し、いわゆる「西部戦線」ができたのである。両陣営とも延々と塹壕を掘り続け、ベルギー北海沿岸のオーステンデからフランスとスイス国境近くのバーゼルまで、1000キロメートル近くも蛇のように曲がりくねってうねる塹壕陣地が築かれた。

　西部戦線の塹壕戦は、第1次世界大戦の苦難の象徴となった。鉄条網や土嚢、機関銃の砲座を据えて地上の防御を固め、その下に即席の営舎を設けた。濡れてぬかるみ、冷えるのはあたりまえだった。そうした悲惨な環境下では、伝染病が広がるのはもちろんのこと、「塹壕足」——つねに濡れて汚い状態のために起こる感染と潰瘍——になる兵士も続出した。毒ガス、榴弾砲、空爆などの新兵器や新戦術も、塹壕生活の苛酷さを増した。そして定期的に両陣営とも攻勢をかける。部隊に「乗り越えろ」という命令が下ると、兵士たちは胸壁をよじ登り、雨霰と降り注ぐ機銃掃射のなかを敵地に向かって歩いていった。戦略的な必要性や膠着状態の打破のために、幾度となく大規模な戦い——たとえばヴェルダン（1916年）、ソンム（1916年）、パッシェンデール（1917年）など——が繰り広げられ、そのたびに想像を絶するほどの膨大な人命が失われた。

　写真のイギリス人軍曹がいるのは、1917年前半のベルギーの「プロウグステエールの森」に掘られた塹壕。この頃には、プロウグステエールの戦いは最悪の時期を過ぎており、部隊はたいていここで休息をとって英気を養ってから、兵士たちを再び前線へ送り出していた。

インド軍

スーダン遠征とボーア戦争で功績をあげたキッチナーは、その後インド軍を統括する司令官に任命され、20世紀の最初の10年間はインド軍の改革に取り組んだ。第1次世界大戦が勃発したときには、イギリス帝国を支えるために派遣する大勢のインド人兵士——100万人以上——の準備が整っていた。

祖国周辺の任務であれば、アフガニスタンやビルマ国境の監視が主となる。しかし大戦に従軍したインド人兵士の大半は、地の果てまで送られた。油田や船舶の航行をオスマン帝国から守るため、メソポタミアやパレスチナ、シナイ半島に大軍が派遣された。

ベルギーやフランスの西部戦線で戦ったインド人兵士は、10万人以上にのぼる（写真はインドで編制された第129コノート公バルーチー歩兵連隊の4人の兵士。1914年10月のメシーンの戦い——第1次イーペル戦のひとつ——でバリケードを守っているところ）。ほかにも東アフリカや、無残な失敗に終わったガリポリの戦い（ダーダネルス作戦）に派遣軍が送られた。

1911年からはインド人兵士もヴィクトリア十字章——敵前でとくに勇敢だった軍人に贈られるイギリス最高の武勲章——の対象になった。この大戦期間中、インド軍では12名以上に授与された。最初の受賞者はクダダット・カーン・ミンハス。彼は第1次イーペル戦で機関銃を受け持ち、周囲の同僚兵士がすべて斃れたあとも、自分が負傷するまで撃ち続けたセポイ（インド人歩兵）である。

> これは戦争ではない。世界の終わりだ。これはまるで『マハーバーラタ』に出てくるような戦争だ……
>
> 無名のインド人兵士が
> 病院のベッドで書いた言葉、1915年

栄光ある死を！　血の最後の一滴、燃料の最後の一滴まで戦い、飛ぼう——心臓が最後の鼓動を打ち、エンジンが最後のうなりを上げるまで。騎士としての死を……

マンフレート・フォン・リヒトホーフェンによる乾杯の辞、1915年12月

撃墜王「レッド・バロン」

　開戦当初、飛行機は戦闘の手段とはみなされていなかった。開発されたばかりの技術というだけでなく、飛行機を兵器として使うことを国際法が禁じていたからである。しかし宣戦布告して数週間もすると、偵察飛行で敵の動きについて重要な情報をもたらすパイロットたちは、戦局を左右する存在になりはじめた。

　1915年6月、ドイツは「フォッカー戦闘機」の開発に成功、離陸させた。これはひとり乗りの単葉機（フォッカーF.I）で、プロペラの回転と同調する機銃発射装置をそなえていた。2か月後にはイギリスが対抗機種を送りだし、1916年1月にはフランスもそれに続いた。

　飛行機は腕のいいパイロットを必要とする。空中戦で、マンフレート・フォン・リヒトホーフェン以上に有名なエースはいなかった。プロイセン貴族の家に生まれたリヒトホーフェンは、最初は騎兵として偵察任務をにない、1915年にドイツ空軍に転属。公認で80機撃墜という参戦国中随一の記録を打ち立てた。撃墜王としての名声は両軍にとどろき、その男爵家の血筋と赤く塗った乗機の正確無比なコントロールから、「レッド・バロン（赤い男爵）」の異名をとった。リヒトホーフェンはまた、ドイツ軍最高位のプール・ル・メリット勲章（英語の通称はブルー・マックス）も授与されている。

　この独特なソフトフォーカスのポストカード写真は、ドイツの写真家ニコラ・ペルシードが撮影。これを撮ってからそう遠くない時期に、フォッカーDr.Iに乗りこんだリヒトホーフェンは、設立されたばかりのイギリス空軍の部隊とソンム川上空で遭遇、カナダ人飛行士が操縦する二機と交戦中に、胸を射ぬかれた。不時着後に死亡したが、いまわのきわにつぶやいた言葉に「カプット（もうだめだ）」という語が聞き取れたともいわれる。

NEXT PAGE

東アジアでの戦争

　延々と塹壕が築かれた西部戦線同様、東ヨーロッパでもバルト海から黒海まで、長大な東部戦線ができていた。ここで対峙したのは、同盟国陣営はドイツ、ブルガリア、オーストリア＝ハンガリー帝国、オスマン帝国。連合国陣営はロシアのほか、ルーマニアなどである。

　しかしもっと遠くの東アジアでも、イギリスを支援するために日本が動いていた。日本が侵攻を開始したのは1914年9月、場所はドイツの中国の拠点、青島（チンタオ）である。この写真は「東部戦線」の光景とされたこともあったが、実際は青島近郊で撮影された可能性が高い。山東省の港湾都市周辺で繰り広げられた激戦のあと、ドイツ軍の歩兵が巨大な砲身を掘り出している様子が写っている。

　回収中の大砲は、要具箱の記載から「28センチ榴弾砲（りゅうだんぽう）」だとわかる。これはドイツのクルップ社の大砲をもとに日本が開発したもので、1904～05年の日露戦争の陸上攻撃、艦隊や港湾への攻撃で威力を発揮した。装塡にはクレーンを用い、重さ200キログラム以上の砲弾を約8キロメートル飛ばすことができた。それでも、第1次世界大戦に登場した最新式の巨砲の能力には、もはや遠くおよばなかった。ドイツが製造した超巨大な「パリ砲」は190キロメートルの射程距離を有し、また巨大榴弾砲「ディッケ・ベルタ（英語の通称はビッグ・バーサ）」は800キログラム以上の砲弾を発射したのである。

激しく降り注いでくる。砲弾がすでにあちらこちらで炸裂している。徒歩で、あるいは乗り物で四方八方に逃げまどう人々でいっぱいだ……悲鳴、轟音、泣き叫ぶ声、すべてが混乱状態におちいっている……

ロシア兵ワシリー・ミスニンが述べた砲撃時の様子 1915年

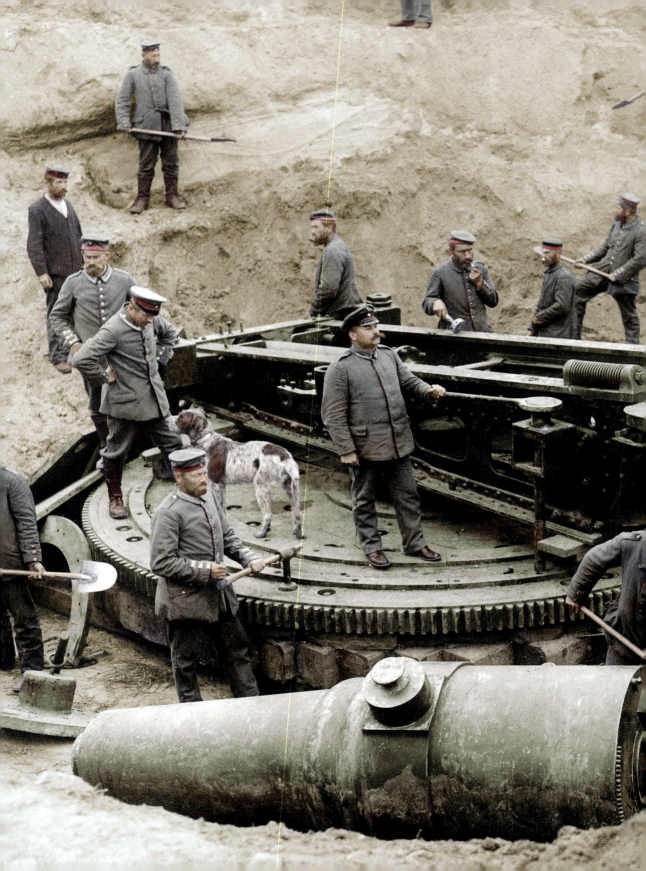

> いいか、わたしは攻撃せよと命令するのではない——死ねと命令するのだ。
>
> ムスタファ・ケマル・アタテュルク（当時大佐）、ガリポリで1915年

ガリポリの戦い

　西部戦線は膠着状態におちいり、ロシアもコーカサス地方でオスマン帝国軍の猛攻を受けて、連合国軍は苦境に立たされていた。そこで1915年、トルコに進攻してダーダネルス海峡を支配下におくという計画が立てられた。この狭い水路はガリポリ半島の南を流れている。地中海と黒海をつなぐ交通の要衝であるうえ、ここを制圧できればオスマン帝国の首都コンスタンティノープル（現イスタンブール）への進撃も容易になる。こうしたことから、ダーダネルス海峡突破計画はきわめて重要な戦略であり、成功すれば連合国軍は優位に立つと思われた。

　1915年2月、イギリスの海軍大臣ウィンストン・チャーチルの主導のもと、イギリスとフランスの大艦隊がダーダネルス海峡に迫った。連合艦隊は両岸から砲撃を受け、海上ではオスマン帝国が敷設した機雷に阻まれ、撃退された。それでも4月25日に上陸作戦がはじまり、最終的に50万人近くが動員された。主力は——この写真も含め——オーストラリア・ニュージーランド軍団（アンザック）の兵士たちである。

　しかし連合艦隊の攻撃同様、上陸作戦は大失敗に終わった。撤退が決定されるまでに連合国軍は半数以上、オスマン帝国軍は25万人の兵士を損耗した。あまりの失態にイギリスでは内閣が倒れかけた（チャーチルは海軍大臣を辞任）。一方、損害は大きかったとはいえ、オスマン帝国のほうは勝利の美酒を味わった。連合国軍を撃退したムスタファ・ケマルは名声を高めると同時に、愛国運動の中心的存在となり、1923年にトルコ共和国の初代大統領に選出さる。のちに建国の父と呼ばれ、「父なるトルコ人」を意味するアタテュルクの称号を贈られた。

海戦

　嵐をついて航行中のイギリス戦艦オーディシャス（写真）は幽霊船だった。オーディシャス号は、1910年に発注されたジョージ5世級戦艦4隻のうちの1隻である。標準以上の攻撃力をそなえた、超弩級と呼ばれる大艦で、何千キロメートルも航行可能な燃料を積むことができた。

　オーディシャス号は1913年10月に就役し、翌年の第1次世界大戦勃発にともない、イギリス海軍の戦役についた。不幸にも、活躍する時間はほとんどなかった。1914年10月にアイルランド沖でドイツ軍の機雷に触れ、沈没してしまったのである。国民の士気を削ぎかねないこの喪失について海軍と報道機関は沈黙を守り、戦争が終わるまで公表されなかった。

　哀れなオーディシャス号は海底に沈んだが、ほかの多くの艦は戦闘に従事した。なかでも一大決戦とされるのが、1916年5月31日から6月1日の36時間にわたってデンマーク沖の北海でおこなわれた海戦である。

　両軍あわせて250隻が入り乱れたユトランド沖海戦は、史上最大の規模だった。沈没は25隻。ただ、どちらが勝ったのかは──勝者がいたと仮定しても──判別しがたかった。数字だけを見れば、ラインハルト・シェーア中将率いるドイツ大洋艦隊は、ジョン・ジェリコー大将率いるイギリス大艦隊に、より大きな損害を与えた（沈没艦数、死傷行方不明者数ともイギリス側のほうが多かった）。しかし残存した艦の状態を比べると、イギリスのほうが良好だった。イギリスは最大の海戦をなんとか切り抜け、北海の制海権を保持した。

すさまじい閃光と衝撃がして、わたしはあおむけに叩きつけられた……涙と埃で眼がかすむ……かなり熱いと思ったとたん、集中砲火が襲ってきた……

ハンフリー・T・ウォールウィン大尉のユトランド沖海戦の回想、戦艦ウォースパイトに乗船、1916年5月31日

戦時中の女性たち

大戦の巨大戦艦は、軍需産業化した経済の産物だった。戦争のために数百万人もの労働年齢の男たちが職場から前線に移ってしまうと、その穴を埋めるため、昔から男のものとされてきた職種に女たちがつくようになった。武器、弾薬、船舶、飛行機、列車の製造、農場での労働、郵便配達、特殊警察官、電話の交換手、学童の教育、事務職などである。

この写真（1916年頃）は、イギリスのタインサイドにあるエルスウィック弾薬工場──世界最大の兵器製造業者アームストロング・ホイットワースの本社──で働く女性たち。この仕事は最重要であったにしろ、危険性も高かった。爆発物の取り扱いは、深刻な健康被害をまねきかねなかった。突発的な爆発事故はもちろんのこと、たとえば爆薬の主成分となる化学化合物トリニトロトルエン（TNT）は作業者の皮膚を黄染するだけでなく、長期間の接触によって肝臓障害などが起こり得る。戦争が終わっても、女性参政権運動の盛り上がりが、女性と軍事分野のつながりを確実なものにしていった。

いくつかの国家では、限定的ながらも大勢の女性を軍事部門の仕事に就労させた。アメリカは、海軍、海兵隊、陸軍保健看護業務の門戸を女性に開いた。イギリスでは、1917年に設立された女性陸軍補助部隊が、コック、事務職、医療職として女性を雇った。ロシアでは、皇帝が退位したあと、戦争末期に少数の婦人部隊が組織された。そのなかでもひときわ有名なのが、農民出身の女性兵士マリア・ボチカリョーワが率いた第1婦人決死隊である。

工場で働く女性たちが20分間仕事を中断したら、連合国軍は負けるだろう。

フランス陸軍総司令官
ジョゼフ・ジョフル

怪僧ラスプーチン

　1915年に戦争にかかわった女性のうち、権力の中枢にいたのがロシア皇后アレクサンドラだった。皇后は、夫のニコライ2世が一進一退の東部戦線の指揮をしに行っているあいだ、政府を監督するためにサンクトペテルブルグに残されていた。このことが、ロシア史上稀代の怪人物のひとりを歴史の表舞台に登場させた。皇后おかかえの祈禱師グリゴリー・ラスプーチンである。

　ラスプーチンはシベリアの農村出身の巡礼者で、神秘的なところがあった。皇帝一家は、ラスプーチンに11歳の皇太子アレクセイの血友病を治す力があると信じた。奇跡的な治癒能力の持ち主として崇められただけでなく、ラスプーチン自身がきわめて説得力に富み、カリスマ性のある人物だったので、皇后をはじめとする上流階級の女性たちは、彼の魅力と野性的な容姿に惹きつけられ、熱烈な信者となった。

　当然ながら、ロシア社会の支配層を形成する男性の多くがラスプーチンを憎悪した。飲酒にふけり、性の狂宴にあけくれているという告発がなされた。ラスプーチンの影響力が政治にまでおよぶようになったとき、彼の運命はきわまった。1916年12月17日（グレゴリウス暦12月30日）、名門の青年貴族フェリックス・ユースポフのサンクトペテルブルグの居城モイカ宮殿で、ラスプーチンは貴族の一団に暗殺された（イギリス秘密情報部の関与があったともいわれる）。

　のちのユースポフの回顧録によれば、暗殺は困難をきわめたという。ラスプーチンは毒入りのケーキとワインを口にしても死なず、胸を銃で撃たれても死なず、最後に中庭で銃撃されて雪の上に倒れ伏し、氷の張った川に投げこまれた。皇帝一家に対するラスプーチンの影響力は、こうして終わりを迎えた──だがロシアとロマノフ王朝の上には、もっと大きな暗雲が立ちこめていたのである。

毎日10回のヒステリー発作よりも、ひとりのラスプーチンのほうがましだ。

ロシア皇帝ニコライ2世、1912年

われわれはこの国の最も有益なる世代の男性たちを、ゆっくりと、だが確実に、全滅させている……

イギリスの元外務大臣ランズダウン、1916年11月

NEXT PAGE

ソンムの戦い

　1916年は、戦争史上最悪の年のひとつに数えられる。東部戦線では、ブルシーロフ攻勢（または6月攻勢）でロシアが戦果をあげた。一方、西部戦線では、連合国軍とドイツ軍が2か所で大激戦を繰り広げた。戦闘はその年の終わり頃まで続き、両軍あわせて200万人もの死傷者を出した。ヴェルダンの戦いとソンムの戦いである。

「ソンム。世界の歴史のなかでこれほど呪わしい言葉は存在しない」とドイツ軍士官フリードリヒ・シュタインブレヒャーは述べた。5か月にわたり、24キロメートルの前線で数百万の兵士が激突した。写真はその一景にすぎない。人命の損失は、戦闘初日の1916年7月1日から突出していた。イギリス軍の損耗人員はその日だけで6万人近くにのぼる──大半が塹壕から突撃し、敵の機銃掃射を浴びた歩兵だった。

　戦闘はそれから140日間続いた。砲弾がソンムの谷をずたずたに引き裂き、飛行機が敵の陣地を銃撃し、爆弾を落とし、戦車が初めて戦地に投入された。戦闘は11月にようやく終了したが、連合国軍はたったの11キロメートル前進したにすぎなかった。

カンブレーの戦い

　戦車はすでにソンムの戦いで使われていたが、初めて大量投入されたのは1917年11月20日、フランス北部カンブレー近郊でイギリス軍がドイツ軍の前線基地に奇襲攻撃をかけたときだった。砲撃の援護を受けつつ、6ポンド砲と機関銃を装備したマークIV戦車数百台は有刺鉄線をぶち破り、後続の歩兵部隊を守りながら進み、10日にわたってドイツ軍陣地を攻撃した。やがて数キロメートル前進したところでドイツ軍の反撃にあい、元の場所へ撤退した。

　カンブレーの戦いが大戦の帰趨にどのように影響したかは、判断しがたい――しかし「戦争の歴史」におよぼした影響は大きなものがあった。重武装をほどこした、キャタピラで走る巨大な車は、戦地の戦略を永久に変えることになるだろう。1917年のこの立体写真は、カンブレーの戦いに出撃した戦車を示したもの。こうした写真が作成されたこと自体、戦地以外の一般社会も戦車に強い興味を持っていたことをうかがわせる。

　だが大戦全体を見渡した場合、西部の苛酷な紛争に決着をつけるために同盟国軍が考案した新兵器ほど、すごい機械だったわけではない。カンブレーの地でイギリスの戦車がドイツ軍にのしかかっていたとき、新たな交戦国が名乗りをあげようとしていた。1917年4月6日、アメリカ議会は圧倒的多数でドイツへの宣戦布告を承認した。アメリカの中立は、ドイツが大西洋でおこなったUボート（ドイツ潜水艦の総称）による「無制限潜水艦作戦」（航行する全船舶を無警告で攻撃する作戦）と、1917年1月の「ツィンメルマン電報事件」でがまんの限界に達したのである。ドイツの外務大臣ツィンメルマンが送った電報は、アメリカへの侵攻をメキシコにうながすものだった。第1次世界大戦は終盤に突入する。

戦車が塊になって、狭い一定の間隔で次から次へと現れてくる様子は、カルタゴの勇将ハンニバルの戦象か、エジプトのファラオの戦車隊を思わせた。

元ドイツ軍将軍アルマン・レオン・フォン・アルデンヌ、『ベルリナー・ターゲブラット』紙、1917年11月

ヘルファイターズ

　アメリカは連合国に資金、物資、軍需品を供給していたが、第1次世界大戦に参戦したいと考える国民はほとんどいなかった——とくに第28代大統領ウッドロウ・ウィルソンはまったくその気がなく、「アメリカ孤立主義」支持者に属していた。しかし1917年の春には世論が変化し、4月にドイツ、12月にオーストリア＝ハンガリーに宣戦布告した。ただ、アメリカはけっして正式には協商に加わらず、オスマン帝国ほかの同盟国軍には宣戦布告をしなかった。

　いったん参戦を決めると、アメリカは着実に陣容を整え、400万人を徴兵して、1918年の春までにフランスの戦線へ派遣した。写真の兵士たちは、全員が黒人で構成された第369歩兵連隊、通称「ハーレム・ヘルファイターズ」。恐れを知らない精神と素晴らしい楽隊で有名だった。フランス軍とともに西部戦線で戦い、活躍した。とくにめざましい働きをしたのが、一等兵のヘンリー・ジョンソンとニーダム・ロバーツである。2人はアルゴンヌの森でドイツ軍の偵察隊と勇敢に戦った功績により、フランス軍のクロワ・ド・ゲール勲章を授与された。写真は、1919年に部隊がニューヨークに帰還したときの光景。

　1918年にフランスに出現したアメリカの大軍勢は、連合国軍が4年間果たせなかった目標を、とうとう実現に導いた。厖大な人数で連合国軍の兵員の損耗を補い、同盟国軍を圧倒したのである。つまりアメリカ軍のマンパワーが、1918年7〜11月におこなわれた百日攻勢の成功の鍵となった。最終的にドイツとその同盟国軍はフランス国外に追いやられ、戦争を終わらせる休戦協定の締結を余儀なくされた。

ロマノフ王朝の終焉

連合国側へのアメリカの参戦は、ロシアが1917年に戦線から姿を消しはじめたことによって、いっそう重要度を増した。大戦中にロシア国内で起こったふたつの革命はロマノフ王朝を崩壊させ、皇帝一家の殺害と、マルクス主義を奉ずる強硬左派ボリシェヴィキの政権奪取につながった。

1916年夏のブルシーロフ攻勢でロシアは勝利したものの、1917年2月に戦時下の食料難を機に起きた争乱が革命に発展、ニコライ2世は退位に追いこまれ、政権をリベラルな臨時政府に委譲した。

皇帝と皇后、そして5人の子供たちは不安定な立場におちいった。イギリスやフランスへの亡命は不確実だったから、亡命先が決まるまでのあいだ、皇帝一家は臨時政府の手でシベリアのトボリスクへ送られた。ところが2か月後、その臨時政府が倒れたのである。国外の潜伏先からロシアに戻った指導者ウラジーミル・レーニン率いるボリシェヴィキは、十月革命(グレゴリウス暦では十一月革命)を成功させてまたたくまに権力を掌握し、1918年3月にはブレスト・リトフスク条約を締結してドイツと単独講和をはかった。だがロシアはやがて内戦に突入、ボリシェヴィキは敵対する諸勢力と対決することになった。敵のなかには、もちろん帝政派もいた。

新政権は、皇帝一家をウラル山脈東麓のエカテリンブルグへ移した。そして1918年7月16日深夜から17日にかけ、イパチェフ館のこの地下室で、4人の従者を含めて全員を銃撃し、殴り、銃剣で刺して殺害した。遺体は損壊したあとに焼かれ、秘密の穴のなかに隠された。彼らの遺体が発見されるのは60年後のことである。この惨劇は、ボリシェヴィキのロシアに待ち受けている悲劇の序章にすぎなかった。

> われわれには、それが誰の指だったのかわからない。わたしは皇后のものに違いないと思う……指は森の焚き火跡の灰のなかにあった。そこには義歯も交ざっていた。
>
> イギリス軍情報部に渡された調査報告書 1920年

休戦

　1918年の10月末までに戦況は同盟国軍すべてにとっていちじるしく不利となり、それぞれ順番に休戦——講和の交渉をするための停戦——の道を探った。まず、9月29日にブルガリアが降伏。写真は、ドイツ降伏を伝える新聞を手にしたワシントンの人々である。ドイツはフランス北部コンピエーニュ近郊の森に停めた列車内で休戦協定受諾の署名をし、休戦は11月11日午前11時（パリ時間）に正式に発効した。

　ドイツ皇帝ヴィルヘルム2世は、その2日前に退位していた。ドイツに示された休戦の条件は、すべての占領地からの撤退、武器、戦闘機、戦艦、戦車の引き渡し、捕虜の解放などであった。やがてドイツに対して一方的にきびしい、報復的な講和内容のヴェルサイユ条約が1919年に締結された。ドイツは海外植民地の没収、軍備の大幅な制限などのほか、「戦争責任」として連合国側に巨額の——ほとんど支払い不可能な——賠償金が課せられた。

　あとから振り返ってみれば、ドイツとその同盟国（それぞれ個別に条約締結）が合意した講和条約は、苛酷かつ過大であり、狙いとは逆の効果を生んでしまった。ドイツとその同盟国を永遠に無力化したいと望むフランスに同調した連合国側は、アメリカ大統領ウッドロウ・ウィルソンの理念をふまえ、公正・友愛・民族自決に基づいて世界平和を構築しようとした。この新たな世界秩序を維持するために、国際連盟——史上初の国際平和機構——が1920年に発足した。それが実現不可能な仕事であることは、すぐにあきらかとなる。

これは平和ではない。20年間の休戦だ。

連合国軍最高司令官、フランス陸軍元帥
フェルディナン・フォッシュ、1919年

> 何百人もの屈強な若者たちが病院の大部屋に収容されている……顔は青ざめ、激しい咳のせいで血の混じった痰を吐く……
>
> マサチューセッツ州デヴェンズ駐屯地のインフルエンザ患者の報告、アメリカ、1918年

スペインかぜ

約4年3か月におよぶ大戦の犠牲者は、軍関係者と民間人をあわせて約1700万人にのぼるが、戦争末期に発生した人類史上最悪の感染症の大流行は戦争の終結を早め、その死亡者数は戦争犠牲者の2倍以上を記録した。世界中で猛威をふるったのは「スペインかぜ」と呼ばれたインフルエンザである。激しい筋肉痛、頭痛、高熱、重篤な咳をともない、重症例では肺から出血することもあった。

最初に患者が発生したのはアメリカのカンザス州といわれる。インフルエンザは1918年前半から世界中に広がっていった。「スペインかぜ」という名称は、スペインの新聞が重体におちいった国王アルフォンソ13世の病状を報道したことにちなむ。スペイン国王はなんとか持ちなおしたが、無数の人々が命を落とした。

患者を隔離して病気の流行を食い止めるために、絶望的な努力がなされた。国際赤十字も大勢のボランティアを出動させ（写真の看護師もそのひとり）、人手がいくらあっても足りない病院の仕事を補佐した。しかし、たとえばアメリカのように、大戦の惨禍が直接およばなかった国々でも、病気を封じ込めるのは至難のわざだった。疲弊したヨーロッパの国々はなおさらだった。アメリカ大統領ウッドロウ・ウィルソンは、1919年のパリ講和会議の途中で病に倒れた。

死亡者数で比較した場合、スペインかぜは、6世紀のユスティアヌスのペスト、14世紀の黒死病、20世紀の後天性免疫不全症候群の大流行をしのいだ。研究者は今も正確な死亡者数の調査を続けているが、流行が収束する時点までに、5000万〜1億人——世界人口の3〜6パーセント——が死亡したといわれる。1910年代はまさに悲劇の10年だった。

1920年代

狂騒の20年代

お楽しみはこれからだ！

初めての音声付きの映画『ジャズ・シンガー』の
最初の台詞、1927年

シカゴのカフェで、ニューヨークのダンスホールで、新しい音楽が生まれていた。主役はニューオーリンズ出身のルイ・アームストロングという若者が奏でるトランペットの響き。「サッチモ」の愛称で呼ばれた若者は、昼はホット・ファイブ、ホット・セブン、リトル・シンフォニーなどのバンドと一緒にレコードを録音した。夜は満員の劇場やダンスホールを喝采で揺らした。

ジャズ——南北戦争後の南部の町で、アフリカ系アメリカ人の生活のなかから生まれた魅惑の音楽——は1920年代のサウンドトラックだった。気ままな新しい時代のざわめきと受け取る人もいれば、道徳心を失った世界を象徴する下品な喧嘩と切り捨てる人もいた。

ルイ・アームストロングにとって、答えはいたって簡単だった。ひとたび彼が演奏をはじめると、人々は虜になった。40年の長いキャリアのなかで、アームストロングはジャズや音楽一般に関する名言をいくつも残しているが、次の言葉も傑作のひとつだろう。「ホットもクールになれるし、クールもホットになれるし、どちらも両方になれる。だけどね、ジャズはジャズさ」

アームストロングは、ジャズのキャリアを1920年代にスタートさせた。そして音楽を奏で創造しながら、50年にわたって偉大な人生を歩んでいく。その歌声は——今なお——聞けば彼だとすぐにわかる。低くてあたたかみのある、独特なだみ声。普通に歌詞を歌っていても、意味のない言葉や音を即興で口ずさむ「スキャット」をしていても、人の心をとらえて離さなかった。もちろん、トランペット奏者としても比類ない才能を示した。豊かな肺活量で自由自在に操る音はまさに驚異であり、当時のミュージシャンたちはこぞって彼をまねた。1920年代はアームストロング自身、さまざまな技法を身につけている時期だったが、それでもなお時代の精神を反映するジャズの巨人にほかならなかった。

1920

1月
史上初の国際平和機構である国際連盟が発足。

2月
オーストリア出身の退役軍人アドルフ・ヒトラーがドイツ労働者党を掌握。党名を国民社会主義ドイツ労働者党(ナチ党)に変更。

11月
ダブリンで「血の日曜日事件」発生。アイルランド共和国軍が企てた暗殺に続いて、イギリス治安部隊の一般市民への無差別銃撃が起こる。

1921

3月
ロシアのヴォルガ地方で飢饉が発生。最終的に少なくとも500万人が死亡。

3月
クロンシュタット海軍基地でボリシェヴィキ政権に対する反乱が起こる。赤軍によって鎮圧された。

4月
連合国賠償委員会は、大戦敗戦国ドイツが支払う賠償総額を1320億金マルク(約320億ドル)と決定。

1922

1月
イタリアがトリポリ・キレナイカの再征服開始。

8月
アイルランド独立運動の指導者でアイルランド国軍司令官のマイケル・コリンズが、内戦中に銃撃されて死亡。

10月
赤軍がウラジオストクを陥落。ロシア内戦はボリシェヴィキ革命政権の勝利に終わる。

10月
ベニート・ムッソリーニ率いるファシスト党が「ローマ進軍」を開始。ムッソリーニは首相に任命される。

1923

10月
ウォルト・ディズニー・カンパニーがロサンゼルスに設立される。

11月
巨額の戦争賠償金を支払う国力のないドイツは超インフレ状態におちいり、ついにドイツ通貨は完全に無価値となる。

11月
アドルフ・ヒトラーとナチ党指導者が、ミュンヘンのビアホールでクーデターを敢行。

1924

1月
ウラジーミル・イリイチ・レーニン死去。ソ連のヨシフ・スターリン独裁時代が幕を開ける。

6月
イギリスの登山家ジョージ・マロリーがエベレスト登頂中に死亡。

10月
『デイリーメール』紙がジノヴィエフ書簡を掲載。これはイギリス労働党と共産勢力の結託を示唆する偽書だった。

西洋社会では、1920年代は画期的な、象徴的な時代だった。「狂騒の20年代」「黄金の20年代」「レ・ザネ・フォール（狂乱の時代）」など、さまざまな名前で呼ばれている。経済と社会は大戦で受けた傷から回復しはじめた。自動車、飛行機による旅行、ラジオ、映画などの新技術が人々の旅、コミュニケーションの方法、生き方を変えていく。

世界最高峰の登頂や大西洋横断無着陸飛行など、雄大な冒険が試みられる。既成価値観の崩壊とともに作家や芸術家は新たな様式を模索し、1910年代の大戦が穿った傷を悼むだけではなく、それまでにない視点で未来に向かって歩みはじめる。

しかし同時に、この楽天的な「素晴らしい新世界」の陰で新種の恐怖が蠢動していた。ロシアでは、内戦、飢饉、独裁が十月革命の落とし子となる。イタリアでは、ムッソリーニの黒シャツ隊がローマに進軍し、ファシズムという恐るべき全体主義思想を掲げたクーデターを成功させる。敗戦国ドイツに課されたヴェルサイユ条約の重荷は国内経済の崩壊をまねき、アドルフ・ヒトラーの国民社会主義ドイツ労働者党（NSDAP、ナチ党）などの過激な政党の台頭を許す。オスマン帝国崩壊後にヨーロッパ列強がおこなった身勝手な中東分割は、アラブの怒りに火をつけ、反乱に発展する。アイルランドの独立問題を玉虫色に処理しようとしたイギリスの方針は、激しい反発を生み、内戦がはじまる。

混乱が続くメキシコでは、徹底的に教会の権利を剥奪しようとする政府に対してカトリック系反政府勢力が団結し、戦争が勃発する。1920年代の楽天主義の母体であるアメリカでさえ、反動的な憎悪勢力が頭をもたげる。白人至上主義団体クー・クラックス・クラン（KKK）の再結成。禁酒法という無謀な実験がまねいたギャング抗争。そして1920年代末、ウォール街で株の大暴落が発生し、黄金の20年代は世界恐慌に道を譲ることになる。

1925

4月
F・スコット・フィッツジェラルドが『グレート・ギャツビー』を出版。

7月
シリア大反乱開始。シリアとレバノンからフランス勢力を駆逐するのが目的だった。

7月
アドルフ・ヒトラーが『我が闘争』第1巻を出版。

1926

5月
イギリスで炭鉱労働者の賃下げ撤回と労働環境改善を求め、ゼネストが呼びかけられる。9日間の大規模なゼネストが決行される。

8月
メキシコのグアダラハラで、キリスト教弾圧政策をとる政府とカトリック教徒が衝突。ここからクリステロ戦争に発展する。

1927

5月
チャールズ・リンドバーグが初の大西洋横断無着陸飛行（ニューヨーク～パリ間）を達成。

10月
初の音声付き映画『ジャズ・シンガー』がアメリカで公開され、サイレント・ムービー時代の終わりを告げる。

1928

2月
夏季オリンピックと完全に分離した冬季オリンピックが、スイスのサンモリッツで初めて開催される。

7月
ジョン・ロジー・ベアードが初のカラーテレビ実験放送に成功。

9月
アフメト・ゾグがアルバニア王国設立を宣言、ゾグ1世として王位に就く。

10月
ハイレ・セラシエがエチオピア皇帝に即位。

1929

2月
シカゴで「聖バレンタインデーの虐殺」が起こる。暗黒街の帝王アル・カポネが対立組織の酒密輸業者を抹殺したとされる。

2月
レフ・トロツキーがソ連から国外追放される。

10月
ニューヨークのウォール街の株式市場が大暴落を起こし、世界恐慌に発展する。

レーニンとスターリン

1917年にボリシェヴィキが成功させた——結果的にロマノフ家の人々の最期につながった——十月革命を陰で指揮したのは、ウラジーミル・レーニン（写真左）である。政権奪取後は正式に指導者の地位につき、1922年にはソヴィエト社会主義共和国連邦（ソ連）を成立させた。かつてのロシアに新しくできた国家は、中央からの指令には絶対服従の一党独裁の国家で、カール・マルクスの思想をレーニンが発展させた共産主義論によって導かれた。

しかし1921年の後半から、51歳のレーニンの健康状態は悪化した。1922年の春には最初の脳卒中の発作に見舞われ、歩行と会話が困難になった。その後も大きな発作を数度繰り返し、1924年1月に死去。遺体は保存処置をほどこされたあと、モスクワで一般公開された。現在も赤の広場のレーニン廟に安置されており、訪れることができる。生前、レーニンはレフ・トロツキーを自分の後継者に考えていたようだ。そして、粗野で粗暴なヨシフ・スターリンを権力の中枢からはずすように、とはっきり求めていた。だが結局グルジア（現ジョージア）出身のスターリンが権力を掌握し、政敵トロツキーを失脚させるのに成功、最終的に国外追放処分とした。写真でレーニンの隣にいるのがスターリンである。1922年にモスクワ郊外ゴーリキの別荘で静養中のレーニンを見舞ったときのもの。ここがレーニンの終焉の地となった。

スターリンが権力の強化をはかった1920～30年代は陰惨な、ますます残酷な時代となっていった。スターリンの対抗勢力は次々と粛正され、大勢が公開裁判のあとに銃殺された。過激な経済政策によって国内に深刻な飢饉が発生した。1930年代半ばのスターリンはもはや共産党の党官僚ではなく、恐るべき絶対的な独裁者に変貌していた。

同志スターリンは……絶大な権力を手中におさめている。その権力をつねに思慮深く扱う能力が彼にあるのかどうか、わたしには確信が持てない。

レーニン、1922年

NEXT PAGE

赤軍

1917年の十月革命直後からはじまったロシア内戦は1922年まで続いた。帝政派や外国の干渉勢力、種々の反共産勢力が連合した白軍（または白衛軍）を撃破するべく、レフ・トロツキーが組織したのが赤軍である。

1918年創設時の赤軍（この時期の赤軍を赤衛軍と呼ぶこともある）は、労働者と農民からなる民兵と旧ロシア帝国軍士官で構成されていた。兵士たちはイデオロギーへの共鳴半分、統制に対する恐怖半分で従軍した。たとえば徴兵を拒否した者、戦意に欠けていた者、脱走した者は即決で処刑された。

内戦末期にモスクワで撮られたこの写真は、赤軍の制服に身を包んだ少年兵たちである。彼らの身元はわかっていないが、どのような経験をしたのかは、ソ連の児童文学作家アルカージー・ガイダールの軌跡からうかがい知ることができる。10代の頃熱烈なボリシェヴィキ支持者だったガイダールは、14歳で入党して志願兵となった。ウクライナ、ポーランド、モンゴルと転戦し、1924年に退役してからジャーナリストや作家の活動をはじめた。戦争は軍を辞めたときには終わっていたが、ガイダールはまだ20歳の若者だった。

赤軍の創設は十月革命の成就にも、ロシア史にとっても重要な出来事だった。第2次世界大戦を決着させるのは赤軍になるだろう。だが創設者のトロツキーがそれを目にすることはない。トロツキーは亡命後、1940年にメキシコで暗殺された。

クロンシュタットの反乱

　悲惨な戦いが続いたロシア内戦のなかでも、クロンシュタット——凍るバルト海とペトログラード（旧サンクトペテルブルグ）をむすぶ海路上の島に建設された要塞と軍港の町——で水兵や兵士、不満を抱えた農民が数千人規模で起こした反乱は、ひときわ大きな衝撃を与えた。

　1921年の春になると、何年も続く戦争に加え、ボリシェヴィキの原則にのっとった大規模な経済改革のために食料不足や産業の崩壊が深刻化し、農村でも都市でも労働者の不満は爆発寸前にまで高まっていた。

　3月初め、ペトログラードのストライキに連帯して、クロンシュタット要塞部隊と2隻の戦艦——セヴァストポリとペトロパヴロフスク（写真）——の水兵が反乱を起こした。彼らは食料配給の増加と政治的抑圧の中止を含め、ロシア全土での徹底的な改革を求めた。

　その結果、数万人規模の赤軍がクロンシュタットの包囲を開始。反乱側は戦闘で何百人も死亡、数千人が逮捕され、また数千人がフィンランドへ亡命した。

　クロンシュタットの反乱は、ボリシェヴィキにとって二重の意味で屈辱だった。というのも、クロンシュタットの水兵は1905年の皇帝に対する革命のときは革命側につき、戦艦ポチョムキンで上官の命令を拒否して反乱を起こすという、象徴的な役割を演じたからである。そのため1921年の反乱は鎮圧されたが、ボリシェヴィキの独善的な戦時共産主義政策は若干再検討され、完全計画経済のくびきは少しゆるめられた。

独裁権力は大衆を足で踏みにじっている。革命は死んだ。その精神は荒野で泣いている……

クロンシュタットの反乱後ボリシェヴィキに絶望した革命家アレクサンダー・バークマン、1924年

272

> グロテスクな形で硬直し、野犬に食べられた跡が残る半裸の死体の山をいたるところで目にする……忘れようにも忘れられない光景だ。
>
> アメリカ救済局職員、1921年

大飢饉

　戦争、食料不足、旱魃（かんばつ）。1921〜22年、この絶望的な組み合わせに襲われた中央ロシアに、史上最悪規模の飢饉が発生した。カスピ海北部の、ほぼイギリス諸島の面積に匹敵する地域で無数の人々が死んだ。

　異常な乾燥が続いた1921年はほとんど雨が降らず、作物は大地で枯れた。収穫の時期が来ても、多くの地域でなにも実っていないような状況だった。自作農中心の農業地帯では、これならどんな年でもひどい災害につながっただろう。だが1920年代前半、ロシア内戦期間中に苛酷な要求が課されていたこの一帯は、それどころではなかった。赤軍兵士用に繰り返し穀物を徴発されていたために、余剰分はゼロだったのである。数か月以内にロシアは死の淵に追いこまれた。

　写真に撮られたこの飢えた家族は、とりわけ悲惨な例だったわけではない。もはや食物が枯渇してしまい、死にゆく人々が手に入るものならなんであろうと──木の根や樹皮、ドングリから、動物の骨の粉、ときには人間の死体でさえも口にする。難民はその地をさまよい、伝染病が猛威をふるった。

　レーニン政権は国外からの支援を正式に断ったが、とにかく支援はおこなわれた。国際赤十字、セーブ・ザ・チルドレン、アメリカ救済局がロシア国内に入り、1923年に飢饉が終わるまで支援活動を続けた。最終的に、500万〜800万の人命が失われた。

『赤旗の歌』

ロシアでのボリシェヴィキの勝利にともない、アメリカやヨーロッパの共産主義者は鼓舞されて、革命を待望する気運が生まれた。イギリスでも、左派のさまざまな労働者政党が集まり、1920年にグレートブリテン共産党（CPGB）が結成された。しかしここが大事な点だが、穏健な社会主義政党の「労働党」はそのなかに入っていない。労働党は1900年の発足以降少しずつ地歩を固め、議会選挙で躍進を見せるようになっていた。

1924年、CPGBは暴力的な革命行為を扇動しているという、身に覚えのない糾弾をされた。保守的な大衆紙『デイリーメール』が、コミンテルン（国際共産主義運動組織）の指導者グリゴリー・ジノヴィエフの書簡と称する偽書を掲載したのが発端だった。

革命にそなえよ、とイギリスの共産主義者に要請する〈ジノヴィエフ書簡〉は、10月29日に実施される総選挙のわずか4日前に掲載された。『デイリーメール』紙は、少数与党の労働党が革命運動に加担していると非難した。結局、総選挙で労働党は惨敗。イギリスの中流階級や労働者階級に共産主義に対する反感が高まり、さらに1926年のゼネスト（全国規模のストライキ）が失敗に終わったことから、いっそう失望感が広がった。ストをしても労働環境の改善はなにひとつ得られなかったのである。

これは労働歌『赤旗の歌』を歌うロンドンのデモ隊の写真。CPGBの党員数は相対的に少なく（数千人程度）、選挙でも結果を残せなかったが、その運動形態や広がりは、やはり大きなものがあった。しかし1920年代の末になると、なぜか影響力は徐々に薄れ、1940年代後半から1950年代前半にかけていったん盛り返したものの、イギリスでは他国と異なり、共産主義が社会に根をおろすことは二度となかった。

モスクワの指示書はイギリスの共産主義者に指令を出している……忌まわしい階級闘争にそなえてあらゆる準備を整えなければならない。

〈ジノヴィエフ書簡〉を掲載した『デイリーメール』紙の記事
1924年10月25日

アイルランド分割

イギリス本国が労使関係で争っている頃、長くイギリスに支配されていたアイルランドでは本物の革命が進行していた。1916年に共和主義者がダブリンで蜂起し、アイルランド共和国を宣言。この「イースター蜂起」はイギリスに鎮圧されたが、第1次世界大戦終了直後、アイルランド共和国軍（IRA）はゲリラ戦術を駆使して独立戦争を開始した。イギリスは正規軍と王立アイルランド警察隊のほか、無慈悲な特殊部隊まで投入して徹底的な弾圧をはかった。独立戦争は2年後の1921年に終わった。イギリスとの合意が整い、アイルランドは、イギリスに帰属する北アイルランド（北部6州）と新たに樹立されるアイルランド自由国に分かれることになった。こうしてイギリス・アイルランド条約がむすばれた。

写真は条約成立の立役者のひとり、マイケル・コリンズである。待ち伏せによって殺害された自由国兵士たちの追悼ミサのあと、アイルランド国軍本部のポートベロー兵舎を歩いているところ。コリンズは筋金入りの共和主義者であり、また非情かつ有能な軍人だった。いったん南北に分かれるにせよ、条約はアイルランド完全独立の布石になるとコリンズは考えていた。しかし彼の同志の多くはそうではなかった。

条約賛成派と反対派の対立は深まり、1922年6月に爆発した。自由国暫定政府の首相に任命されていたコリンズは、今度はかつての仲間を相手に内戦を戦わなければならなくなった。彼が率いるアイルランド国軍は、条約賛成派のIRA軍兵士のほか、イギリス軍兵士として第1次世界大戦に従軍したアイルランド人復員兵もふくまれていた。コリンズが軍に下した最初の命令は、条約反対派が2か月前から占拠していたダブリン市内の4つの裁判所「フォー・コーツ」への砲撃だった。コリンズは1922年8月22日にアイルランド南部のコーク州で待ち伏せにあい、死亡。この写真が撮影された15日後のことである。

> いいですか、今朝わたしは自分の死刑執行令状に署名をしたんです。
>
> マイケル・コリンズ、1921年12月

ハイパーインフレーション

　大戦の敗北とヴェルサイユ条約の屈辱をなめたあと、ドイツは1920年代に再び震撼した。それは内戦ではなく経済の激震である。ヴェルサイユ条約がドイツに突きつけた巨額の賠償金は、とてもドイツが支払えるような額ではなかった。戦債を支払う手段として、ヴァイマル共和国は膨大なマルク紙幣の印刷を開始した。この写真は1922年の秋が過ぎた頃、地下に山積みされた1000マルク紙幣の束である。撮影はフランスの写真家アルベール・アルラング。

　終戦直後の1ドルは約50マルクだった。それ以降、ドイツ通貨は着実に価値を失っていった。1921年後半には、1ドル300マルク。1922年のクリスマスには、交換レートは1ドルで7000マルクを突破。制御不能なハイパーインフレーションが進行していた。1年後の1ドルの価値は、40億マルク以上だった。賠償金の支払いが滞納したために現物が差し押さえられ、ドイツ工業地帯のルール地方がフランスとベルギーに占領された。

　結局、新たな賠償支払計画が策定され、アメリカ資本の導入によるドイツ経済復興を軸にしたドーズ案が1924年に、それを改訂したヤング案が1929年に実行されたことにより、ドイツ経済は立ち直っていった。だが、異常な困窮生活はヴァイマル共和国の信頼性をそこない、ヴェルサイユ条約を絶対的なものとして押しつける連合国への敵意を生んだ。手押し車で給料が払われたり、ひとかたまりのパンを買うのに何十万マルクも払ったりする不条理な光景は、簡単に忘れられるものではなかった。それ以上に悪かったのは、ハイパーインフレを生みだした状況が、煽情的な政治運動を助長する温床になったことだった。はからずもドイツの未来は、無価値の札束のあいだで醸成されていった。

一世代のドイツを奴隷状態におとしめる政策は……嫌悪すべきであり、唾棄すべきである……たとえそれが全ヨーロッパの文化生活に腐敗の種をまくことはないにしても。

ジョン・メイナード・ケインズ
『平和の経済的帰結』(1919年)

アドルフ・ヒトラー

　ドイツが戦争賠償金の重荷にあえいでいた時期、バイエルン州の首都ミュンヘンで結成された国民社会主義ドイツ労働者党（NSDAP、ナチ党）は、国内に数多く存在する極小政治団体のひとつにすぎなかった。だがこの党は今、新たな指導者をいただいていた。

　アドルフ・ヒトラーは1889年にオーストリアで生まれ、大戦中はオーストリア軍ではなく、ドイツのバイエルン連隊の志願兵として従軍した。大勢のドイツ人と同じく、ヒトラーもヴェルサイユ条約に恨みを抱いていた。しかしヒトラーはその怨嗟の感情を、さほど脈絡のない、自分好みの反動的な主義主張——憎悪に基づく人種主義、反ユダヤ主義、反マルクス主義、熱狂的な愛国心、主要産業や報道のゆるやかな国家統制などのなかに組みこんだ。

　こうした要素をあわせればファシズムといえるのかもしれないが、ナチ党の場合、ヒトラーの邪悪な野心と大衆向けの偏見の寄せ集め以外、これといった政治理念はひとつもなかった。ヒトラーは、煽情的な身振りと話し方で大衆を熱狂させるカリスマ的な演説家だった。誰にでもすぐに理解できる単純な、大胆な言葉を用いて、聴衆の聴きたがっていることを語る稀有な才能があった。また、プロパガンダ（政治的意図のある宣伝）の重要性を熟知していた。慈悲はなく、党集会の警備やテロ活動のための准軍事部門「突撃隊（SA）」の充実をはかり、青少年団「ヒトラーユーゲント」を組織して軍事訓練と思想教育をほどこした。

　国全体が自信を喪失していたとき、ヒトラーの激高調の演説に大勢の聴衆が集まり、新興政党に喝采を送るようになった。この写真が撮影された1920年代初頭、党員数は急速に増え、バイエルン州でのナチ党の注目度は高まっていった。1923年、ヒトラーは権力奪取の第一歩を踏み出す用意を整えた。

……演説であれ文章であれ、彼のプロパガンダの基調は暴力的な反ユダヤ主義である。

ヒトラーの政治方針に関する「ニューヨークタイムズ」紙の記事、1922年12月

国民革命が今夜はじまるか、明け方までにわれわれが死ぬかだ！

アドルフ・ヒトラー、ミュンヘンのビアホール〈ビュルガーブロイケラー〉にて、1923年11月8日

NEXT PAGE ▶

ミュンヘン一揆

　ヒトラーの肥大した自信は、1923年の秋にミュンヘン市街で武力衝突を引き起こした。いわゆる「ミュンヘン一揆」あるいは「ビアホール一揆」と呼ばれるクーデターである。まずバイエルン州を手に入れ、それからベルリン政府を転覆できると思いこんだヒトラーは、保守派の州総監グスタフ・リッター・フォン・カールらと共謀し、蜂起してベルリンに進軍する計画を立てた。旧軍の戦争指導者エーリヒ・ルーデンドルフ将軍もヒトラーの支持者だった。

　しかし蜂起直前の11月初頭、カールは決意を翻し、進軍計画を中止した。不満を募らせたヒトラーは11月8日の夜、州政府側が集会を開いたビアホール〈ビュルガーブロイケラー〉に向かい、カールが演説している最中、部下のルドルフ・ヘスやヘルマン・ゲーリングらとともに会場になだれこんだ。同時に600名の突撃隊が建物周囲を取り巻いた。ヒトラーは天井に向かって銃弾を1発放つや、バイエルン州政府の廃止を宣言した。

　緊迫した一夜が明け、ナチ指導者たちがミュンヘン市内のデモ行進をはじめた頃になると、このクーデター計画がかなり杜撰であるうえ、支持者が雪だるま式に増えていかないことがあきらかになってきた。狭い街路で2000名のデモ隊は武装警官隊の銃撃を受け、ナチ党員は四散した。

　この写真を撮影したのはヒトラーの友人で、専属写真家に任命されたハインリヒ・ホフマン。しばしば11月8日の場面とされたが、実際は一揆の数週間後におこなわれた突撃隊の訓練の様子である。このときにはもう、ヒトラーは逮捕されていた。その後反逆罪で禁固刑を宣告されたが、1年あまりで釈放された。収監中ヒトラーは快適な刑務所生活を送り、ヘスに『我が闘争』の一部を口述筆記させた［現在は自分でタイプを打ったという説もある］。憎悪に満ちた思想、世界観、政策を激しく述べたその本は、ヒトラーの悪名高い回想記にしてマニフェストである。

> ムッソリーニはヨーロッパ一の山師だ。ムッソリーニが明日の朝わたしを捕まえて銃殺することに決めたとしても、わたしはやはりあの男を山師とみなすだろう。その銃殺もはったりだろうから。
>
> アーネスト・ヘミングウェイ
> 『トロントスター』紙、1923年

イタリアの「ドゥーチェ」

　瓦解したヒトラーのミュンヘン一揆は、イタリアに現れた過激な指導者ベニート・ムッソリーニの成功に触発された部分があった。ジャーナリストで一時は社会主義者だったムッソリーニは1921年にファシスト党を結成、翌22年10月に党の武装行動隊「黒シャツ隊」にローマ進軍を命じた。この示威行動は成功して政権を掌握、39歳にして首相の座に就いた。国王ヴィットーリオ・エマヌエーレ3世の承認を受けたムッソリーニは、イタリアを議会制民主主義の国から全体主義体制の国へ変え、権力を一身に集中させて「ドゥーチェ（統領）」と呼ばれるにいたる。

　ムッソリーニが唱えたファシズムの理念は、伝統を重視した社会観、人種論、過激な民族主義、歴史上イタリアが領有したことのある地域——ダルマチア（現クロアチア南部）、スロヴェニア、アルバニア、サヴォワなど——を併合して「スパツィオ・ヴィターレ（生存圏）」を拡大することなどだった。ムッソリーニは古代ローマ帝国の再現を夢見、呵責なく抑圧した。黒シャツ隊は敵を叩き潰し、ドゥーチェの意向に応えた。イタリアは警察国家に変貌した。ムッソリーニは尊大で好戦的な演説、男らしさを強調した態度、官職や省庁の独占などによって、自身の統率力を崇拝の域にまで高めた。

　ムッソリーニの対外的な野望は、権力掌握後まもなくあらわになった。1923年には、国際連盟の抗議を無視してギリシャのコルフ島（ケルキラ島）を占領。北アフリカの植民地リビアでは、先住民の土地の没収や一斉検挙が開始された。イタリアに誕生したファシズムの危険性は、最初から明白だった——だが、驕る統領に誰が立ち向かうかはあきらかではなかった。

> ベンガジもトリポリもよく似ている……どちらの場所のどの壁にもムッソリーニの顔の影が浮かんで見えるだろう……
>
> クヌート・ホルンボー
> デンマークの戦争日記作家、1931年

リビア

　第1次世界大戦前から、イタリアの北アフリカ植民地トリポリタニア（現リビア北西部の地中海沿岸地方）とキレナイカ（現リビア東部）では、その支配をめぐって散発的な戦闘が発生していた。マグレブ——エジプトからリビア、チュニジア、アルジェリアを経てモロッコにいたる地域——に、かつて古代ローマ帝国が建設した属州のような領土を再建することは、壮大さを好むムッソリーニの性向に強く訴えた。そこでイタリアは戦車や飛行機で武装した部隊のほか、写真のようなラクダ隊を整えて砂漠を渡り、入植地の拡大を急いだ。伝説的なリビアの指導者オマル・ムフタールのゲリラに見つかる前に、支配地域をできるだけ確保する必要があったのである。サヌーシー教団のイスラーム学者ムフタールは、チャドやエジプトで英仏の帝国主義と戦った経験を持つ不屈の戦士だった。

　オマル・ムフタール麾下の戦士はサヌーシー教団に忠誠を誓っており、ムフタールの戦いはやがて国民的抵抗運動に発展した。砂漠の苦闘が数年間続いたのち、イタリアと教団は1929年になんとか停戦の合意にこぎつけた。だが、それは1年もしないうちに壊れてしまった。

　1930年前半、ムッソリーニは戦略の変更を決意し、現地の指揮を冷徹な軍人ロドルフォ・グラツィアーニにゆだねた。グラツィアーニは必要とあらばいかなる手段も厭わずに用い、徹底的に抵抗軍を粉砕して、古代ローマ時代の地名にちなんだイタリア領リビア——トリポリタニア、キレナイカ、南部のフェザーンを統合した地域——を平定した。何万人もの現地リビア人が強制収容所へ送られた。69歳のオマル・ムフタールは1931年に捕縛され、処刑。「リビアの平和」はその3年後に達成された。

シリア大反乱

　第1次世界大戦でオスマン帝国が敗北したため、帝国の領土は1916年に英仏露が交わした密約「サイクス＝ピコ協定」にのっとり、勝利者である連合国によって分割された。その方法は現地住民の要望よりも、ヨーロッパの植民地化するほうに重点がおかれていた。オスマン帝国の中東の領土は、英仏の委任統治領——つまり「勢力範囲」に二分されることになった。

　フランスの勢力範囲とされたのは、大シリア——現在のシリア、レバノン、ヨルダン、パレスチナ、イスラエルをふくむ地域——の大部分である。ところが1920年に到着した占領軍を待ちかまえていたのは、メッカ総督の三男ファイサル・イブン・フセインを国王としてシリアの独立を勝ちとろうとする、反乱軍だった。

　この反乱は鎮圧されてファイサルは亡命するが、フランスへの抵抗は1920年代を通じて続き、1925年には再び大がかりな反乱が勃発した。イスラーム教ドルーズ派の指導者スルタン・パシャ・アル＝アトラシュは、シリアの全アラブ——ドルーズ派、スンナ派、シーア派、アラウィー派、キリスト教——に対して、彼の大義に賛同するよう呼びかけた。

　シリア西部の町ハマーとホムスで蜂起がはじまった。ダマスカス周辺は最も激しい戦闘が繰り広げられた場所のひとつで、何度も爆撃され、市街は写真のように煙をあげる廃墟と化した。反乱は1927年春に完全に鎮圧された。シリアがフランスからの独立を果たすのは、1945年の第2次世界大戦終了後のこととなる。

信仰は神のために、国土はみなのために

スルタン・パシャ・アル＝アトラシュの言葉(伝)

> わたしは彼を不機嫌にさせたり傷つけたりするアラブを見たことがない——ひとえに彼の気配りと記憶力の賜物だ。
>
> T・E・ロレンスが述べたファイサルの人柄、1926年

ファイサル王

　ファイサル・イブン・フセイン（写真）は1920年にフランスによってシリアを追われたが、激動の日々を過ごしてきた彼にとっては、また新たな試練が加わったに過ぎなかった。ファイサルは1883年、フセイン・イブン・アリーの三男として生まれた。父フセインは第1次世界大戦中、みずから王になることを宣言し、オスマン帝国に対するアラブの反乱を起こした。父と息子が抱いていた構想は、オスマン帝国支配下のアラブ地域に汎アラブの単一国家を成立させ、宗教の違いや、スンナ派とシーア派の対立を超えた、アラブの共通理念に基づいて国家を運営するというものだった。

　ファイサルが父の反乱に期待をかけた理由のひとつが、終戦後に汎アラブ構想を支援するというイギリスの約束だった——その希望は、ともにアラブの反乱を戦ったイギリス人将校T・E・ロレンス（すなわち「アラビアのロレンス」）の存在によって、より大きくなった。戦争が終わり、中東が事前の約束どおりではなく、サイクス＝ピコ協定に基づいてヨーロッパ列強に委任統治されることがあきらかになったとき、ファイサルは激しく失望した。それでもシリアでの反乱が失敗に帰したあと、ファイサルはイギリス政府からのイラク国王就任の要請を受け入れる。汎アラブ構想を諦めはしなかったが、1933年のスイス訪問中に48歳で早すぎる死を迎えたとき、イラクはイギリスの委任統治を脱し、独立国家として承認されていた。

NEXT PAGE

クリステロ戦争

　1910年代のメキシコ革命は1917年にいったん終了したが、平和は1920年代に破られた。1926年から29年にかけて、政府と教会派のあいだでクリステロ戦争が勃発し、信徒の農民たちが政府の正規軍と戦ったのである。その結果——アメリカの写真家ジェームズ・アッベがカメラにおさめたように——大地に累々と屍が横たわることになった。あまりにもよくある話だ。

　発端は1924年に当選したプルタルコ・エリアス・カリェス大統領が、憲法の反カトリック条項を強化したことだった。聖職者は政治に関与することを禁じられ、政府の批判は許されず、財産権はいちじるしく制限された。神学校や教会の鐘を鳴らすことも禁止。神父が人前で聖職者の服を着ることも禁止。

　伝統的な宗教生活に対するこのあからさまな攻撃に怒りをかきたてられ、中央メキシコの人々は「ビバ・クリスト・レイ（王なるキリスト万歳）！」のスローガンのもとに団結した。最初、クリステロ（キリストの兵士）たちはデモ行進や市民的不服従などの平和的な手段で抗議していたが、1927年初頭、武装した農民と政府職員のあいだで戦闘がはじまった。最終的に、アメリカ大使ドワイト・モローを中心とした外国勢力が仲介に入り、また1928年に穏健なエミリオ・ポルテス・ヒルが大統領になったことで、危機は幕を閉じた。しかし、そのときまでに約10万人の命が失われた。

> わたしは死ぬ、だが神は死なない。
> ビバ・クリスト・レイ
> 王なるキリスト万歳！
>
> クリステロのリーダー
> アナクレト・ゴンザレス・フローレス最後の言葉
> グアダラハラ、1927年

『ロイドの要心無用』

　1920年代にはサイレント映画のスターという、新たな種類のヒーローやヒロインが誕生した。アメリカのロサンゼルスで製作された白黒の長編映画に（映画産業の拠点は1910年代のニューヨークから西海岸へ移った）、グレタ・ガルボ、チャーリー・チャップリン、ルイーズ・ブルックス、バスター・キートン、ダグラス・フェアバンクス、ハロルド・ロイドなどが出演し、欧米で爆発的な人気を博した。映画館は『黄金狂時代』『ベン・ハー』『十戒』『ノートルダムのせむし男』などを見る人々であふれ、制作陣はますます創造性豊かな、大胆な作品や登場人物を世に送りだしていった。

　また1920年代は、おなじみの姿で登場する喜劇のヒーローが流行った時代でもあった。たとえばチャップリンの「小さな放浪者」。あるいはロイドの「眼鏡男」──写真は1923年に公開されたロマンティック・コメディの傑作、『ロイドの要心無用』の一場面である。ロイドは当時最も興行収入をあげるスターのひとりだった。ひとつには商才にたけていたこともある。たんに出演するだけでなく、自分の主演映画の制作も手がけたからだ。しかし彼の成功の秘訣は、役柄からにじみ出る純粋な魅力や、危険を顧みない大胆不敵なアクションにもあった。この『要心無用』で高層ビルをよじ登るという荒技をやってのけたときには、もう右手の親指と人差し指を事故でなくしていた。小道具に爆弾を用い、くすぶる導火線からタバコに火をつけるという場面を撮影中、爆弾が爆発してしまったのである。

　サイレント映画の全盛期は長く続かなかった。1927年に初の音声付き長編映画『ジャズ・シンガー』が公開されると、映画の潮流は一気にトーキーのほうへ向かい、1920年代の終わりには完全に移行した。

わたしのユーモアはけっして冷酷や冷笑にならなかった。わたしはただ人生を生き、そこに楽しみをかきたてた。

俳優ハロルド・ロイドの回想、1971年

> わたしの望みは、ずっと若いままでいて、責任なんかに縛られないで、自分の人生は自分のものだと感じること、それだけよ。
>
> "アメリカで最初のフラッパー"
> ゼルダ・フィッツジェラルド
> 1919年5月

フラッパー

　1920年代は世界中の多くの女性にとって変革の時代だったが、アメリカほど大きく変わった国はない。好調な経済、女性参政権運動の成功、戦争の遂行に女性も大きく貢献したという意識が合わさって、セックスや結婚、教育、仕事、公序良俗の定義について新しい考えを持つ女性の世代が生まれた。

　いわゆる狂騒の20年代の一角を華やかに彩ったのが、「フラッパー」と呼ばれた若い女性の群像である——彼女たちは挑発的な服装をし、タバコを吸い、酒を飲み、自分が選んだ相手と踊り、ジャズを聴き、たいてい人をバカにするような話し方をした。時代の先端を行く彼女たちの姿は、アメリカの法律にも反映された。憲法修正第19条が成立し、1920年の大統領選挙にはアメリカ全州の女性が投票できるようになったのである。

　しかし、すべてに寛容さが発揮されたわけではない。この写真はワシントンDCのポトマック河畔の浜辺で、水着の規制条項に違反していないかどうか、女性たちがチェックされているところ。州立公園管理局の多くが、水着の襟ぐりは腋の下をむすんだ線を超えないこと、裾は膝上10センチ以下にすること、という規則を定めていた。

　実態と法律の乖離は、女性の権利獲得の物語のあらゆるところに存在した。水着もそうなら、法律もまたそうだった。少なからぬ南部の州が、1920年に憲法修正第19条を批准しなかった［憲法の修正は4分の3以上の州が批准すれば成立する］。実際、ジョージア州、ルイジアナ州、ノースカロライナ州が、女性の平等に関するこの最も基本的な権利を正式に承認するのはその50年後のことであり、ミシシッピ州にいたっては、この修正条項を批准したのは1984年になってからだった。

禁酒法

　フラッパー世代を大目に見なかったように、アメリカ社会には新しい保守主義が芽ばえていた。それを象徴するのが禁酒法である。アメリカにおける酒類の製造、販売、輸送を禁じた憲法修正第18条とその細則を定めたボルステッド法は、1920年1月16日に施行された。

　禁酒運動——飲酒は暴力、貧困、堕落、怠惰などの社会悪のもとである、という道徳的見地から敬虔なプロテスタントの宗派がはじめた反対運動——は、南北戦争の前からさかんになった。やがてカンザス州、ノースダコタ州、オクラホマ州など、州憲法で酒類を違法とする州が現れた。だが大戦中に「反酒場連盟」などの団体がロビー活動を展開したことから、悪魔の飲料を禁じる十字軍運動は、地方のレベルから全国規模になっていった。

　残念ながら、禁酒法を実施しても、当初の意図とは正反対の結果しか出なかった。酒類の製造を違法にすれば、健全な目的での穀類の使用量が増すという主張も、酒税の税収が途絶えて激減した国家収入の前には無力だった。酒を飲みたいというアメリカ人の欲求は高まった——国を征服されたからではなく、法律で酒を禁じられたからである。写真の「酒類は販売していません　大酒飲みの入店はご遠慮ください」という看板を掲げたニューヨーク市内のレストランのように、「ドライ（禁酒法支持）」を表明する店がある一方、もぐりの違法酒場が無数にできた。密造や密売が横行し、暗黒街の帝王アル・カポネ率いるシカゴ・アウトフィットをはじめ、マフィア組織がしのぎを削った。

　1929年の2月には、ギャング団の抗争事件「聖バレンタインデーの虐殺」がシカゴで発生。犯罪や密造酒をめぐる殺人事件はあとを絶たず、もはや人々の怒りはありきたりのアルコール依存症にではなく、無法地帯と化した社会の状況に向けられた。1933年に禁酒法は正式に撤廃され、高邁な理想に基づいた実験はさびしく幕を閉じた。

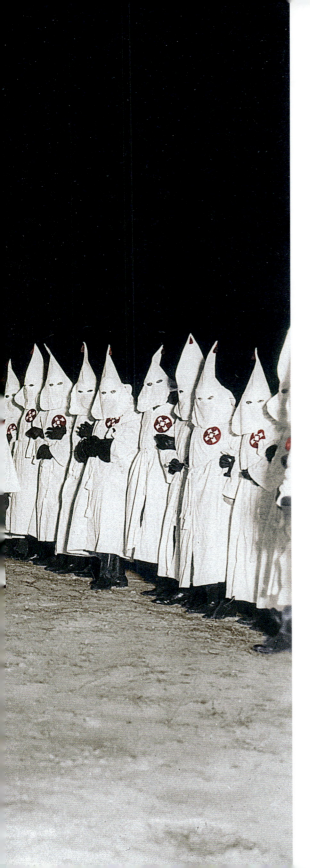

クー・クラックス・クラン

　禁酒法の最も忠実な支持者のなかに、クー・クラックス・クラン(KKK)がいた。移民排撃を掲げるこの白人至上主義団体が南部で最初に結成されたのは、南北戦争後の再建期にさかのぼる。1920年代にKKKは白人中間層のあいだで復活を遂げ、いびつなプロテスタント優越主義を唱えて進歩を敵視する姿勢をとり、脅迫に従事するほか、義務の履行を誓う儀式を執りおこなった。

　第2次KKKの誕生は、アメリカの美徳を守る第1次KKKの役割をロマンティックに描いた1915年のサイレント映画『国民の創生』がきっかけだった。これを見たアラバマ州のウィリアム・J・シモンズ――医者になりそこなった男――は、自分が最高位の指導者「帝国の魔術師(インペリアル・ウイザード)」となって組織を再創造しようと決意した。はじまりこそゆっくりだったものの、第2次KKKは1920年代に大衆の新たな支持を獲得し、最盛期の団員は約400万人を数えた。クランの目標は、道徳的腐敗と思われるものを取り締まることだった。団員は違法な飲酒、密売、乱交、犯罪行為、中絶などにねらいを定めた。

　白い衣裳をまとって会合を重ね、ときにはデモ行進を開催し、市民を威嚇しながら、クランは彼らが不道徳だとみなした人々、黒人、ユダヤ人、カトリック教徒、共産主義者、メキシコ系やアジア系アメリカ人などにテロをおこなった。彼らの攻撃範囲は、黒人をおもな襲撃対象とした第1次KKKの枠をはるかに超えて拡大した。十字架を燃やし、犠牲者を捕まえて全身にタールを塗ってから羽根をまぶして晒し者にし(タール羽根の刑)、リンチを加え、鞭で打った。

　クランの活動になくてはならないのが、不気味な儀式だった。ジャック・ベントンが撮ったこの写真のように、新規のメンバーが加わるときは、燃える十字架とアメリカ国旗を前に、深夜の入会儀式をおこなった。けっして変わらぬ儀式を経て正当な暴力をふるうという戦慄が、大勢のアメリカ人を魅了した。たとえ正式に加入しないまでも、クランの手段や方法に対する共感が広がった。

　結局、クランの暴力は裏目に出た。1930年には団員数は激減した――が、1960年代の公民権運動に刺激されて第3次の運動が起こることになる。

エベレストへの挑戦

　世界の最高峰は1856年、イギリスの王立地理学協会によって「エベレスト」という英語の名前を授けられた。現地名が不明なため、測量事業に大きな功績を残した前インド測量局長官ジョージ・エベレスト大佐に敬意を表しての命名だった（のちに叙爵されたエベレスト卿の名前は「イーベレスト」が本来の発音であり、やや狷介なところもあった卿本人は、自分の名前は山にふさわしくないと難色を示したという）。しかし標高8848メートルの山に登り、帰還して冒険の内容を伝えてくれた人はまだひとりもいなかった。1920年代前半、頂上の征服をめざして遠征隊が3回組織された。イギリス領インドからチベット経由で謎の多いヒマラヤ山脈に入り、苛酷な地形、苦しい高度、壮絶な天候を克服して地上の頂に到達するすべを見つけるためだった。

　1921年、第1次調査遠征隊はティンリー（ギャンガーとも呼ばれ、意味は「高所の野営地」）という、大昔からの要塞の町を通った。この写真はそこで撮られたもの。現地の軍政府長官とその母、妻の3人である。翌年の第2次遠征隊では、頂上へのアタックが試みられたが、雪崩によってチベット人とネパール人のシェルパ7名を失う悲劇に見舞われた。1924年の第3次遠征隊も成功にはいたらず、やはり悲しい結末を迎えた。このときの犠牲者は、イギリスの登山家アンドルー・"サンディ"・アーヴィンとジョージ・マロリーだった。マロリーは過去2回の遠征にも参加しており、エベレスト登頂には酸素ボンベの使用が不可欠と認識を改めたばかりだった。なぜ命の危険をともなうような険しい山に登るのかと問われたとき、マロリーは「そこにあるから」という有名な一言を残した。のちにマロリーの遺体は1999年、頂上付近の山肌で、ほとんどそこなわれていない状態で発見された。

> 少しでも登れる可能性があるときは、そうした可能性がすべてなくなるまで、われわれの技術を駆使して障害に立ち向かわなければならない。
>
> ジョージ・マロリー
> ティンリーの町近辺からエベレストの山容を見たときの決意、1921年6月

大西洋横断飛行

　飛行界にとってのエベレスト登頂は、大西洋横断無着陸飛行だった。1919年、イギリス人パイロットのジョン・オールコックとアーサー・ブラウンの2人が、第1次世界大戦時の複葉爆撃機の改造機で、ニューファンドランド島のセントジョンズからアイルランドのゴールウェー県までの飛行に初めて成功した。1927年には、アメリカ人郵便パイロットのチャールズ・リンドバーグが、ニューヨークからパリまでの単独飛行を成功させた。

　この飛行によって、リンドバーグは生涯にわたる国際的名声を勝ち得た。しかし、まもなくリンドバーグの人気を上まわるスターが現れた。それが写真のアメリア・エアハートである。エアハートは1928年に3人の飛行チームに加わり、女性として初めて大西洋を横断。その4年後には女性初の大西洋横断単独無着陸飛行を達成した。

　エアハートは徹頭徹尾、1920年代のアメリカ女性だった。ボーイッシュな装いがよく似合い、名声を追いかけ、結婚しても姓を変えるのを拒否し、女性パイロットのための組織〈ナインティ・ナインズ〉の会長を務めた。

　だがエアハートが最も注目を集めたのは、消息不明になったことだった。1937年、エアハートはナビゲータのフレッド・ヌーナンと特別仕様のロッキード・エレクトラ10Eに乗り、約4万7000キロメートルの赤道上世界一周飛行に挑戦した。カリフォルニア州のオークランドから東に向かい、ルートの大半を飛んだあと、1937年7月2日にニューギニアのラエを離陸、太平洋上の孤島ハウランド島をめざした。

　飛行経路の間違いが重なったらしく、2人は目的地に到着しなかった。彼らの運命は今もってはっきりしない——ロッキードが燃料切れを起こして海に墜落したのか、あるいは（可能性は低いが）どこかの陸地に不時着して飢えて命を落としたのか、捕まって殺害されたのか。その謎はさまざまな憶測を呼び、陰謀説も含めて、今なお熱心に追求されている。

> 最新流行の大冒険に万歳！
> やり遂げられればいいけど、
> とにかく価値のあることだわ。
>
> エアハートの最初の大西洋横断飛行時、
> 万一遭難したときにそなえて父親に出し
> た手紙、1928年6月1日

> 不況は既存のシステムから腐敗を一掃するでしょう……人々はもっと懸命に働き、道徳的な生活を送るようになります。社会的価値基準が調整されるでしょう。
>
> アメリカ財務長官アンドルー・メロン

ウォール街の暴落

　第1次世界大戦が終わってから10年のあいだに、世界経済は回復に向かった。内戦や社会不安のある地域も多いとはいえ、未来の繁栄に対する確信は揺るがなかった。アメリカ大統領のカルヴァン・クーリッジが1928年1月の一般教書演説を、母国では「安定と充足」が、海外の諸問題には「あきらかな友好のきざし」が認められるという見解からはじめたのは、有名な話だ。アメリカ人にとって「現状は満足すべきものであり、未来は明るいと考えてよい」と大統領は述べた。

　ところが1929年10月24日の木曜日から10月29日の火曜日にかけて、ニューヨークのウォール街の株式取引所で株価の大暴落が発生した。28日と29日だけで株価指数は約25パーセントも下落。空前の金融危機の発生である。パニックにおちいった投資家たちは売りに殺到した。一瞬のうちに長年の貯蓄は消え去り、狂乱状態の相場のなかで、何百万人もの生活が音を立てて崩れていった。証券取引所の売買立会場で乱闘が発生し、破滅した投資家たちは写真のウォルター・ソーントンのように、手元に残った資産をかき集めて路上で売った〔車には「希望価格100ドル　この車を買ってください　至急現金入用　株式市場で全財産を喪失」と書かれたボードが載っている〕。

　ウォール街の暴落は約2週間後に底を打ったが、その影響は数年間続くことになる。企業の倒産が相次ぎ、数百万人が職を失い、金融危機は悪性ウイルスのように世界中の主要国へ広がっていった。狂騒の20年代は恐怖の金切り声のうちに幕を閉じ、世界恐慌が幕を開けた。再び回復するまでに一世代の時間を要し、もうひとつの世界大戦を経験することになるだろう。

1930年代

戦争への道

われわれは……
繊細な機械の扱いに不覚をとった。
その操作方法を理解していなかったのだ。

経済学者ジョン・メイナード・ケインズ
『1930年の大不況』

「ママが撃たれてる！」フローレンス・オーウェンズの大勢いる子供のひとりが、1936年3月11日の『サンフランシスコニュース』紙に載った母親の写真を見て叫んだ。32歳のフローレンスは撃たれていたわけではない。写真の額の真ん中についたインクの染みが、ちょうど銃弾が穿った穴のように見えたのである。しかし彼女の肖像──数日前、カリフォルニア州国道101号線脇の〈ピーピッカーズ・キャンプ〉（移民または国内の出稼ぎ労働者用の臨時キャンプ）で撮影されたもの──は、その時代を象徴する1枚となった。

フローレンスという名前を誰が知っているわけでもない、無名の女性の写真にすぎなかったが、絶望をにじませて母の肩に顔を埋める2人の娘──キャサリンとノーマ──に囲まれたまま、じっと宙を見つめるその虚ろなまなざしは、1930年代のアメリカと全世界の庶民が恐れる最悪の事態そのものに思われた。

仕事はほとんどなかった。家族は極貧生活を強いられた。深刻な景気後退がすべてのアメリカ人に重くのしかかっていた。カリフォルニアの東に広がる大草原地帯では、広大な耕地が長引く旱魃によって砂漠化し、「ダストボウル」と呼ばれる凄まじい砂嵐を発生させた。未来は、もしあるとしても、暗く閉ざされているようにしか見えなかった。

この写真を撮影したのはドロシア・ラングである。彼女はフランクリン・D・ルーズベルト大統領が設置した「再定住化局」（農業安定局の前身）からアメリカの農村地帯に派遣された、40歳のカメラマンだった。1929年のウォール街暴落に端を発した経済危機によって家や仕事を失った人々の生活を向上させるために、新しい連邦政府機関が設けられたのである。

フローレンス・オーウェンズは当時の典型例といえる。フローレンスは居住地を追われたアメリカ先住民の出身だった。4人の男性とのあいだにできた10人の子供を育てるために人生の大半を費やし、野菜の収穫作業で得られるわずかな収入を求めて、転々と各地をまわっていた。ラングと遭遇した日、フローレンスの一家は、夫のハドソン・セダン車が故障したために、ピーピッカーズ・キャンプに滞在しているところだった（ラングが記載したように、車のタイヤを売った直後というわけではない）。ほかの無数のアメリカ人と同じく、一家は汚れ、飢え、疲れ果てていた。

ひょっとしたら、一家は写真が喚起させるほど絶望的な状況ではなかったのかもしれない。後年フローレンスと子供たちは、自分たちの写真に添えら

1930

2月
ベトナム共産党設立。

3月
インド人弁護士で反英独立運動の指導者モハンダス・ガンディーが、インド西部アーメダバードからダンディー海岸まで「塩の行進」を開始。

10月
ブラジルで革命が発生。ワシントン・ルイスに代わってジェトゥリオ・ヴァルガスが大統領に就任。

1931

3月
アメリカが『星条旗』を国歌に制定。

8月
中国で大規模な洪水が発生し、数百万人が死亡。

10月
ブラジルのリオデジャネイロの丘に建立された、腕を水平に広げた巨大なキリスト像〈コルコバードのキリスト像〉が完成、除幕される。

1932

3月
ソ連のウクライナほかの地域で大飢饉「ホロドモール」がはじまる。この人工的な飢饉により、数百万人が死亡。

6月
ボリビアとパラグアイ国境にあるグラン・チャコの領有をめぐり、両国間にチャコ戦争勃発。

9月
サウード家がアラビア半島の征服と統一を完了し、サウジアラビア王国を建国。

1933

1月
ドイツの大統領パウル・フォン・ヒンデンブルクがアドルフ・ヒトラーを首相に任命。

3月
フランクリン・D・ルーズベルトがアメリカ大統領に就任。世界恐慌を克服するためのニューディール政策を策定。

12月
アメリカの禁酒法が正式に廃止される。

1934

1月
イタリア植民地のトリポリタニアとキレナイカが統合されてイタリア領リビアとなる。

6〜7月
ドイツでナチ党による粛清事件「長いナイフの夜」が発生。

8月
ドイツのヒンデンブルク大統領死去。アドルフ・ヒトラーがドイツの総統となる。

10月
毛沢東率いる紅軍（中国共産党軍）が国民党軍の包囲を逃れるため、「長征」と呼ばれる大移動を開始。

れた物語に、いくつかの異議を唱えている。それでも当時の一般社会にとって、この写真（グラフレクス・カメラで大急ぎで撮影された6枚組の1枚）は、もはやアメリカンドリームが破滅の危機に瀕している現状を伝えるものだった。

　ラングの上司ロイ・エマーソン・ストライカーは、フローレンスの肖像を「この時代を映す鏡」と評した。

　ストライカーのいう時代とは、暗いニュースが山積する時代だった。危機と破局が国際政治の二大テーマとなった。アメリカを大混乱させたウォール街の暴落は、世界経済を一気に大恐慌へおとしいれ、それは19世紀末に世界中の経済と社会に打撃を与えた大不況を上まわる規模になる。しかも試練は純粋な経済面だけにとどまらず、追い打ちをかけるように、国家や国際社会関係に悪影響を及ぼしていく。西ヨーロッパではファシズムが勢力を伸ばし、ドイツ、イタリア、スペインのファシストは、政権の座に就いて1930年代を終える。最も警戒すべきはドイツの状況だ。1933年に政権を掌握したアドルフ・ヒトラーのナチ党は、新たなヨーロッパ戦争を前提に再軍備をはじめるほか、国民の最悪の衝動を刺激してユダヤ人とその他の少数民族に対する——のちに大量虐殺にいたる——抑圧政策への支持を獲得する。ソヴィエト連邦では、ヨシフ・スターリンが強行した農業集団化政策によって農村部は甚大な被害をこうむり、何百万人もが命を落とす飢饉に見舞われる。南アメリカは国家戦争や革命に翻弄される。インドでは、イギリス支配に対する平和的反抗が、しばしば暴力的な実力行使で排除される。1929年にアメリカで株の大暴落が発生しなかったとしても、やはりこうした事柄のどれか、あるいはすべてが起きたのかどうかは、議論の余地があるだろうし、また永遠にわからないことでもある。ただひとつたしかなのは、世界が1910年代の恐怖さえ凌駕する審判に向かって突き進んでいたことだ。

　ラングがかまえたグラフレックスのレンズの向こうを凝視していたとき、おそらくフローレンス・オーウェンズの心には、こうした事柄はなにひとつ去来していなかっただろう。フローレンスが直面していた懸念は、大きい子たちに食べさせること、腕に抱いている赤ん坊に乳を飲ませること、故障した車がうまくなおることだったはずだ。それでもなお、ラングがシャッターを押した瞬間から、無数の人々が心労にやつれ果てたフローレンスの顔を目にし、その後ろに自分自身の疑念、苦悩、懸念を読みとったのである。

1935

3月
ヒトラーがヴェルサイユ条約を無視してドイツの再軍備を宣言。

4月
砂嵐「ダストボウル」がアメリカの大平原地帯を襲う。

1936

5月
ムッソリーニの命令により1935年からエチオピアに侵攻していたイタリア軍が、首都アディス・アベバを陥落。

7月
スペイン内戦が勃発。共和派の人民戦線政府と反乱側の右派勢力の両方に対し、外国勢力が介入をおこなう。

8月
夏季オリンピックがベルリンで開催。アフリカ系アメリカ人の陸上選手ジェシー・オーエンスが4個の金メダルを獲得。

1937

5月
ドイツのツェッペリン型飛行船ヒンデンブルク号が爆発炎上事故を起こす。アメリカのニュージャージー州の基地に着陸しようとしたときだった。

7月
北京郊外で盧溝橋事件発生。1945年まで続く日中戦争の発端となった。

12月
南京事件発生。中華民国の首都南京を占領した日本軍がさまざまな残虐行為を働く。

1938

3月
ドイツがオーストリアを併合。

9月
「現代の平和」を確保するために、イギリス首相ネヴィル・チェンバレンがヒトラーとミュンヘン協定を締結。

11月
ドイツ全土でユダヤ人を襲撃した「水晶の夜」が起こる。ユダヤ人商店などが破壊された。

1939

3月
ドイツがミュンヘン協定を無視してチェコスロヴァキアへ侵攻。

4月
イタリアがアルバニアへ侵攻。ゾグ1世と家族は亡命。

9月
ドイツがポーランドへ侵攻。イギリスとフランスがドイツに宣戦布告。第2次世界大戦が勃発。

ニューディール政策

　世界恐慌はアメリカにとって、独立戦争や南北戦争に匹敵するほどの深刻な危機だった。過去2回の危機のときは、アメリカ史上最も敬愛される大統領が出現した。1930年代にも、偉大な大統領たちに肩をならべるような指導者が登場する。1932年の大統領選でアメリカ人に「新規まき直し（ニューディール）」を約束し、共和党の現職ハーバート・フーバーに大勝したニューヨーク州知事、フランクリン・デラノ・ルーズベルトである。

　写真は「FDR」と呼ばれたルーズベルトが、1933年3月4日の大統領就任式に臨んだときの様子である。新大統領はアメリカきっての名門の出身だった。ハーバード大学で学んだあと、コロンビア大学ロースクールを卒業。第26代大統領セオドア・ルーズベルトは遠縁の従兄にあたり、その姪エレノア・ルーズベルトと1905年に結婚。しかしルーズベルトが掲げたニューディール政策は、一般大衆を念頭においたものだった。アメリカ経済システムの改革をはかり、経済の回復を促進。また、低所得者助成金の給付、公共事業への雇用、世界恐慌によって最も打撃を受けた国民層に対する社会保障の充実をはかり、救済を実現した。

　ニューディール政策の成功と長期的影響については、今も歴史家のあいだで熱い議論がなされている。ひとつには、大統領任期中の変革志向によって、アメリカの社会と経済に新たな対立構造ができたからだ。しかしさまざまな問題点があったにしろ、一般にルーズベルトはアメリカの偉大な政治家だったと認識されている。ポリオの後遺症で両脚が不自由になった試練を乗り越え、アメリカ史上で唯一2回ではなく4回大統領に選出された。第2次世界大戦中の1945年4月、オフィスにて死去。

あきらかにニューディール政策は、実践的な社会主義を達成し、アメリカの社会崩壊を防ごうとする試みだ。

H・G・ウェルズ『新世界秩序』(1940年)

人々の魂のなかに怒りの葡萄が満ちていく、重く実っていく、収穫のときを待ちながら。

アメリカの作家ジョン・スタインベック
『怒りの葡萄』(1939年)

世界恐慌

　まるでペストのように世界中に広がった大恐慌は、貧困、欠乏、ホームレスをあとに残した。その進行速度は尋常ではなく、残していった爪痕は国民の不安や暴動をあおり、社会不安をかきたて、急進的な政治思想への傾斜を生んだ。

　中国や日本などにも影響はおよんだが、欧米に比べるとまだ軽度だった。また、社会主義体制のもとで計画経済を推進していたソ連は、世界恐慌に巻きこまれることはなかった。だが世界中の多くの国々が、金融破綻の影響をもろに受けた。国家収入は激減し、一部の地域ではGDP（国内総生産）は半減か、それ以下にまで落ちこんだ。1世紀以上にわたって貨幣の価値を調節し、為替レートに影響を及ぼしてきた金本位制から、各国が次々と離脱していった。

　こうした経済崩壊のすべてが人々の暮らしを直撃し、変容させた。この子供たちが撮影された1932年のオーストラリアでは、失業率が29パーセントに達した。深刻な事態だが、世界最悪のレベルだったわけではない。イギリス北部の工業地帯のなかには、成人10人のうち7人が仕事を失った地域があった。

　混乱のうちに大半の国民の生活水準は大幅に低下してゆき、数多くの政府が過激な解決策を求め、有権者も過激な政府を求めるようになった。なかでも、ドイツほど痛ましい経過をたどった国はない。ヴァイマル共和国時代の危機からいまだ立ち直っていない時期の大打撃は、多くの極右勢力にとって絶好の機会到来にほかならなかった。

総統(フューラー)

　1920年代の国民社会主義ドイツ労働者党(NSDAP、ナチ党)は、暴力的な路線をとる泡沫政党にすぎず、悪い冗談のようなものだった。しかし1933年の春には、党首のアドルフ・ヒトラー(写真はドルトムントでの集会で突撃隊に演説しているところ)は、ドイツの独裁者となっていた。

　ヒトラーはヴェルサイユ条約に対する国民の敵愾心をあおり、その憎悪を世界恐慌によって耐乏生活を強いられる大衆の不満にたくみにむすびつけながら、支持を獲得していった。そしてドイツに困難を強いる諸悪の根源は国内のユダヤ人と共産主義者である、と徹底的な攻撃を加えた。

　1929年から、ナチ党と共産党はどちらも地方選挙で躍進した。ふたつの勢力は国会で議席数を伸ばす一方、路上でも両党の準軍事部門が衝突を繰り返した。だが最終的に、ナチ党が選挙でも乱闘でも勝利をおさめた。ヒトラーの個人的なカリスマ性、エルンスト・レーム率いる「褐色シャツ隊」こと突撃隊の暴力的な戦略、ヨーゼフ・ゲッベルスが展開した怒濤の宣伝活動が功を奏し、ナチ党は1932年7月の国会選挙で第1党の座を占めたのである。

　老齢の大統領パウル・フォン・ヒンデンブルクは、周囲から説得されて1933年1月30日にヒトラーを首相に任命した。それから2か月もたたないうちに、ヒトラーは全権委任法(授権法ともいう)を成立させて権力を掌握。翌年の夏にヒンデンブルクが死去すると、ヒトラーは正式に国家元首に就任した。全ドイツ軍の将兵は国家にではなく、新たに君臨した総統(フューラー)に忠誠を誓うことになる。ドイツの再軍備と一般社会のナチ化がはじまった。

PREVIOUS PAGE

水晶の夜
<small>クリスタルナハト</small>

　ヒトラーはけっしてユダヤ人に対する蔑視を隠そうとはしなかった。その著書『我が闘争』は反ユダヤ主義のグロテスクな言辞で満ちている。国家の総統にのぼりつめたあと、ユダヤ人に対する嫌がらせ、迫害、そしてのちには大量虐殺が、ナチ党の中心的な目標となった。

　ヒトラーが1933年に全権力を掌中にするとすぐに、ユダヤ人は医療や法律、映画やジャーナリズムの職業に就くことを禁じられた。ユダヤ人の子供はドイツ人の学校から追放された。ユダヤ人は自分の農地を持つことを許されなかった。1935年にニュルンベルク法が制定され、ドイツ国内のユダヤ人の公民権と基本的権利が剥奪された。ユダヤ人と非ユダヤ人の結婚や、ユダヤ人がドイツ国旗を掲げることなども禁じられた。こうしたすべては、執拗な反ユダヤ主義のプロパガンダによって支持された。

　ドイツからの強制的なユダヤ人追放によって起きた事件を口実に、1938年11月9日から10日の夜にかけて、準軍事部門の突撃隊がドイツ第三帝国各地で組織的なポグロム（ユダヤ人に対する集団暴力行為）を展開した。シナゴーグ（ユダヤ教会堂）やユダヤ人商店が破壊され、焼き討ちされ、打ち壊された。前ページの写真は、ベルリン市内で襲撃されたユダヤ人商店の店頭である。

　破壊された商店は数千軒におよび、修復不可能なものもあった。この「水晶の夜（クリスタルナハト）」──砕け散ったガラスで街路が水晶のように輝いた夜──は、ナチ党の反ユダヤ政策が、臆面もなく暴力性を増したことを示していた。事件のあと宣伝相のゲッベルスは、外国メディアに対して、このポグロムはヘルシェル・グリュンシュパン──反ユダヤ主義の高まりによってドイツを追われたポーランド系ユダヤ人の10代の青年──がパリでドイツ大使館員エルンスト・フォム・ラートを殺害したことに抗議するため、「自発的」に起こった暴動であると説明した。真っ赤な偽りである。この夜を境に、ユダヤ人に対するナチ党の迫害はいっそう過激になり、苛酷さを増していく。

> ドイツの偉人たちにはみな……どこか欠陥がありました。ヒトラーの部下にしても非の打ちどころがないとはいえません。純粋な美は彼だけです。
>
> <small>レニ・リーフェンシュタール、1938年</small>

ナチ支持者

　「水晶の夜」が起きたとき、舞踏家から女優になり、その後映画監督に転身したレニ・リーフェンシュタールはアメリカを旅行中だった。新聞記者にアドルフ・ヒトラーについて問われた彼女は、「この世で最も偉大な人物」とヒトラーを絶賛した。

　才能に恵まれ、画期的な技術を駆使する映画監督リーフェンシュタールの手腕は、総統に見初められた。リーフェンシュタールは委嘱されてニュルンベルク党大会の記録映画を撮ることになり、ナチ党の全面的な支援のもと、1933年に『信念の勝利』、1934年に『意志の勝利』を完成させる（写真は『意志の勝利』を撮影中のリーフェンシュタール）。1936年には、ベルリンオリンピックの記録映画『オリンピア』を制作した。

　ドイツでナチ党を支持した知識人はリーフェンシュタールだけではない。生命の危機を感じたユダヤ人物理学者アルバート・アインシュタインやマックス・ボルンのように、第三帝国を離れた知識人が大勢いる一方、多くの芸術家や著述家など──たとえばリーフェンシュタールや哲学者のマルティン・ハイデッガー──が、公然と党とかかわりを持ち、その政策への支持を表明した。いったいこれはなんなのかと、具体的な質問を提起することはなかった──つまり、国内における反ユダヤ政策や急速な再軍備、国外へのあからさまな軍事侵攻を黙認したのである。ヒトラーは1938年から1939年にかけてオーストリアとチェコスロヴァキアを併合し、虎視眈々と残りのヨーロッパをうかがっていた。

　リーフェンシュタールがナチ党のために撮った最後の映画は、表面上は戦争ジャーナリストとして参加した、1939年のポーランド侵攻だった。彼女は第2次世界大戦を生き抜き、戦後はナチ協力者としての責任を問われることはなく（有罪判決は出なかった）、2003年に没した。

アビシニア

ベニート・ムッソリーニは、アドルフ・ヒトラーと同じく、領土拡大とナショナリストとしての栄光を夢見ていた。1935年、ムッソリーニは満を持して野望の実現に取りかかり、アビシニア——エチオピア帝国の旧称——に侵攻した。エチオピアはイタリア領ソマリランドと国境を接する帝国であり、リベリアを除けば「アフリカ分割」の時代に唯一独立を守った国だった。侵略の口実にしたのは、1934年12月に国境の町ワルワルで起きた、ささいな武力衝突である。ムッソリーニは宣戦布告もなく大軍をエチオピア国境に派遣し、1935年10月に侵攻を開始した。

エチオピアのハイレ・セラシエ皇帝は、幾度となく国際連盟へ支援を訴えた。結局、国際連盟はこの種の仲裁には不向きだということを露呈しただけだった。主要メンバーであるイギリスやフランスは——いずれもアフリカに対して潔白ではなく、関心はヒトラーの急速な再軍備に集中していた——最終的に行動よりも妥協に傾いた。国際連盟は形だけの制裁を発動したが、ムッソリーニは無視した。エチオピアは自力で国土を守るしかなかった。写真はイタリア軍との戦いにそなえた砂漠の首長である。イタリアは戦車と毒ガスを配備していた。

イタリア軍は1936年5月に首都アディス・アベバを占領した。ハイレ・セラシエ皇帝はイギリスへ亡命し、そこで5年間過ごしたあと1941年に復位した。ファシズムは、とのちに皇帝は語った。「それは無慈悲な、神なき龍である。これまでにない姿で首をもたげ、人類を抑圧する」

アビシニアの戦士は……たとえ戦車に立ち向かうときであろうと、いささかの恐れもなく戦うでしょう。

ハイレ・セラシエ皇帝のスウェーデン人軍事顧問エリック・ヴァージン将軍
1935年

スペイン内戦

　イタリアがエチオピアを武力で制圧した直後、1936年7月にスペインで戦争がはじまった。スペイン内戦は表面上、共和派・社会党・共産党・その他の左派勢力が連合した「人民戦線」政府軍（共和国派）と、フランシスコ・フランコ将軍率いる反乱軍——軍部と王党派・ファランヘ党（ファシスト政党）などの右派諸勢力の連合——の戦いだった。

　しかし実際は、両陣営とも外国勢力が後ろにつき、代理世界戦争の様相を呈した。フランコには、ヒトラーとムッソリーニが味方についた。共和国派には、フランスが水面下で、ソ連とメキシコ左派政権が公的に支援した。「国際旅団」が組織され、イギリス、カナダ、アメリカ、ポーランド、ユーゴスラヴィアをはじめ、世界各地の人々が共和国派のための義勇軍に身を投じた。

　約3年間、地方や市街地での戦いが続いた。写真は、マドリード近郊トリホスで起きた戦闘後の光景である。フランコのモロッコ蜂起後、反乱軍が1936年7月末までにスペイン南部と北西部を支配下におさめるにつれ、その処刑と報復殺人は規模を拡大していった——そして共和国派も同じことに手を染めた。外国勢力の介入が激しさを増すにしたがい、内戦はますます混沌としていった。そうした介入勢力のひとつに、ドイツ国防軍の陸空部隊「コンドル兵団」がいた。

　ヘルマン・ゲーリングの空軍は、スペイン内戦を急降下爆撃機「シュトゥーカ」などの性能を試す実験場にした。もっとも悪名高い作戦が、バスク地方の町ゲルニカに対する無差別爆撃である。その恐怖はパブロ・ピカソの名作『ゲルニカ』によって長く後世に伝えられることになる。スペイン内戦は1939年にフランコ側の勝利に終わった。スペインには破壊された国土が残った。

> なぜ義勇軍に参加したのかと問われたら、ぼくは「ファシズムと戦うために」と答えただろう。そしてなんのために戦っているのかと問われたら、「普遍の良識のために」と答えただろう。
>
> イギリスの作家／ジャーナリスト
> ジョージ・オーウェル『カタロニア讃歌』
> （1938年）

国王ゾグ

1930年代のヨーロッパで、小国の指導者として激動の時代を生きた人のひとりがアフメト・ゾグーである。バルカン半島南西部に位置するアルバニアの大統領だったゾグーは1928年に王制を宣言し、ゾグ1世として王位に就いた。

君主制に移行したとはいえ、ゾグは王国の近代化をはかった。イスラーム法を廃止し、アルバニア通貨の改革を進め、ナチ政権下のドイツや占領下のオーストリアから逃れてきたユダヤ人を受け入れた。

しかし、ゾグの比較的開明な独裁制は長く続かなかった。アルバニアの小規模な経済が世界恐慌によって大打撃をこうむると、国王はイタリアのファシスト政権に経済的にも政治的にも頼らざるを得なくなった。ムッソリーニはゾグの弱点を利用してアルバニアの属国化をもくろみ、国土にイタリアからの移民を受け入れること、経済政策を決定させること、国家機関を広範に管理させることを求めた。

ゾグがこの一方的な要請を拒絶すると、ムッソリーニは軍隊を派遣した。1939年、ゾグ1世は妻ゲラルディナ・アポニー（ハンガリー貴族の父とアメリカ人の母のあいだに生まれた女性、写真中央）と生まれたばかりの息子レカを連れ、持てるだけの金塊をたずさえて国を逃れた。一家はヨーロッパを抜けて——この写真はスウェーデンで撮影されたもの——ロンドンのリッツ・ホテルに落ち着いた。第2次世界大戦後、アルバニアは1946年から1992年まで社会主義政権が続いた。ゾグの帰還が何度か試みられたものの、イギリス諜報部に巣くったソ連の二重スパイ網「ケンブリッジ・スパイ・リング」のひとり、キム・フィルビーにはばまれ、ゾグは自分の王国の地を踏むことは二度となかった。1961年にパリ郊外で死去。毎日200本のタバコを吸っていたことを考えれば、長生きしたほうだったのかもしれない。王妃ゲラルディナは2002年に没した。

真のアルバニア人は生粋の君主制主義者です。

ゾグ1世がアメリカのアルバニア大使ヘルマン・バーンスタインに語った言葉
首都ティラナにて、1933年

コルコバードのキリスト像

　ファシストのヨーロッパが無神論に突き進んでいるとき、ブラジルでは信仰を守るために画期的なプロジェクトが進行していた。1889年に第1次共和政（旧共和政ともいう）が成立し、政教分離政策がとられたため、キリスト教の信仰心が薄れるのではないかという危惧が生じた。そこで当時の首都リオデジャネイロに、カトリック教徒の市民がつねに眺望できるような巨大な像を建設する計画が立てられた。

　それがコルコバードの丘の頂にそびえる〈クリスト・ヘデントール〉──意味は「救世主キリスト」、通称「コルコバードのキリスト像」──である。台座を含めた高さは38メートル、重さは1145トンにもなる、アール・デコ様式の巨大な像だ。設計はおもにブラジル人建築家のエイトル・ダ・シルヴァ・コスタとフランス人技術者のアルベール・カコーが、彫刻はポーランド系フランス人のポール・ランドゥスキがおこなった。ランドゥスキのパリ工房で作られた粘土型に基づき、本物は鉄筋コンクリートで製作された。表面の硬さをやわらげるため、近くのオウロ・プレトから運んだ石鹸石を細かく砕いたもので仕上げがほどこされた。

　写真は完成間近のキリスト像。正式な除幕式は1931年10月12日におこなわれた。しかしこの丘に立ったキリスト像は、騒然とした国土を眺めることになった。1930年、軍事クーデターによって共和政権が倒され、ジェトゥリオ・ヴァルガスが臨時大統領に就任。最初はブラジル経済の近代化を目的とした改革を断行したが、1937年に新憲法を制定して議会を解散、独裁体制をしいた。ヴァルガスが実施した「エスタード・ノーヴォ（新国家）」──全体主義的独裁体制は1945年まで続く。

> 聖なる救い主の像は、地上を覆い尽くす闇から最初に浮かびあがってくる姿となるでしょう……
>
> エイトル・ダ・シルヴァ・コスタ
> 1922年頃

> 自国の防衛を意味しない侵略戦争は、集団犯罪である……
>
> チャコ戦争の調停にあたったアルゼンチンの政治家カルロス・サアベドラ・ラマス、1936年

チャコ戦争

　南アメリカのほかの場所では、ボリビアとパラグアイが、チャコ・ボレアル（グラン・チャコともいう）をめぐって衝突した。このパラグアイ川西方のひじょうに暑い、広大な低地帯は、石油の鉱脈が発見されたことに加え、ボリビアにとってはパラグアイ川経由で大西洋に出られる重要な地域だった。どちらも内陸国のボリビアとパラグアイは、19世紀に南米大陸で起きた戦争で領土を失っていたために、チャコ地方の──何十年にもわたって争ってきた──帰属はますます国家の利益に直結する問題となり、とうとう1932年に爆発してしまった。

　写真の飛行機はドイツ製のユンカースJu-52である。おもに軍用輸送機として用いられた（だがスペイン内戦時のゲルニカ爆撃には同機が多数参加した）。チャコ戦争ではボリビアに4機提供され、おもに前線への物資輸送と、写真のように負傷兵の搬出にあたった。チャコ戦争は戦車や重火器とならんで、南米大陸で初めて軍用機が使われた戦争だった。

　戦争は1935年の6月に終わり、チャコ・ボレアルの大半は、開戦当時は軍備も兵力も劣っていたにもかかわらず、パラグアイ領となった。病気や、ヘビだらけの沼地や密林での戦闘による死亡者数はひじょうに多く──両軍あわせて約10万人におよび、数千人以上の人々が永久に故郷を追われた。

毛沢東と朱徳

1930年代がはじまったとき、中国は長い内戦のただなかにいた。さまざまな勢力が紛争に関係したが、この時期の内戦のイデオロギー上、軍事上の中心は、蔣介石主席の南京国民政府軍と、毛沢東率いる中国共産党軍のふたつに分かれた。共産党の中心的指導者の毛沢東は、その長い人生の前半は革命のための戦いに捧げ、1949年に共産主義国家の中華人民共和国を建国。国家主席、党中央委員会主席に就任して新国家建設の指導にあたったが、政策の失敗により大量の餓死者を出したほか、粛清をともなう文化大革命を発動した。

写真は1930年代の毛沢東（左）である。右隣の朱徳は1920年代にドイツとソ連で学び、帰国後は革命運動に身を投じて、すぐれた軍才を発揮した。中国共産党の中国工農紅軍──通称は紅軍──の組織や指揮にたずさわった。

毛沢東と朱徳は、「朱毛」と並び称されるほど固い絆を築き、軍事面でも政治面でも密接に連携した。2人の関係は疎遠になることもあったが、1920年代後半に出会ったとき以来、約半世紀にわたって行動をともにし、1976年に相前後してこの世を去った。

この間、中国でも膨大な人命が失われた。一説では4000万〜7000万人ともいわれる。内戦時の死者も多かったが、それ以上に第2次世界大戦後に毛沢東が主導した改革あるいは抑圧政策が大きな原因となった。

往時はこの地で激闘をなし
弾丸が前村の壁をつらぬく

毛沢東の詩詞・菩薩蛮「大柏地」（1933年）

> 昨晩1000人もの女性や少女がレイプされたという……夫や兄弟が止めようとすれば、彼らは撃たれる。
>
> ジョン・ラーベ、南京、1937年

NEXT PAGE

満洲

中国東北部の満洲は、日本海に面した広大な地域だった。石炭などの鉱物資源に富み、農地にも活用できる。日本はこの一帯に強い興味を示し、その帰属をめぐって中国やロシアと争ってきた。

1931年9月、関東軍（もともとは1905年に日本が租借した遼東半島南端部──関東州──と南満洲鉄道の守備を任務とした軍隊）が鉄道を爆破し、それを中国軍の行為だと断じる事件が起きた。いわゆる「満洲事変」のはじまりである。関東軍は爆破事件を口実に軍事行動を開始、満洲のほぼ全域を占領した。

翌年、日本は1912年の辛亥革命で追われた清朝最後の皇帝溥儀を傀儡に据え、満洲国を設立。その建国を無効だとする国際連盟の裁定を不服とし、日本は国際連盟を脱退するにいたった。

その後の5年間は、比較的小規模な戦闘が日中両軍のあいだで起きる程度だったが、1937年から本格的な戦争に突入した。日本は大軍を満洲に送りこみ、そこから北京などの都市を攻略、上海などにも続々と部隊を展開させた。無数の兵士が日本から中国の戦場へ送られた。写真は、戦争の新たな局面に対応するために東京から出征する兵士たちである。

苛烈な戦闘が繰り広げられるなかで、悪名高い「南京虐殺事件」が起きた。1937年12月、日本軍が南京国民政府の首都南京に総攻撃をかけた際、30万の市民が虐殺された［被害者数に関しては諸説がある］。強姦や輪姦、拷問のほか、人肉食もおこなわれたという。悲惨な戦闘で幕を開けた日中戦争は、1945年まで続くことになる。

> さて、わたしはアラビアの王すべてと会ってきたが、この人ほど大きな人物はいない……
>
> レバノン系アメリカ人作家
> アミーン・リーハーニー、1920年代

サウード家

　中東では、1930年代に新しい王国が生まれた。長年、アラビア半島にはさまざまな部族、王族、首長が割拠して覇権を争ってきた。しかし1932年、サウード家がアラビアの大半を平定し、ナジュド（半島中央部の高原地帯で、首都リヤドがある）とヒジャーズ（西部の湾岸地域で、メッカとメディナの二大聖地がある）を統合した。

　新王国サウジアラビアが正式に発足したのは1932年9月23日である。初代国王は、偉丈夫で率直な性格のアブドゥラアズィーズ・イブン・サウード。6年後、アメリカの科学調査団が王国北東部のダンマームの砂漠に世界最大の油田を発見したことから、国家の運命は激変した。サウジアラビアとイブン・サウードは、一躍世界情勢の重要な担い手となった。イスラーム教最大の聖地の管理者というだけでなく、ますます産業化していく世界のなかで、その天然資源を必要とする各国の指導者たちに手厚く接遇されるようになったのだ。

　写真は、イブン・サウード（中央）が大家族のさまざまなメンバーと一緒にいるところである。大勢の妻たちとのあいだに、国王は約100人の子供をもうけたという。息子は少なくとも45人いるといわれ、1953年にイブン・サウードが死去してから今日まで、そのうちの6人が歴代の国王として王国を治めている。

塩の行進

「サティヤーグラハ」とは、インド人弁護士で公民権運動の指導者モハンダス・ガンディーが、インドにおけるイギリス支配抵抗運動に与えた指針だった――それ以前も南アフリカで、この理念のもとにインド人労働者の権利獲得運動を展開した。サンスクリット語の文字どおりの意味は「真理の主張」だが、運動形態の内容から、大規模な市民的不服従、非暴力抵抗を示す言葉として使われた。1930年、ガンディーはごくシンプルな製品に運動の焦点をあわせた。塩である。

イギリス支配下のインドでは、塩は政府の専売品であり、高い税金をかけた値段で一般大衆に売られていた。塩に関する法律を破れば、暴力を用いることなくイギリスに経済的打撃を与えられるだろう、とガンディーは考えた。3月12日、ガンディーはインド北西部アーメダバードの修道所を出発し、約380キロ離れた西部のダンディー海岸をめざして歩きはじめた。そこで違法な塩を作る計画だった。

ガンディーが海岸の塩原に到着した1か月後には、数万の人々があとにしたがっていた。ガンディーは逮捕され、数週間投獄されたが、その抵抗の象徴性はあきらかだった。塩をめぐる「戦い」や、その他の不服従運動が、またたくまにインド全土に広がった。イギリスの対応――暴力的な制圧――は、帝国支配の不当性を国外に印象づけるだけだった。ガンディーの支持者は、彼を「マハトマ」、すなわち「偉大な魂」と呼んだ。写真は、塩の行進中のガンディー。右隣の女性は、詩人で活動家のサロウジニ・ナーイドゥである。彼女は長きにわたるガンディーの支持者であり、インド独立運動に大きな足跡を残した。

> わたしたちは、すべてを捧げて非暴力の闘争をつらぬくと心に誓ったのです。
>
> モハンダス・ガンディー、〈塩の行進〉の前夜に支持者におこなった演説、1930年

> これでわれわれは、富農(クラーク)に対する徹底的な攻撃を継続し、階級としての彼らを清算することができる。
>
> ヨシフ・スターリン、1929年12月29日

NEXT PAGE

農業集団化

ソ連では、共産主義政府のイデオロギー上かつ経済上の中心的課題のひとつが、農業の変革だった。スターリンの野心的な産業化計画を維持するためには、自作農は不要とみなされた。また、個人の生活向上を追求する彼らは、個人よりも国家を優先するソ連の第一原則に違反してもいた。

1930年代に、ソ連全土の農場は強制的に集団化された。農民はまとめられ、コルホーズ(集団的経営)かソフホーズ(国営農場)という巨大な共同体に組み入れられた。政府はこれらの共同体に対して収穫量をきびしく設定し、徹底的に調達した。1929年のソ連の農業集団化は5パーセントに満たなかったが、10年後には95パーセント以上になっていた。

集団化に対する農民の抵抗が広まった。というのも、集団化は1861年に廃止された帝政期の農奴制の再来に思えたからだ――強制的に働かされたうえ、手元に残すのは御法度、労働の果実は政府が取りあげるのだから、そう考えるのも当然である。農民たちはストライキをおこない、穀物を隠して貯蔵し、政府の利益にならないよう家畜を殺しさえした。

それに対するスターリン政権の対応は弾圧と飢餓だった。写真は、ウクライナの古都キエフ近郊のコルホーズである。ここは肥沃な小麦地帯で、かつてはソ連の穀倉地帯と呼ばれた。1932年と33年にかけて、集団化はウクライナを飢饉地帯に変えた。政府の宣伝活動家はクラーク(富農)のことを、裏切りをもくろむ階級、ブルジョワ主義の農民と非難した。配給は減らされ、ときには完全に停止された。労働キャンプへの強制移住がはじまった。現在「ホロドモール」として知られる凄まじい飢饉により、400万人がウクライナで死亡した。

ヒンデンブルク号の悲劇

　ドイツの飛行船LZ129ヒンデンブルク号は乗客36名とその約2倍の乗務員を乗せ、3日間かけて大西洋を横断飛行し、1937年5月6日、アメリカ・ニュージャージー州のレイクハースト海軍飛行場に数時間遅れで着陸するところだった。何十名ものレポーターやカメラマンが集まり、機体の尾翼にナチ党の鉤十字(かぎ)が描かれているとはいえ、近代技術の粋がなめらかに着陸する瞬間をとらえようと待ちかまえていた。

　ところが彼らが目にしたのは、ヒンデンブルク号が爆発して炎に包まれる恐怖の瞬間だった。機体は不気味に後方へ傾き、地面に激突した。乗船していた人々は炎と煙から逃れるため、高所から空中に身を躍らせた。巨大な豪華飛行船が破壊されるのに1分もかからなかった。乗客13名と乗務員22名が死亡した。

　飛行船時代に起きた大惨事は、これが最初というわけではない。4年前にはアメリカ海軍飛行船のアクロン号が大西洋上で激しい雷雨に遭い、墜落していた。しかしヒンデンブルク号の爆発炎上は、アメリカ全土のメディアの目の前で起きた初めての事故だった。大量の水素やヘリウムガスを詰めた袋で浮揚する硬式飛行船の名声は、一瞬のうちに燃え尽きた。

　この事故と旅客機の登場があいまって、商業用飛行船の時代はすぐに幕を閉じた。しかしアメリカは、軍用飛行船の製造を続けた。次に訪れるだろう暴虐の10年間には、あらゆる種類の飛行船が必要となることが、あきらかになりつつあった。

みなさん、おそろしい爆発です。
煙が、今、炎があがっています。
炎が地上に落下しています……
なんということでしょう！

ハーバート・モリソンによる
WBCラジオ放送の実況中継
1937年5月6日

「われらの時代の平和」

　1938年9月30日、ミドルセックスのヘストン飛行場で飛行機から降り立ったイギリス首相ネヴィル・チェンバレンに、群衆は喝采を送った。チェンバレンはアドルフ・ヒトラーを交えた、ミュンヘンでの英・仏・独・伊の4か国首脳会談からもどってきたところだった。ドイツの総統はオーストリア併合を強行し、ヴェルサイユ条約を破ってラインラントに進駐し、今度はチェコスロヴァキアに侵攻すると脅しをかけて、ヨーロッパを揺さぶった。ヒトラーの野望を押さえつけたらヨーロッパに戦争が起こるかもしれないと考えたチェンバレンは、ヒトラーの要求を入れてなだめることを選んだ。こうしてドイツ民族が多数住むチェコスロヴァキア国境地帯、ズデーテン地方のドイツ割譲を認めるミュンヘン協定がむすばれた。
　「このチェコスロヴァキア問題に関する合意は……わたしの見解では、全ヨーロッパに平和をもたらすという、より大きな合意の第一歩にすぎません」と、チェンバレンはヘストンの群衆に語りかけた。そして、彼とヒトラーのあいだで交わした、イギリスとドイツの相互不戦を約する協定内容を記した紙をかざした。その後、ダウニング街の首相官邸にもどったチェンバレンは、「われらの時代の平和」は達成されたと述べた。
　チェンバレンは完璧に間違っていた。ヒトラーはイギリスとの即時開戦を望んでいなかっただけであり、ヨーロッパの平和を願う気持ちなどまったく持ちあわせていなかった。6か月後の1939年3月15日、ドイツ軍はチェコスロヴァキアの残りの国土に軍を進めた。そして5月にイタリアと軍事同盟をむすび、8月にはソ連と不可侵条約を締結した。そして9月にポーランドへ侵攻。チェンバレンの宥和政策は失敗した。ヒトラーの意図に疑いの余地はなかった。
　第2の世界大戦がはじまろうとしていた。

> わたしは世界戦争があるかどうかなどは気にしない……これを延々と長引かせるくらいなら、世界戦争の危機にそなえる。
>
> アドルフ・ヒトラー、1938年9月

1940年代

破壊と救済

イギリス帝国とその連邦が
1000年続いたならば、
「これこそ彼らのもっとも輝かしい時であった」
と人々の語り草となるだろう。

ウィンストン・チャーチル、議会演説
1940年6月18日

「**敵**が全勢力をかたむけてわれわれに襲いかかってくるのは、もはや時間の問題だ」
1940年6月18日、新たに首相の座に就いたウィンストン・チャーチルはロンドンの庶民院（下院）でこう述べ、ヨーロッパのきびしい軍事情勢を分析した。フランスはアドルフ・ヒトラーの軍隊に蹂躙され、打ち砕かれ、一掃された。チャーチルによれば、次なる餌食はイギリスだった。もしヒトラーがこれ以上勢力を伸ばすならば、西洋の文明世界は「ねじ曲がった科学が生んだ、より邪悪な、おそらくより長く続く、新たな暗黒時代の深淵に沈むことになるだろう」

いつものように、チャーチルは比類ない弁舌の才を駆使してメッセージを伝えた。彼の表現は大仰で荘重だったとはいえ、やはりそれは真実だった。ヨーロッパは燃えていた。炎は急速に広がっていた。第2の世界戦争は、初回よりもずっと壮絶なものとなるだろう。

第2次世界大戦には多くの原因があった。1914～18年の第1次世界大戦後の不平等な平和に対してドイツ国民が抱き続けた敵愾心。世界恐慌の壊滅的な打撃。それによってヨーロッパに生じたファシスト政党の台頭。その最たるものがドイツのナチ党、すなわちアドルフ・ヒトラーの妄想の結晶だった。

ヒトラーを阻止しようとするヨーロッパの戦争は北アフリカや中東に広がり、やがて日本の野望を阻止しようとする太平洋の戦争まで複雑にからみあう。日本の攻撃機によるハワイ真珠湾への奇襲を受け、アメリカは1941年に連合国の一員として戦争に参加する。イギリス、アメリカ、ソ連の攻勢によってヨーロッパの戦争は1945年5月に終わり、アジアの戦争はアメリカが広島と長崎へ原子爆弾を投下するという終幕を迎える。

最終的に、第2次世界大戦で5000万人以上が死亡した。この紛争は今日まで続く、世界の政治と文化の方向性を形作った。戦闘の終結は、別の恐るべき紛争の幕開けとなった。代理戦争が続き、共産主義のソ連と自由主義の西洋——なかでも、その代表たるアメリカのあいだで核軍拡競争が繰り広げられていく。いわゆる冷戦である。

チャーチルが1940年6月に庶民院で演説した3週間後に、第2次世界大戦を画する戦闘のひとつ——現在「イギリスの戦い（バトル・オブ・ブリテン、英本土航空決戦ともいう）」と呼ばれるもの——がはじ

1940

5月
ドイツ軍がマジノ線を突破してフランスに侵攻。6月半ばにパリ陥落。

5月
フランスとベルギー国境付近の港湾都市ダンケルクから英仏軍の退却開始。ドイツ軍に包囲された英仏軍33万8000人が船で脱出した。

7月
イギリスの戦いがはじまる。イギリス空軍が制空権をめぐってドイツ空軍と戦う。

1941

6月
ドイツがかつての仲間ソ連に侵攻（バルバロッサ作戦）。

12月
日本軍がハワイのアメリカ海軍基地真珠湾を奇襲攻撃。アメリカの第2次世界大戦参戦を決定づける。

1942

6月
太平洋上でミッドウェー海戦。日本海軍がアメリカに大敗を喫する。

8月
ガダルカナル作戦開始。連合軍はソロモン諸島から日本軍を駆逐しようとする。

10～11月
エジプトで第2次エル・アラメインの戦いがはじまる。イギリス軍がエルヴィン・ロンメル将軍指揮の独伊軍に勝利する。

1943

1月
スターリングラードのドイツ軍が苛酷な冬の攻防戦を経て、ソ連軍に降伏。

4月
ワルシャワ市内の強制居住区（ゲットー）に隔離されていたユダヤ人が、ワルシャワ・ゲットー蜂起を開始。

7月
ソ連南西部のクルスクで、ドイツ軍とソ連軍が史上最大の戦車戦をおこなう。

1944

6月
Dデイ（6月6日）に連合軍がノルマンディー上陸作戦開始。陸海空軍が連携してフランスのノルマンディー海岸に大軍を上陸させる。

10月
フィリピンのレイテ沖海戦で日本海軍が神風特別攻撃隊を編制し、敵艦に飛行機を体当たりさせる戦法を開始。

まった。これは制空権をめぐる史上初めての戦いとなった。第1次世界大戦以降、航空技術は急速な進歩を遂げた。ドイツはイギリスへの上陸作戦（名称「アシカ作戦」）の決行に先立ち、イギリスの本土防衛力を無力化するため、ヘルマン・ゲーリング率いるドイツ空軍が3か月半にわたって空からの攻撃を加える。

イギリス空軍の使命は生き延びること。夏の終わりには、その目的は達成される。本土防衛の主役として活躍したのは、単座戦闘機のホーカーハリケーンとスピットファイアである。

写真は1940年7月31日のチャーチル。この頃、イギリスの戦いはたけなわだった。イングランド北東部ダーラム州の港湾都市ハートルプール近くの守備隊を視察しているとき、チャーチルはトンプソン式短機関銃（トミーガン）を手渡された。こうして、好戦的で、お洒落で、葉巻をくわえた英首相の不朽のイメージのひとつができあがった。その姿は帝国のブルドッグか、禁酒法時代のシカゴのギャングか、といった風情だ。撮影者はＷ・Ｇ・ホートン大尉。『タイムズ』紙の職業写真家だったホートンは、イギリス軍に所属して戦時中のチャーチルの写真を撮影するよう、正式に委嘱されていた。

戦争中に国民に姿を見せ、かつ語りかけることの重要性を、チャーチルはよく理解していた。議会での感動的な演説は録音されてラジオ放送され、陸軍省は一般市民とともにいるチャーチルの姿をホートンが確実に撮影できるよう、どんどんフィルムを渡した。人々はたびたび苦しい試練にさらされた。とくに戦闘が1940年の夏から「ブリッツ（ドイツ語で電撃、稲妻の意）」と呼ばれる時期に入ると、空爆は夜間に集中しておこなわれるようになり、ドイツ軍はロンドンやイギリス各地の港湾都市、工業地帯に徹底した戦略爆撃をおこなった。

第2次世界大戦勃発前、チャーチル（ボーア戦争に従軍）は時代遅れの人物とみなされることが多かった。19世紀の帝国主義のなごりをとどめる習慣や態度は、まったく新時代にそぐわなかったし、挑戦的でさえあった。しかしファシズムに対する戦いでは——歴史上これほど「善悪」の対決に近い戦争はなかった——チャーチルは自分の居場所を得て、時代を守った。少なくともその点において、チャーチルは現代史の偉人と呼ばれるにふさわしい。

1945

1月
ナチ党の親衛隊（SS）隊長ヒムラーが強制収容所からの撤退を命令。強制収容所ではユダヤ人のほか、思想上の敵を大量殺害していた。

4月
ムッソリーニがイタリアのパルチザンによって処刑される。ヒトラーが自殺。5月はじめ、欧州戦線が終結し、連合国軍が勝利を宣言。

8月
アメリカが日本に原子爆弾を連続投下。広島と長崎の市街を壊滅させ、降伏を迫る。

1946

3月
ウィンストン・チャーチルが「鉄のカーテン」演説をおこない、ヨーロッパを東西に分断する冷戦構造に言及。

10月
ニュルンベルク裁判が終結し、多数のナチ高官に絞首刑もしくは禁固刑が宣告される。

12月
第1次インドシナ戦争勃発。旧植民地を回復しようとするフランスと、社会主義国家ベトナム民主共和国の成立をめざすホー・チ・ミン大統領率いるベトナム勢が戦った。

1947

3月
アメリカ大統領ハリー・S・トルーマンが外交方針「トルーマン・ドクトリン」を発表し、共産勢力に脅かされる民主主義国家に対するアメリカの支援を表明する。

8月
インド独立に際し、パキスタンが分離独立を果たしたことにより、大規模な武力衝突が発生する。

1948

4月
ヨーロッパ復興のためにアメリカが数十億ドル規模の融資や支援をおこなう「マーシャル・プラン」が発動。

5月
ダヴィド・ベン＝グリオンがユダヤ人国家イスラエルの設立を宣言。近隣の新アラブ諸国との戦争に発展する。

6月
ソ連が西ベルリンを封鎖。陸の孤島となった西ベルリンに、アメリカ軍が食料や燃料、生活用品を空輸する作戦が開始される。

1949

7月
異なる人種間の婚姻を禁じる法律が南アフリカで成立。人種差別政策アパルトヘイトが本格的にはじまる。

8月
ソ連が初の原爆実験をおこなう。

10月
中国共産党指導者の毛沢東が中華人民共和国の設立を宣言。

> ドイツ人民諸君！
> 諸君らの兵士はほんの6週間で……戦争を終わらせる……彼らの功績は史上最も栄誉ある勝利として歴史に刻まれるだろう。
>
> ドイツのプロパガンダ・ポスター
> 1940年6月

電撃戦（ブリッツクリーク）

　ヒトラーのポーランド侵攻を受けて、イギリスとフランスは1939年9月にドイツへ宣戦布告した。その後の6か月間は両陣営とも自国の軍備強化に専念したため、陸上ではほとんど戦闘がおこなわれず、「いかさま戦争」と呼ばれる状況になった。ヒトラーは自分の敵を軽蔑していた──「やつらは蛆虫だ」と述べた──が、この時点では英仏連合軍全体のほうがドイツ軍よりも優勢なことはわかっていたのである。

　さらに、フランスの防衛体制は堅固だった。フランスはアルプス山麓からアルデンヌの森（フランス・ベルギー・ルクセンブルクにわたる山林地帯）まで、ドイツとの国境沿いに「マジノ線」と呼ばれる防衛線を築き、要塞をコンクリートで固め、無数の砲台を配備していた。

　しかし1940年春、ドイツ軍は攻撃を開始し、マジノ線を突破した。まずノルウェーを攻め落としたあと、ヒトラーは5月10日から27日にかけて、ヨーロッパ北西部の森を抜ける作戦でフランスを急襲した。ドイツ軍は機動力を発揮できるように戦車を中心にすえ、機械化装甲した歩兵部隊を編制、急降下爆撃機シュトゥーカの援護を受けながら、「電撃戦（ブリッツクリーク）」を展開した。フランスの要塞戦術を出し抜いたドイツ軍は、ベルギー、オランダ、ルクセンブルクを征服し、英仏軍を大西洋岸へ追いつめていった。6月10日には、イタリアのファシスト政権の指導者ベニート・ムッソリーニがフランスに宣戦布告。その4日後、パリは陥落した。

　写真は1940年、マジノ線に襲いかかるドイツ軍である。兵士はピストルと火炎放射器で武装している。第1次世界大戦の苛酷な塹壕戦は再現されなかったが、やはり同じように悲惨な結果をまねいた。徹底武装の電撃戦は、獰猛な威力を発揮した。

> われわれはこの救出に勝利の衣をまとわせ
> ないよう、じゅうぶん注意しなければなら
> ない。
>
> ウィンストン・チャーチル、1940年6月4日

PREVIOUS PAGE

ダンケルク

1940年の春、ドイツ軍は、フランス軍とともにフランス・ベルギー国境を守るために送り出されたイギリス派遣軍を全滅寸前にまで追いつめた。数十万の軍勢は海岸をめざして退却し、5月の終わりにはダンケルク周辺の浜辺に包囲されてしまった。イギリス軍、フランス軍、ベルギー軍をあわせて40万人以上の将兵を救出してイギリスへ運ぶため、緊急の撤退作戦が決行された。

これはダイナモ作戦と名づけられ、ドーヴァー城からバートラム・ラムゼー中将が総指揮をとった。イギリス空軍に支援されながら、約900隻の船やボート――駆逐艦から民間の救命艇まで――が海峡を渡り、ダンケルクが持ちこたえているあいだに、できるかぎりの将兵を運んだ。

浜辺の状況は最悪だった。包囲された兵士たちは1週間ものあいだ浜辺にならび、その上からドイツ空軍が機銃掃射を浴びせる。ラムゼーは、救えるのはせいぜい4万5000人だろうと考えていた。しかし5月26日から6月4日のあいだに、33万8000人が救出された。

1940年6月3日の朝にタブロイド紙『デイリー・スケッチ』が一面に掲載したこの写真の中央奥に、代表的な救出艦が見える。識別番号D94が描かれているイギリス海軍駆逐艦ホワイトホールだ。ドイツ軍の銃撃によって損傷しながらも、ホワイトホールは4回海峡を渡って3000人近くを脱出させた。その後の大戦中はドイツ軍の潜水艦に対処するため、北海での哨戒や護衛にあたった。

ブリッツ

イギリス空軍は1940年夏の「イギリスの戦い」――英本土航空決戦――を耐え抜き、チャーチルはナチ党との講和を断固拒否した。イギリス本土への上陸に慎重を期したヒトラーは、制空権を得るために「ブリッツ(電撃や稲妻の意)」と呼ばれる空爆を加えた。目標はロンドンの市街地や産業施設、イギリス南部から西部の港湾施設、また北部のハルやリヴァプール、グラスゴーなどの諸都市である。

1940年の秋から冬にかけて57日間連続の夜間空襲がおこなわれたロンドンには、1万8000トンの爆弾が投下された。灰燼に帰した旧市街シティや労働者街イーストエンドの廃墟から逃れて、大勢の子供たちが郊外へ避難した。ブリッツ中に撮影されたこの演出写真は、空爆作戦による子供の窮状をよく示している。庭に簡易シェルター(「アンダーソン・シェルター」という鋼鉄製シェルター)を設置したり、地下室を改造したり、あるいはロンドンの地下鉄を防空壕に転用したりしても、多数の犠牲者が出た。4万人以上の市民が死亡し、100万戸以上の家屋が焼夷弾や爆薬で破壊された。

空襲を告げる甲高いサイレンや、ドイツの爆撃機に向かって高射砲がタタタタと放つ射撃音が毎晩の儀式となり、それは1941年の5月まで続いた。やがてヒトラーはイギリスを海から攻めるのをあきらめ、かつ興味を失い、別の場所に――新たに、はるかに苛酷な戦場となる東ヨーロッパに注意を向けた。

> 爆撃されてよかったです。これでイーストエンドに顔向けできますから。
>
> ロンドン大空襲中にバッキンガム宮殿が空爆されたときのエリザベス王妃(ジョージ6世の妻)の言葉

> ユダヤ人の町ワルシャワ——
> フェンスに囲まれ、
> 壁に囲まれた町……
> ぼくの目の前で雪のように
> 融けてゆく。
>
> ワルシャワ・ゲットー蜂起に参加した
> 教師／詩人のイツハク・カツェネルソン

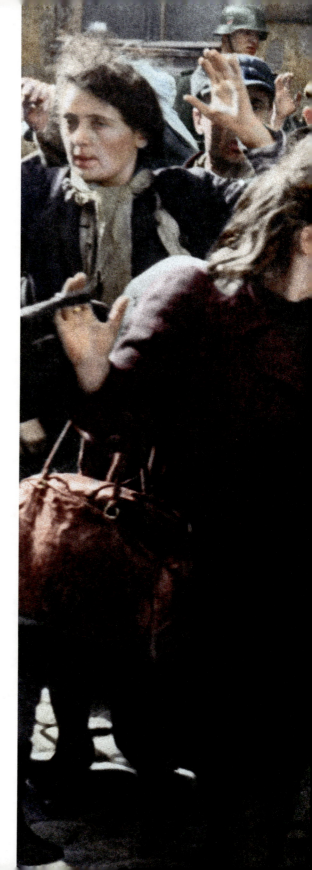

ワルシャワ・ゲットー

　ドイツ軍が1939年の秋にポーランドに侵攻したあと、首都ワルシャワはナチ党の支配下におかれた。それはワルシャワの人口の一角を占めるユダヤ人に悪夢を強いた。

　ユダヤ人は目印として白い腕章をつけることを強制され、ユダヤ系の銀行は閉鎖された。その後、ポーランドのナチ党総督は郊外や地方からもユダヤ人を集め、市内のゲットー（強制居住区）に送りこんだ。ゲットーの周囲には3メートルの壁が築かれ、3.4平方キロの面積しかない狭い区域に40万人以上が閉じこめられた。内部の生活状況は劣悪だった。食料配給は徹底的に切り詰められて1日150キロカロリーほどしかなく、チフスが蔓延した。やがて1942年、ドイツ当局はユダヤ人を列車に乗せて東部のトレブリンカに大量移送しはじめた。絶滅収容所に送られたユダヤ人はまとめて銃殺か、ガス室で殺害された。

　この写真は1943年のワルシャワ・ゲットー蜂起の最中に撮られた。4月19日、ピストルと手製の手榴弾で武装したユダヤ人戦闘員が、住民をトレブリンカへ送るためゲットー内に入ってきたドイツ部隊に襲いかかった。蜂起は4週間近く続き、ゲットーは火と爆薬で破壊され、残っていた住民は撃ち殺されるか、強制移送された。写真の少年の身元はわかっていない。ライフルをかまえた兵士はヨーゼフ・ブレシェだと判明している。ナチ党の準軍事組織親衛隊（SS）のメンバーで、ワルシャワで数百人のユダヤ人を処刑した責任者である。

　写真は悪名高いシュトロープ報告書に添付されていた。ワルシャワ蜂起の顚末を報告したSS将軍ユルゲン・シュトロープは1952年、戦争犯罪によって絞首刑に処された。

北アフリカ戦線

　ヒトラーの軍隊がヨーロッパを席巻しているあいだ、北アフリカの砂漠でも戦いがはじまっていた。1940年後半、ムッソリーニのイタリア軍はイタリア領リビアの国境を越えて、イギリスが保護国化しているエジプトに侵入した——イタリア軍はすぐに撃退されてしまったが、支援のために派遣されたドイツ・アフリカ軍団はおおいに戦意を燃やし、最終的に主役の座を奪った。軍団を率いたのは「砂漠の狐」の異名をとるエルヴィン・ロンメル将軍である。

　北アフリカの戦いは1940年9月から1943年の初夏まで続き、東はエジプトやリビア、西はモロッコまで戦線が広がった。イギリス帝国やフランスの各植民地からも大軍が組織され、イギリス軍の指揮下で苛酷な作戦に参加した。写真の3人は自由フランス軍外国部隊に所属して、1942年初夏にビル・ハケイム（リビアのオアシス）でおこなわれた戦いに加わった兵士である。それぞれセネガル、マダガスカル、仏領赤道アフリカの出身だった。

　1942年10～11月の第2次エル・アラメインの戦いでバーナード・モントゴメリー将軍が劇的な、連合軍の士気を高める勝利をおさめたことにより、砂漠におけるロンメルの勝利神話に終止符が打たれた。戦闘はそこからもう6か月続き、1943年5月、枢軸軍はチュニジアで大惨敗を喫してついに降伏する。連合軍は北アフリカを拠点にイタリア本土へ向かうことになるが、このときにはもう日本が真珠湾に奇襲攻撃をかけており、アメリカを参戦に踏み切らせていた。ヒトラーはすでにソ連に侵攻している。北アフリカに渦巻いた騒乱は、真に世界中の兵士が参加した戦闘となった。

> 首相からの命令は、北アフリカの枢軸軍を粉砕することだ……それは実現するであろう！
>
> バーナード・モントゴメリー中将
> 1942年

> われわれがヨーロッパにおける新しい領土について語る場合、第一に考えられるのはただロシアのみである。
>
> アドルフ・ヒトラー『我が闘争』(1925年)

東部戦線

　ソ連の第2次世界大戦は、ヒトラーと同じくらい貪欲な領土獲得からはじまった。1939年から41年のあいだに、ヨシフ・スターリンはポーランド東部、ラトヴィア、リトアニア、エストニア、ルーマニアに侵攻した。1939〜40年の冬戦争ではフィンランドに侵攻した。写真は1940年頃に撮影された、ソ連兵の訓練の様子である。

　ソ連の東方への初期の進撃は、ヒトラーと相互不可侵条約をむすんだことで終わった。しかし1941年6月22日、総統は自分が交わした約束を破り、バルバロッサ作戦を発動させた。ドイツ軍は三方向からソ連に襲いかかった。パンツァー（戦車）師団が猛スピードで進軍し、北はレニングラードへ、中央はキエフとミンスクへ、南はオデッサへ迫った。

　ソ連は3か月で約500万人の兵を失った。しかし、ソ連の膨大な人口で対処できるものがひとつあるとしたら、それは人的損失だった。さらに、スターリンがすべての将軍にくだした死にものぐるいで戦えという命令にしたがうか、あるいは裏切り者として処刑されるかという状況も加わって、バルバロッサ作戦中のソ連軍は国境から数百キロ以上も後退したものの、モスクワは持ちこたえた。

　やがてロシアの苛酷な冬がはじまり、ドイツの「電撃戦（ブリッツクリーク）」の速度は鈍りはじめた。ヒトラーが思い描いた華々しい勝利は手に入らなかった。それどころか、かつてのナポレオン・ボナパルトがそうだったように、東方への飽くなき野望はヒトラーを泥沼の戦いに引きずりこみ、ついには凋落の第一歩となるのである。

スターリングラード

　1942年の夏、ヒトラーはソ連への攻撃を再開した。コーカサス地方の油田をおさえる一環として、ドイツ第6軍は南東に向かい、ヴォルガ川沿いの工業都市スターリングラード（現ヴォルゴグラード）の奪取をめざした。当初はドイツ優位に進んだことを受け、スターリンは、最も有能な将軍であるゲオルギー・ジューコフ最高司令官と参謀総長アレクサンドル・ヴァシレフスキー将軍に、都市の奪還を命じた。

　11月19日、ソ連は「天王星作戦」を発動させた。スターリングラード周辺のドイツ軍の注意をひきつけ、約25万のドイツ軍を包囲しながら殲滅する作戦である。さらに、ほかの地域との連絡を遮断するために、モスクワ近郊でも「火星作戦」を展開した。1942〜43年の冬のあいだ、ソ連軍は敵をスターリングラードに閉じこめた。ドイツ兵は凍え、飢え、伝染病のために数千人が死亡した。ナチ党本部は包囲された将兵を空軍による物資空輸で持ちこたえさせようとしたが、その試みはうまくいかなかった。

　1943年1月10日、ソ連軍は本格的な攻勢を開始した。砲撃を加えたあと、スターリングラード周辺の氷原から正面攻撃をかけ、廃墟と化した市内の街路から街路へと兵士が突入していった。写真はPPSh-41短機関銃で戦う赤軍兵士たち。「コリツォー（輪の意）」作戦に従事しているところである。やがてドイツ軍は追いつめられ、降伏にいたった。

　ヒトラーの逆鱗に触れたが、第6軍の指揮官フリードリヒ・パウルスは1月31日に投降した。それまでに80万人のドイツ兵が死傷しており、約9万人が捕虜となった。ソ連はもっと多くの将兵を失ったがスターリングラードを死守し、戦争の帰趨を決定づける屈辱的な敗北をドイツに与えた。

この勝利は、われらの祖国が史上類を見ない試練のひとつに耐え抜いたことを示している。

スターリングラード攻防戦後にアレクサンドル・ヴァシレフスキー将軍が語った言葉

切歯憤激の敵は、今に決然たる
反撃に可転……
てんずべく

連合艦隊司令長官山本五十六、1942年

PREVIOUS PAGE

真珠湾
パール・ハーバー

「真珠湾に空襲。これは演習ではない」簡潔にして強烈な電文が、ハワイ真珠湾のアメリカ太平洋艦隊に警告を発した。写真は、この衝撃的な奇襲攻撃を受けたときの様子である。1941年12月7日の真珠湾上空には、日本海軍機動部隊の飛行機350機以上が唸りをあげて飛び、波状攻撃をかけた。

奇襲が終了した午前10時すぎには、12隻以上のアメリカ艦船と347機の飛行機が破壊もしくは損傷されており、基地では2403人が死亡、1178人が負傷した。日本はこれと並行して太平洋上の各地で軍事作戦を展開し、アメリカの拠点としてはフィリピンとグアム、イギリスの拠点としてはマレー半島と香港を攻撃、またタイ王国に侵攻した。アメリカのフランクリン・ルーズベルト大統領は議会演説で、真珠湾奇襲攻撃を「屈辱の日」と呼んだ。たしかに、この日は歴史の転換点となった。公式には2年以上中立の立場を守ってきたアメリカは(資金と物資の両面で連合国を支援していたが)、12月8日に日本に対して宣戦布告をおこない、それを受けてドイツが11日にアメリカに宣戦布告した。

アメリカは戦時体制に入り、巨大な産業経済力のすべてを連合軍の勝利のために振り向けることになった。真珠湾攻撃はアメリカの軍事力に大打撃を与えるにはいたらなかった。ただ、危険な手ごわい敵の目を覚ましただけだった。

ガダルカナル

1942年前半、日本軍は破竹の勢いで太平洋上を進撃していった。シンガポール、ニューギニア、ソロモン諸島、ビルマを攻略し、はるか離れたオーストラリアのダーウィンにまで空襲を加えた。しかし1942年6月4〜7日におこなわれたミッドウェー海戦での大敗北を機に、日本は劣勢に立たされはじめる。日本軍の戦線は伸びきっており、敵の連合軍——アメリカ、イギリス、ソ連、中国——は再編制されていた。

8月に反攻が開始され、アメリカ海兵隊が陣頭指揮をとる連合軍がソロモン諸島のガダルカナル島に侵攻した。作戦の主眼は、日本軍の戦略的航空基地(のちのヘンダーソン飛行場)の建設を阻むことだった。8月6〜7日の深夜に決行したガダルカナル島と近隣のフロリダ諸島への上陸は、日本軍の不意をついた。しかし、すぐに勝利を得られたわけではない。陸海空でのゲリラ戦が展開され、その大半は鬱蒼とした密林でおこなわれた。戦いは1943年2月に日本軍が撤退するまで続くことになる。

これは、アメリカ軍の歩兵(1942年12月に海兵隊から引き継いだ)が川で水浴びをしているところ。アメリカの写真週刊誌『ライフ』誌(発刊1936年)がガダルカナルに派遣した撮影隊が撮った写真だ。そのチームのなかに、25歳のラルフ・モースがいた。湿気の多い密林の気候から撮影フィルムと記録ノートを守るため、戦地に飛び立つ前にアメリカ軍基地で買ったコンドームに入れて乾燥を保ったという。

密林は植物が30メートルもの
高さに生い茂り、頑丈な壁と
なっている……

ガダルカナル作戦(1942〜43年)を
伝える『ライフ』誌の記事

神風

　ガダルカナル作戦は、太平洋での日本軍と連合軍の勢力図を変える転換点となった。その後、1943年11月にカイロで会談が開かれ、アメリカ大統領フランクリン・ルーズベルト、イギリス首相ウィンストン・チャーチル、中華民国総統蒋介石が集まり、「日本が無条件降伏するまで徹底的に戦い抜く」ことを共同で宣言した。

　1944年10月、フィリピンのレイテ沖海戦で(しばしば史上最大ともいわれるこの海戦は連合国軍の圧勝に終わった)、日本軍は新たな戦術を採用した。「神風」特別攻撃である。この詩的な名前の攻撃は自爆戦術だった。爆装した飛行機に乗ったパイロットは、そのまま敵艦に突入して体当たりする。もとより生還はあり得ないが、たんなる砲撃よりも、決死の覚悟の人間による特攻のほうが敵艦により大きな損害を与え、より命中率が高いと考えられたのだ。この戦術が採用されてから終戦までの短いあいだに、約4000人の特攻隊員が戦死した。

　写真の特攻機の垂直尾翼には、きびしい覚悟の言葉が書かれている。「必沈」、そして「やまもと」。これはただの忠誠心のあらわれではなく、先に散った仲間の仇討ちの意味もこめられていた。連合艦隊司令長官山本五十六も、やはり戦死した。1943年4月18日、ニューギニアの東にあるブーゲンビル島上空で、山本が搭乗していた飛行機がアメリカ軍機によって撃墜されたのである。

[写真のパイロットは日本陸軍特別攻撃隊「と号部隊」のひとつ、誠第31飛行隊武揚隊長の山本薫中尉。1945年5月13日沖縄南東の中城(なかぐすく)湾海面にて特攻戦死]

南海に敵艦求めて直しぐら

特別攻撃隊員藤田文六少尉が出撃前夜に記した俳句

流れは変わった！　世界の自由の兵士たちは手をたずさえ、勝利に向かって進軍している！

連合国軍最高司令官ドワイト・D・アイゼンハワー（アメリカ陸軍将軍）、1944年6月6日

NEXT PAGE

Dデイ

　1943年後半には、戦況は連合国軍に圧倒的に有利な状況となった。11月末から12月にかけて、1941年に制圧したイランの首都テヘランで再び会談が開かれ、連合国首脳はフランスで戦闘を再開する機が熟したという認識で一致した。

　1944年6月6日早朝、兵員輸送船団と艦船の大群がノルマンディー地方南部の浜辺へ接近した。浜辺はあらかじめ5つの区画に分けられており、それぞれユタ、オマハ、ゴールド、ジュノー、ソードという暗号名がつけられていた。空軍による爆撃に支援されながら、13万2000人の連合国軍兵士が上陸用舟艇から続々と降り立ち、進撃するために浜辺で死闘を繰り広げた。もちろんドイツ軍も激しく迎え撃ったが、上陸地点がノルウェーもしくはパ・ド・カレー（ドーヴァー海峡に面したカレー港）であるかのように見せかける欺瞞作戦を徹底したおかげで、ヒトラーは誤った地点に兵力を集中させていた。

　写真はアメリカ海軍が撮影。Dデイ当日、ユタ・ビーチへ向かうアメリカの第4歩兵師団と、第327グライダー歩兵連隊、第101空挺師団の一部が写っている。グライダー歩兵とは、エンジンを搭載しない、軽量の使い捨てグライダーで敵の後方へ降下する兵士である。しかしDデイに向けた上陸部隊の増強中に曳航機が不足したため、彼ら空の戦士も海から上陸することになったのである。

　6月6日のDデイに従軍した将兵のうち、10パーセント近くが作戦遂行中に死傷したが、連合国軍の戦略的目標──浜辺を確保して橋頭堡(きょうとうほ)を築き、北西ヨーロッパ奪還の準備を整えること──は達成された。

解放

　1945年の春、ドイツ北東部に設置されたブーヘンヴァルト強制収容所の囚人たちは、ひそかに組み立てた短波ラジオでモールス信号のメッセージを送った。「パットン将軍の部隊へ。こちらはブーヘンヴァルト強制収容所。SOS。救助を要請します。彼らはわたしたちを退去させたがっています。SSはわたしたちを破滅させたいのです」

　1937年以降、ブーヘンヴァルト強制収容所には、ナチ党の殺人的な思想に基づき、「死に値する」と選別された約25万人の囚人が送りこまれた。ユダヤ人、ソ連兵捕虜、同性愛者、エホバの証人、スラヴ人、ポーランド人、身体障害者、精神病患者などである。この収容所では、5万人以上が絞首刑、銃殺、飢え、強制労働、残忍な人体実験などで命を落とした。1945年にナチ党国家が崩壊しかけると、親衛隊（SS）は囚人をドイツ国内に移送するため、強制的な「死の行進」に追いやった。その目的は、ひとつには自分たちの悪行の痕跡を消し去るため、ひとつには奴隷労働力を確保するためだった。

　この写真は、1945年4月11日にブーヘンヴァルトを解放したアメリカ軍兵士たちが目にした惨状をほとんど写していない。数千人もの囚人が、骸骨のように痩せ細り、栄養失調におちいり、病気になったまま、狭い寝台に詰めこまれていた（写真のひとりがエリ・ヴィーゼルである）。死体が丸太のように積み上げられていた。衝撃を受けて激怒した解放軍兵士たちは、近郊の町ヴァイマルの住民を強制収容所へ連れてきた。多くのドイツ人が、目の前に突きつけられた光景と悪臭、邪悪さに圧倒され、気を失った。

　最終的に、およそ1500万〜2000万人——そのうちの600万人がユダヤ人——がナチ党の人種政策の犠牲になった。これがホロコースト、ヘブライ語ではショアーと呼ばれる大虐殺（ジェノサイド）である。

鏡の奥から、死体がわたしをじっと見つめていた。

エリ・ヴィーゼル『夜』
（ホロコーストの回想記、英訳版1956年）

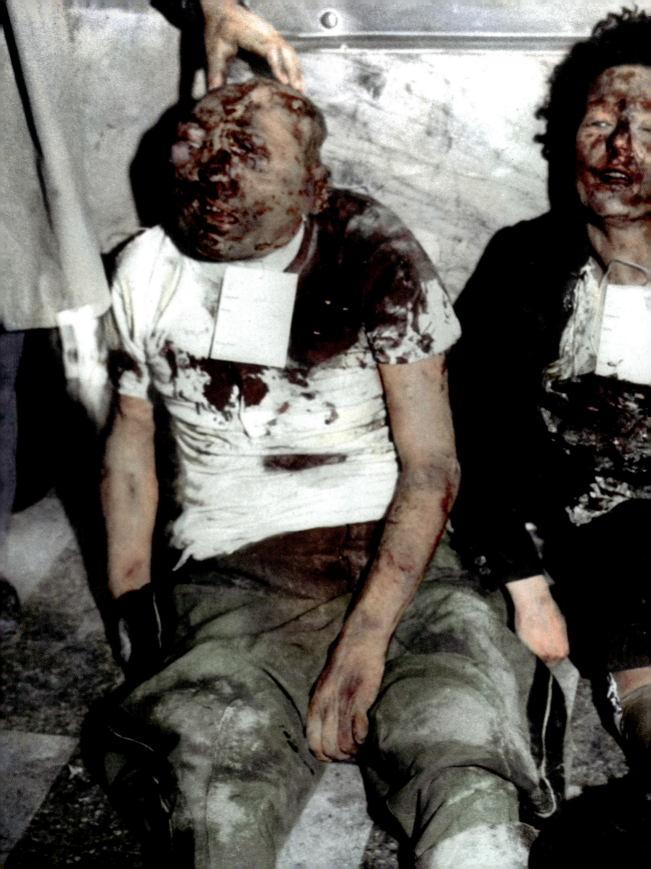

ファシストのイタリアを戦争に引きこんだ脳味噌が、ミラノ中心部のきたない広場の汚泥の上に流れている。

『ニューヨーク・デイリーニューズ』紙
1945年4月30日

ムッソリーニの死

　北アフリカで勝利をおさめたのち、連合国軍は1943年夏にシチリア島へ上陸、そこからイタリア半島をローマへ向かって攻めのぼっていき、1944年6月、Dデイの2日前に首都を解放した。「ドゥーチェ（統領）」と称して1922年以来権力を握ってきたイタリア・ファシスト党の独裁者ベニート・ムッソリーニは、シチリア陥落後政権の座を追われ、監禁されていた。

　1943年後半、ナチ党の降下部隊が、アペニン山脈のスキー場に幽閉されていたムッソリーニの救出に成功する。しかし、ムッソリーニがイタリア全土の権力者に返り咲く目はもうなかった。現政権はすでに方針を転換して、連合国側について戦っていたのである。ムッソリーニはヒトラーにいわれるままに、北イタリアにイタリア社会共和国を樹立して、傀儡政権の元首におさまった。

　しかし1945年に戦況がナチ党にいちじるしく不利になるにつれ、ドイツにはもうムッソリーニを支える力は残っていなかった。その年の4月末、ムッソリーニ一行はミラノの拠点を脱出。そのあとを反ファシストのパルチザンが追った。彼らには、極右の指導者たちに長年の罪を償わせる指令が出されていた。4月27日にスイス国境近くのコモ湖畔の路上で、ムッソリーニは愛人クラレッタ・ペタッチとともにパルチザンに捕まった。翌日の午後、2人は略式裁判により銃殺された。ミラノに運ばれた遺体は、群衆によって文字どおり殴る蹴るの暴行を加えられたあと、広場のガソリンスタンドで逆さ吊りにされた。

ポツダム

　ムッソリーニの死から2日後、アドルフ・ヒトラーは妻エヴァ・ブラウンとベルリンで自殺した。5月2日、ベルリンにソ連の赤軍が入城。5月7日と8日（ヨーロッパ戦勝記念日「EVデイ」は8日）、ヒトラーの後任となった海軍司令長官カール・デーニッツの命を受けて、それぞれアルフレート・ヨードル将軍とドイツ国防軍最高司令部長官ヴィルヘルム・カイテルが無条件降伏の文書に署名した。

　1945年7月17日、ベルリン近郊ポツダムのツェツィリエンホーフ宮殿にて、連合国首脳の会議がおこなわれた。これは戦時中に開かれた3回目の「ビッグ・スリー」──ソ連、アメリカ、イギリスの首脳──による会談だった。会談当初に集まったのは、写真左から、ウィンストン・チャーチル（イギリスの政権交代により、後半は労働党の新首相クレメント・アトリーが出席）、アメリカ新大統領のハリー・S・トルーマン（ルーズベルトは1945年4月に死去）、ヨシフ・スターリンである。

　ポツダム会談では、ヨーロッパの再建、ナチ党ドイツの廃絶と領土問題、存命のナチ高官の裁判、日本との戦争の終結方法などが話しあわれた。これを受けてイギリス、アメリカ、中国の三国政府首脳は日本に対して降伏勧告を宣言し、受け入れなければ「日本の国土は完全に荒廃する」と警告した。この点に関して、トルーマンはさりげなく、アメリカには太平洋戦争を終結させるために破壊的な威力のある新兵器を使う用意があると告げた。大統領はくわしく語らなかったが、その新兵器の威力は会談期間中に最終確認され、8月2日に使用が決定された。

われわれは空前絶後の破壊力を持つ爆弾を発見した。

ポツダム会談中に書かれたトルーマン大統領の私的メモ

> ぼくたちは今日広島を見た——あるいはその名残というか。あまりの衝撃に……ぼくたちの大半が嗚咽をもらしそうになった。
>
> 『ライフ』誌の編集者に宛てた
> バーナード・ホフマンのメモ
> 1945年9月

PREVIOUS PAGE

広島

　戦争中アメリカの科学者たちは、ニューメキシコの研究施設で秘密裡に「マンハッタン計画」というプロジェクトに取り組み、2種類の原子爆弾を開発した。トルーマン大統領はこの新兵器を敵に使用することに賛同した。日本が戦争末期の降伏勧告を受け入れなかったことから、その機会が訪れた。

　1945年の春、日本は東京を含め、数多くの都市が連合国軍の空襲によって破壊されていた。8月6日、広島市の上空で、超空の要塞と呼ばれるB29爆撃機エノラ・ゲイ号が異次元の破壊力を有する爆弾を投下した。総重量約4トンのウラン爆弾——コードネーム「リトルボーイ」——によって、市内の約12平方キロメートルが全壊し、爆発からその年の終わりまで約14万人が死亡した。写真は『ライフ』誌のバーナード・ホフマンが1945年9月に撮影。ほとんどなにも残っていないのがわかる。

　それでも日本は降伏しなかった。トルーマンは2回目の攻撃を命じた。8月9日、別のB29爆撃機ボックスカー号がプルトニウム爆弾「ファットマン」を長崎市に投下し、もう7万人が死亡した。さらなる原子爆弾投下の可能性に加え、ソ連が日本に宣戦布告して軍事行動を起こしていたことから、昭和天皇はついに降伏を決断した。8月15日、昭和天皇裕仁は生涯で初めてラジオで国民に語りかけた。「而モ尚交戦ヲ継続セムカ」と天皇は述べ、「終ニ我カ民族ノ滅亡ヲ招来スルノミナラス延テ人類ノ文明ヲモ破却スヘシ」〔戦争終結の詔書は宮内庁ホームページより引用。ルビは訳者〕

対日戦勝記念日（VJデイ）

　1945年8月14日の早朝、写真家のアルフレッド・アイゼンスタットは、マンハッタンの路上で喜びに沸き返る群衆のなかを歩いていた。地球の反対側から（日付変更線を越えて）日本が降伏したという知らせがニューヨークに届いたとたん、町は喜びを爆発させた。タイムズスクエアに来たとき、アイゼンスタットは、ひとりの水兵が「そばにいる女の子を手当たりしだいに引き寄せながら」元気よく走っていくのを見た。大急ぎで先回りすると、水兵は白衣の看護師に腕をまわしたところだった。アイゼンスタットは肩からカメラを降ろし、4回シャッターを切った。

　1週間後、4枚のうちの最高傑作が『ライフ』誌に掲載された。「ニューヨークのタイムズスクエアで、財布とスカートをしっかり握りしめる白衣の女の子の唇に、遠慮のないキスを浴びせる有頂天の水兵」とキャプションにある。写真はまたたくまにアメリカ史をいろどる象徴的な1枚となった——けれども、2人の名前はいまだ確定にはいたっていない。

　アイゼンスタットの写真は、対日戦勝記念日「VJデイ」の雰囲気をみごとに映しだしている。『デイリーメール』紙の記者ドン・イドンは、喜びがこだまする市内の様子を次のようにロンドンに打電した。「港では船が汽笛を鳴らし、通りには踊る人々があふれていた……タイムズスクエアはすごいお祭り騒ぎで、これほど大勢の、はめをはずした、騒々しい群衆でごった返したことはない……なかには浮かれてピストルを宙に撃ったり、爆竹を鳴らしたり、悲鳴をあげる女の子にキスをしたりして、みんなを驚かす兵士たちもいた」

> これは、われわれが真珠湾以来待ちわびていた日だ。これは、われわれがつねに確信していたように、ついにファシズムが滅んだ日だ。
>
> 日本の降伏を受けてトルーマン大統領が語った言葉

世界が眠っている深夜零時の時が鳴ったら、インドは目覚め、自由になる。

ジャワハルラール・ネルー
インド独立前夜、1947年8月14日

インドの分割

　イギリスは第2次世界大戦に勝利したが、極東の領地に多大な被害をこうむり、また植民地に枢軸軍との戦いの支援を要請したこともあいまって、もはや帝国を維持することも負担することもしきれなくなり、解体の時が来た。

　最初は独立運動が数十年前から続いているインドだった。イギリスは1942年に自治政府を承認する約束をしていた。戦争が終わった以上、引き延ばしはあり得ない。問題は深い宗教対立が存在する国土で、どのように秩序だった移行を果たすか、だった。最大の焦点はヒンドゥー教、イスラーム教、シク教の共同体の動向である。

　イギリスのインド総督ルイス・マウントバッテン、インド国民会議のジャワハルラール・ネルー、インド・ムスリム連盟のムハンマド・アリー・ジンナーが合意した解決策は、国土の分割だった。こうして1947年8月14〜15日、インド北西部の広大な地域と北東部の小さめの地域がパキスタン自治領（のちにパキスタン・イスラム共和国）として、残りはインド連邦として分離独立することになった。

　この解決策はよい意図から生まれたものだったが悲劇的な結果に終わり、大規模な混乱と流血の惨事をまねいた。計画は入念な準備もなく実行に移され、1500万人（写真のシク教徒の一家を含む）が強制的に移動させられた。いずれの地域の少数派も、いわゆる「ラドクリフ・ライン」（インドとパキスタンを分ける分割線）の両側で突如として行き場を失い、レイプ、殺人、「民族浄化」、暴動、町や都市の大規模破壊から逃げまどった。内戦を避けようとしたにもかかわらず、分離はあっというまに流血と恐怖の混沌を生みだしてしまった。

ベルリン大空輸作戦

　戦争の終結はドイツにも分割をもたらした。東西両陣営に打倒されたドイツ第三帝国は、4つの地区に分けられ、それぞれソ連、アメリカ、イギリス、やや遅れてフランスに管理されることになった。
　ドイツの首都ベルリンはソ連による占領地区の奥にあり、イギリス占領地区の境界線から160キロも離れていた。ところが、首都自体も戦勝国によって分割占領されていたのである。連合国軍が管理する西ベルリンは、しだいに陸の孤島の様相を呈してきた。
　1948年になると、自由主義陣営の西洋諸国とソ連の緊張が高まり、世界を二分する新たな政治対立──すなわち冷戦構造が形をとりはじめた。ベルリンから連合国の勢力を追い出し、ドイツにおけるソ連の支配権をできるかぎり確実にするため、スターリンは西ベルリンの道路、鉄道、空路をほぼ完全に封鎖するよう命じた。
　これに対して、連合国は空輸で西ベルリンを支援することにした(写真は、テンペルホーフ空港に着陸するアメリカのC-47輸送機を見つめるベルリン市民)。短期的な解決策には違いないものの、1948年6月26日から翌年の9月までこの空輸作戦は続いた。アメリカ、カナダ、イギリス、フランス、南アフリカ、オーストラリア、ニュージーランド空軍の飛行機が、数十万トンの生活必需品や物資を孤立した市民のもとへ運んだ。最終的に、ソ連は譲歩して封鎖を解いた。しかし、ベルリンの運命は平らかになったわけではない。冷戦ははじまったばかりだった。

バルト海のステッテンからアドリア海のトリエステまで、ヨーロッパ大陸に鉄のカーテンが降ろされた。

ミズーリ州フルトンでの
ウィンストン・チャーチルの演説
1946年3月5日

ユダヤ人とアラブ人のあいだの衝突と憎悪は、日々高まっている。

パレスチナからの
ロバート・ケネディの報告
『ボストンポスト』紙、1948年6月5日

パレスチナ戦争（第1次中東戦争）

　イギリス委任統治領のパレスチナも、第2次世界大戦後に分断された国家となった。1947年、国際連合（国際連盟の後継）はパレスチナを三分割する案を承認した。それは国土をユダヤ人国家とアラブ人国家に分ける一方、エルサレムとベツレヘム周辺地域を国際管理下におくというものだった。

　この分割は、ほかの多くの場合と同様に、悲劇と暴力の原因となった。シオニストの指導者ダヴィド・ベン＝グリオンが1948年5月にイスラエル建国の宣言をすると、エジプト、ヨルダン、シリア、レバノン、イラクのアラブ諸国軍のほか、サウジアラビアとイエメンの小規模部隊がパレスチナに侵攻した。写真は、イギリスに訓練（かつ指揮）されたヨルダン軍から参戦したアラブ諸国軍兵士である。

　開戦当初、アラブ諸国軍の軍備のほうが優勢だったが、イスラエルはひそかにチェコスロヴァキアから武器と物資を調達し、急速に軍容を整え、その勢力範囲を拡大していった。1949年に休戦協定がむすばれたときには、イスラエルはふたつの民族で分割するはずだった国土のほぼ全域を支配していた。ヨルダン川の西側の広い地域と東エルサレム（ヨルダン川西岸地区）のほか、ガザ周辺の狭い海岸地域（ガザ地区）だけが、エジプトとヨルダンが掌握していた。数十万人のアラブ系パレスチナ人が故郷を追われ、難民となった。

　イスラエルの場合、栄えある「独立戦争」は勝利に終わった。以後アラブ人は、この敗北とそれに続く離散を「ナクバ（アラビア語で大惨事の意）」と呼び続けることになる。

1950年代

変化の時代

足でタップするやつ、
指を鳴らすやつ、
身体を前後に揺らすやつ、
ぼくはそれを全部少しずつ取り入れただけさ。

エルヴィス・プレスリー、インタビューで、1956年

王族支配の時代はとうの昔に終わり、世界は新しい種類の王に飢えていた。そして、アメリカのロックンロールのスター、エルヴィス・プレスリーを得た。1935年にミシシッピ州テューペロで生まれたエルヴィスは、その比較的短いキャリアのあいだにエンターテイナーとして、彼の後にも先にもほとんどならぶ者がないほどの世界的な成功をおさめた。

　エルヴィスの家は貧しく、母はひじょうに信心深い女性で、ひとりっ子の彼はさびしい幼少時代を送った。慰めと喜びは、人種差別の強いアメリカ南部の豊かでソウルフルな音楽——ゴスペル、ブルース、ジャズ、ソウル、カントリー——だった。1948年、労働者の父親はちょっとした悪事を犯し、家族を連れてテネシー州のメンフィスへ移った。ここが生涯を通じてエルヴィスの故郷となった。少年はピアノとギターの弾き方を覚え、歌のコンテストに出場し、歌手となる夢をはぐくんだ。

　1953年、18歳のエルヴィスは、メンフィスを拠点とする音楽プロデューサー、サム・フィリップスのもとで試聴盤の録音をはじめた。翌年の夏にフィリップスのレーベル、サン・レコードはエルヴィスのシングル盤2曲を地元のラジオ局から放送し、年末にはアメリカツアーをおこなった。エルヴィスの「ロカビリー・サウンド」は、メンフィスやほかの地域ですぐに人気を獲得した。セクシーな魅力満載の舞台はとくに若い女性を熱狂させたが、年長の保守層は道徳的に問題ありと断じた。

　1955年、エルヴィスはオランダ出身の音楽プロモーター、アンドレアス・コルネリス・ファン・カウク、通称「トム・パーカー大佐」とマネジメント契約をむすんだ。強引かつ強欲なパーカー大佐は、エルヴィスの活動からできるかぎりの注目、名声、富を搾り取ることに決めた。かくして2人の男は無敵のチームとなり、エルヴィスは1956年から立て続けに（もちろん大儲けになる）大ヒット——たとえば『ハートブレイク・ホテル』や『ハウンド・ドッグ』——を飛ばしていく。ハリウッドのさまざまな映画会社とも契約をむすんで、『やさしく愛して』（1956年）、『監獄ロック』（1957年）などの映画に出演した。新時代のマスメディアであるテレビにも怠りなく姿を見せ、エルヴィスは一気に国際的な大スターの座にのぼりつめた。最初のレコーディングから4年たったときには、エルヴィスは世界で最も有名な——かつ物議を醸す——ミュージシャンになっていた。

　だが1958年、エルヴィスは活動をいったん中止した。当時のアメリカは徴兵制を定めており、この

1950

1月
トルーマン大統領が水素爆弾の開発を指示。冷戦の核軍拡競争を加速させる。

6月
朝鮮民主主義人民共和国（北朝鮮）が大韓民国（韓国）に侵攻し、朝鮮戦争が勃発。戦闘は1953年の休戦まで続き、朝鮮半島を二分する。

1951

4月
パリ条約が調印され、ヨーロッパ石炭鉄鋼共同体（ECSC）の設立が決定。これがヨーロッパ経済共同体（EEC）、ヨーロッパ連合（EU）の前身である。

5月
チベットの代表団が、チベットを中国の統治下におく十七か条協定に調印する。

10月
6年間の野党時代を経てウィンストン・チャーチルがイギリス首相に返り咲く。

1952

2月
ジョージ6世が死去し、エリザベス2世がイギリスとその連合の女王となる。

5月
マウマウ団のイギリス植民地支配抵抗運動を受け、ケニアが非常事態を宣言。

1953

1月
北海洪水がイギリスとオランダに大被害をもたらす。

3月
ヨシフ・スターリンが大酒後に死去。1956年にニキータ・フルシチョフがスターリン批判をおこない、政治体制を転換した。

7月
テネシー州メンフィスのサン・レコードのスタジオで、エルヴィス・プレスリーが初めて歌を録音。

1954

4月
ジュネーブ会議により、フランス領インドシナが北緯17度線で南北に分離されることが決定。

6月
アメリカの中央情報局（CIA）の支援を受け、グアテマラで軍事クーデターが発生。ハコボ・アルベンス・グスマン大統領を廃して親米の臨時政府を樹立。

11月
アルジェリア民族解放戦線（FLN）がフランス支配の打倒を掲げ、闘争を宣言。

法律は1973年まで続く。したがって、エルヴィスにも軍務に服する責務があったのである。1958年、エルヴィスは報道陣が群がるなか、正式にアメリカ陸軍に入隊し、第3機甲師団の兵士として西ドイツのフリートベルクへ配属された。2年間の軍隊生活はなかなか快適なものだった。兵舎ではなくホテルに滞在することが許され、夜は仲間と楽しんだ。大勢集まる少女の崇拝者たちのなかに、14歳のプリシラ・ボーリューがいた。エルヴィスは1967年にプリシラと結婚する。

この写真はエルヴィスの軍務が終わる頃に撮られたものだ——この時点でエルヴィスは軍曹に昇進しており、礼装軍服につけた記章が示すように、ピストルやカービン銃などの武器の扱いに熟達し、「特級射手」および「狙撃手」と認定されている。1960年3月5日に除隊したあとは、アメリカで歌手活動を再開した。「ロックの王様」というニックネームどおりの生涯を送ったが、晩年は体調不良と薬物依存症に苦しみ、1977年8月16日、メンフィスの豪邸グレイスランドのバスルームで心臓発作を起こして倒れ、死亡した。

名声の絶頂期にいるエルヴィスと配属先のドイツ——それは1950年という時代のさまざまな特徴を映しだしている。若者を熱狂させるエルヴィスは、戦前の敬虔な世代の理解を超える銀幕のスター、腰を挑発的に揺らすセックスシンボルだった。また期せずして、世界に影を落とす新旧の紛争を如実に物語ることになった。彼が暮らしたドイツは冷戦——ふたつの超大国アメリカとソ連が全力で争う紛争の最前線だった。

冷戦といっても、1950年代のすべてが「冷たい関係」ですんだわけではない。アジアでは朝鮮戦争が、中南米では動乱が勃発する。多くの命が犠牲になるクーデターや代理戦争のかたわら、核実験や宇宙へ人間を送る競争が繰り広げられ——どちらの陣営内でも、魔女狩りがおこなわれたり、粛清の嵐が吹き荒れたりする。

一方、「旧」帝国の瓦解はしばしば悲惨な結果をまねき、あらゆる大陸で再編成をめぐる混乱や暴力が発生する。それでも、そうしたなかで新しい技術や大量消費文化が育っていった。テレビやラジオ、新聞が一般に普及し、マリリン・モンローやエルヴィス・プレスリーなどのスターを続々と世に送りだした。彼らはあまりにも暗い年月のあと、世界に色を取りもどしてくれる存在だった。

1955

5月
ワルシャワ条約締結。ソ連とその衛星共産主義国家のあいだで軍事同盟がむすばれる。

9月
アルゼンチンで軍事クーデターが起こり、フアン・ペロン大統領が亡命。

12月
アラバマ州でモンゴメリー・バス・ボイコット運動がはじまる。アフリカ系アメリカ人ローザ・パークスが白人に席をゆずることを拒否し、逮捕されたのがきっかけだった。

1956

6月
アメリカの劇作家アーサー・ミラーが非米活動委員会に召喚され、共産党とのつながりを糺される。その8日後、ミラーはマリリン・モンローと結婚。

7月
エジプトのナセル大統領がスエズ運河の国有化を宣言。スエズ戦争の引き金になる。

11月
共産党支配に対して蜂起したハンガリー市民をソ連が戦車で制圧。

12月
南アフリカで反アパルトヘイト運動を主導したネルソン・マンデラほか十数名が、国家反逆罪で逮捕される。

1957

3月
ローマ条約に調印。この条約に基づき、1958年1月にヨーロッパ経済共同体（EEC）が発足。参加国の経済促進を目的とした。

10月
ハイチでフランソワ・"パパ・ドク"・デュヴァリエが大統領に就任。

10月
ソ連が世界初の無人人工衛星スプートニク1号を打ち上げる。

1958

1月
毛沢東が大躍進政策を発表。この経済改革政策によって飢饉が起こり、約4500万人が死亡した。

3月
エルヴィス・プレスリーが徴兵制度により入隊。アメリカの西ドイツ占領地区フリートベルクに配属される。

1959

1月
キューバ大統領フルヘンシオ・バティスタが亡命。フィデルとラウルのカストロ兄弟と、チェ・ゲバラの革命側に国家をゆだねた。

1月
第2次世界大戦のフランス・レジスタンスの指導者シャルル・ド・ゴールがフランス第5共和制の大統領に就任。

3月
中国支配に対してチベットが蜂起。ダライ・ラマ14世が亡命。

チベットをめぐる争い

中国支配からチベットが独立したか――しないか――という問題は、現代史のなかでもきわめてデリケートな主題のひとつだ。1911〜12年の辛亥革命によって清朝が崩壊したあと、チベットは実質上――たとえ法律上は異なったとしても――独立した政府がおさめていた。しかし第2次世界大戦終了後、1949年に中国共産党が社会主義国家を樹立すると、中国人民解放軍（PLA）がチベット東部に侵攻した。チベット政府はやむなく使節団を北京に送り、1951年、チベット領域を正式に中国に併合するという協定に署名した。

この写真はイギリスの写真家バート・ハーディが撮影し、1951年に『ピクチャーポスト』誌――爆発的な成功をおさめたアメリカの『ライフ』誌と同じような写真週刊誌――に掲載された。この母と子がいるのは、チベットとインド北東部ウェストベンガル州カーリンポンの国境沿いの路上である。

その後の1950年代、チベットでは路上で暮らす女性と子供の姿は普通になった。1956年に反乱の火の手があがり、1959年のチベットの首都ラサでの市民蜂起で頂点に達した。チベット人の精神的支柱であり、また君主でもあった若きダライ・ラマ14世は、人民解放軍に拉致されることを恐れ、ヒマラヤ山脈を越えてインドへ逃れた。そして今日まで亡命生活を続けている。1989年、チベット問題を平和裡に解決しようとするダライ・ラマ14世の功績に対し、ノーベル平和賞が贈られた。

> チベットでは……人々は旅が困難であればあるほど、浄化の深度が増すと信じている。
>
> ハインリヒ・ハラー『チベットの七年』（1952年）

> 階級同士が戦い、ある階級が勝利し、そのほかは排除される。歴史とはそういうものだ……
>
> 毛沢東、1949年

NEXT PAGE

フルシチョフと毛沢東とホー・チ・ミン

1950年代に冷戦の緊張感が増すなか、共産党陣営の二大巨頭はソ連と中国の指導者だった。写真は1959年に北京で会食中の彼らである。左からニキータ・フルシチョフ、毛沢東、そして右にベトナム民主共和国（北ベトナム）のホー・チ・ミン大統領の姿が見える。北ベトナムはイデオロギー上の代理戦争――北ベトナムとアメリカに援助された南ベトナムとの戦い――の泥沼にはまりこんでいく。1955年に勃発したベトナム戦争は、20年間続くことになるだろう。

フルシチョフがソ連のリーダーとして頭角を現したのは、ヨシフ・スターリンが1953年3月5日に大酒後の脳卒中で死亡してからだった。当初、スターリンの後継者はゲオルギー・マレンコフだったが政争に敗れて失脚し、1956年からはフルシチョフが名実ともに最高指導者となって「非スターリン化」の政策を推し進めた。

毛沢東が権力の基盤を固めたのは、それよりも早い。中国共産党は1946〜49年の国共内戦に勝利して国家の支配政党となり、蒋介石の国民党は台湾に去ってその地を共和制の中華民国とした。この写真が撮影されたときには、毛沢東は「大躍進政策」を実行に移していた――中国の工業と農業の近代化をめざしたこの政策は暴威をふるい、中国全土を襲った大飢饉で約4500万人が命を落とした。

写真のなごやかな雰囲気とは裏腹に、フルシチョフと毛沢東のあいだには、共産主義の定義や20世紀における発展方法について意見の相違があり、しばしば緊張が高まった。

朝鮮戦争

中国の東側では、もっと血なまぐさい紛争がはじまっていた。朝鮮半島で冷戦期初の代理戦争が勃発したのである。

日本の朝鮮支配は、閔妃暗殺からまもない1910年にはじまり、第2次世界大戦の連合国の勝利で終わりを告げた。朝鮮半島は、北部はソ連軍によって、南部はアメリカ軍によって解放された。そのため1948年には、北緯38度線を境にふたつの異なる政府が半島をおさめていた。いずれの政府の後ろにもライバル関係にある超大国がひかえている。

1950年6月25日、朝鮮民主主義人民共和国（北朝鮮）軍が大韓民国（韓国）に侵攻し、怒濤の勢いで朝鮮半島の南端まで進軍した。10月には、中国から大規模な派遣軍も送られてきた。写真は1950年8月に韓国東南部の港湾都市、浦項(ポハン)でおこなわれた戦闘で、韓国軍部隊が負傷した北朝鮮兵士を捕らえたときの様子である。

北朝鮮と中国の軍勢は、やがて国連・アメリカ・韓国の連合軍によって北へ押しもどされた。1951年になると、戦況は38度線を挟んで過酷な膠着状態におちいり、半島は爆撃、艦砲射撃、戦闘機による空中戦、陸上攻撃、ゲリラ戦などで荒廃し、好戦的なマッカーサーは中国と北朝鮮への原爆投下を強行に主張した。人的被害も甚大だった——おそらく100万人の将兵と250万人の民間人が命を落とした。1953年に板門店の村で休戦協定が調印されたが、非武装中立地帯に挟まれた軍事境界線は20世紀が幕を閉じるまで、世界のなかで一触即発の危機をはらんだ国境線のひとつであり続けた。

> アジアにおける共産主義との戦いに負ければ、ヨーロッパの運命は深刻な脅威にさらされるだろう。
>
> ダグラス・マッカーサー元帥の演説
> 1950年8月23日

> ぼくは解放者ではない。解放者というものは存在しない。人民はみずからの手で解放を成し遂げる。
>
> エルネスト・"チェ"・ゲバラ、1958年

NEXT PAGE →

フィデルとチェ

1950年代、共産主義の影はアメリカの海岸線から300キロ以内のところにも忍びよっていた。写真の2人、フィデル・カストロとエルネスト・"チェ"・ゲバラが、独裁者フルヘンシオ・バティスタ大統領を倒す革命を起こしたのである。

カストロ（1926年生まれ）は弁護士から革命家に転じ、1952年に弟ラウルとともに武装勢力を組織して、アメリカを後ろ盾にしたバティスタ大統領の独裁警察国家との戦いをはじめた。1953年7月26日、兄弟は政府の兵舎を襲撃したかどで投獄されたが、1955年に恩赦で釈放され、再び闘争を開始した。

その年カストロ兄弟は、メキシコシティでアルゼンチン出身の青年医師ゲバラと出会う。南米でアメリカによる国家介入の実態を目の当たりにしたゲバラは、反資本主義的傾向を強めていた。ゲバラと兄弟は船でキューバに渡り、山中に小さいながらも献身的なゲリラ部隊の拠点を設置。度重なる戦闘でゲリラ部隊は幾度もキューバ政府軍を破った。1959年にバティスタが国外に亡命し、カストロ兄弟とゲバラは勝利をおさめた。

当初、フィデルは共産主義革命を志していたのではなかったという。だが1961年に、失敗に終わったとはいえ、アメリカに支援された反革命勢力が侵攻を試みるというピッグス湾事件が起こると、キューバはソ連と手を組んだ。そして1962年、キューバのミサイル基地建設をめぐり、アメリカとソ連の対立は核戦争寸前の事態にまで発展した。

革命に憑かれたゲバラは1965年にキューバを離れ、コンゴで反政府活動を試みたあと、ボリビアの革命活動に参加して捕まり、銃殺された。一方、フィデル・カストロは2008年までキューバの指導者の地位にあった。

グアテマラのクーデター

　チェ・ゲバラの政治思想は、グアテマラではぐくまれた部分が大きい。ゲバラが滞在した1953～54年当時、グアテマラはアメリカの中央情報局（CIA）が仕掛けた現政権打倒の動きで沸騰していた。

　1951年にグアテマラ大統領に就任したハコボ・アルベンス・グスマンは、工業にも農業にも使われていない遊休地を収用して貧しい農民に分配する農地改革を実行に移した。この社会改革に驚愕したアメリカは、アメリカ大陸に共産主義が導入されるのではないかと深く恐れた。一方グアテマラでは、政治的に大きな影響力を持つ多国籍企業ユナイテッド・フルーツ社が所有する広大な土地も収用の対象になった。憤慨した同社は、アメリカの介入を求めて強力なロビー活動をおこなう。1954年、CIAに訓練された反政府軍がクーデターを起こし、アルベンス・グスマン大統領を追放して、カルロス・カスティーリョ・アルマスによる軍事独裁政権を発足させた。

　CIAはクーデターを成功させるために、なりふりかまわぬプロパガンダと心理戦を展開した。写真は、墓の前にひざまずくアルマス支持派の兵士マリア・トリニダート・クルス。アメリカのニュース解説者によれば、墓の主はマリアの夫だという。AP通信は、彼は「赤との戦い」の最中に銃殺隊によって処刑されたと伝えた。

　このクーデターは、延々と続く深刻な後遺症をもたらした。もともと不安定だった政治状況は悪化の一途をたどり、1960年から1990年代まで続く内戦に発展した。中南米全体に反アメリカ感情が広がった。20世紀初頭、アメリカはベネズエラ、ニカラグア、パナマ、メキシコ、ハイチに介入した。グアテマラもまた、アメリカの帝国主義を歓迎しない国だったに違いない。

> われわれの唯一の罪は自分たちの法律を作り、それをすべてに例外なく適用したことにある……
>
> ハコボ・アルベンス・グスマン
> ラジオ演説、1954年6月19日

デュヴァリエを怯ませる銃弾や機関銃は存在しない。銃弾はわたしに触れることはできない……

フランソワ・"パパ・ドク"・デュヴァリエの演説、1963年

デュヴァリエ家

　写真のフランソワ・デュヴァリエ（隣は妻のシモーヌ・デュヴァリエ、旧姓オヴィド）は1907年生まれなので、アメリカによるハイチ占領期1915年から34年に成長しておとなになったことになる。もともとは医師だった——患者がつけた「パパ・ドク」の愛称が定着した——が、政治家として名を残した。デュヴァリエはアメリカの支援でおこなった細菌感染症「イチゴ腫」撲滅キャンペーンで頭角を現し、1949年に保健相に就任する。ポール・"ボン・パパ"・マグロワール軍事政権中の混乱のあと、パパ・ドクは1957年に大統領に選ばれた。

　デュヴァリエは医学だけでなく、ハイチの超自然的な民俗信仰ブードゥー教も修めた。また、黒人の権利をずっと蹂躙してきた国土にあって、黒人の民族主義を熱心に説く活動家でもあった。しかし14年におよぶ大統領任期のあいだ、デュヴァリエとシモーヌ（"ママ・ドク"）は残虐な専制政治を敷いた。デュヴァリエは本物の政敵であろうと、その疑いをかけた者であろうと、片っ端から粛清した。その役目をになったのは「トントン・マクート」という私設民兵組織である。この名称はハイチの民間伝承に出てくる「子取り鬼」にちなんだもので、彼らは秘密警察の恐怖戦術を駆使したほか、凄惨な儀式的拷問までおこなった。

　常軌を逸する残虐さを示したデュヴァリエは、国際政治の舞台でも目立ちたがった。1963年にアメリカのジョン・F・ケネディ大統領が暗殺されたときは、自分がブードゥー教の呪いをかけたのだと言い放ったものである。翌年には露骨な不正選挙をおこない、終身大統領の地位を確保した。その意味は、1971年にデュヴァリエが心臓発作によって死んだときにあきらかとなった。独裁者の跡を継いだのは息子のジャン゠クロードであり、彼は「ベイビー・ドク」と呼ばれた。

マリリン・モンロー

　1956年6月21日、結婚を8日後にひかえた女優のマリリン・モンロー（出生証明書の名前はノーマ・ジーン・モーテンスン）は、ニューヨークの自宅前で記者団の質問に答えた。

　モンローの場合、取材はめずらしいことではない。なにしろ、アメリカで最も有名な女優のひとりだったのだから。モンローのキャリアは短いものだったが、社会に旋風を巻き起こした。『七年目の浮気』などの大ヒット映画、挑発的なポーズで誌面をいろどった写真、ケネディ大統領の45歳の誕生パーティーで披露した、あまりにも有名な「ハッピーバースデイ」の歌声。その死の模様さえ爆弾ニュースとなった。モンローは1962年8月、睡眠薬の過剰摂取により、ベッドのなかで全裸のまま顔を下にして事切れているのを発見された。36年の生涯だった。

　だが、この写真でモンローが答えているのは政治関連の質問である。モンローは劇作家のアーサー・ミラーと婚約中だった（彼女はそれまでに輸送船団の水兵ジェイムズ・ドハティ、野球界の大スター選手ジョー・ディマジオと結婚した）。ミラーはこの日、下院非米活動委員会──共産主義とのつながりを疑われた市民を喚問するために議会に設置された委員会──で証言する予定になっていた。

　これは「内部の敵」の根絶を目的として多方面に加えられた攻撃の一環だった。アメリカ政府や軍部、芸能界に破壊分子や裏切り者がいると信じて弾圧を主導した上院議員ジョセフ・マッカーシーにちなみ、「マッカーシズム」と呼ばれる。有罪にされた人々は罰金や投獄、パスポートの没収、職場から追放するための「ブラックリスト入り」の可能性があった。

　ミラーは委員会での証言を拒否したため、罰金刑を科されてブラックリストに入れられたが、ミラーとモンローはまったく動じずに結婚した。2人が別れたのは1961年である。

彼女はわたしにとってめくるめく光だった……あるときは不良少女、次の瞬間には繊細で詩的な感受性が満ちあふれる……

アーサー・ミラーによる
マリリン・モンローの回想
『アーサー・ミラー自伝』(1987年)

エリザベス2世

　マリリン・モンローと同じ1926年に生まれたが、エリザベス2世はもっと長く人々の前に登場することを運命づけられていた。エリザベス2世は父のジョージ6世が1952年2月6日に死去したのを受け、イギリスとその連合の君主となった。

　この写真は即位から10か月半後の12月25日に撮影された。ノーフォーク州の王室所有地サンドリンガムから、女王として初めてクリスマス演説をしたときの写真である。この習慣は祖父のジョージ5世が20年前にはじめたものだった。65年後の2017年も——現在はテレビ中継に変わったが——女王はやはりクリスマスの演説をおこなった。

　エリザベス2世の御代に、イギリスと以前の帝国植民地のつながりは徐々に弱まり、イギリスを構成するイングランド、スコットランド、ウェールズ、北アイルランドの独自性も強まった。2018年の時点で、エリザベス2世はウィンストン・チャーチルからテリーザ・メイまで、13人の首相を任命した。

　夫のエディンバラ公フィリップとはひじょうに長く連れ添い、ロイヤルファミリーは大きくなった。しかし過去には騒動やスキャンダルもあった——とくに長男で王位継承者のチャールズ皇太子とダイアナ・スペンサーの結婚が破綻し、ダイアナ元妃が1997年に交通事故死したときがそうだった。それでも全体としては、エリザベス2世は女王として献身的に公務に励み、世界中のさまざまな王室の権威が退潮していった時代においても、イギリス国民の支持を失わなかったと位置づけることができよう。

神がわたしに知恵と強さをお授けになるよう祈ってください……わたしはこの命が尽きるまで、神とみなさんに誠心誠意仕えるでしょう。

イギリス女王エリザベス2世
ラジオ演説、1952年12月25日

> わたしは大国がこれほどの混乱
> をまねき、これほどの失策を犯
> した例を見たことがない……
>
> ドワイト・D・アイゼンハワー
> 1956年10月

スエズ戦争（第2次中東戦争）

　世界の超大国としてのイギリスの地位は、ふたつの世界大戦で大きく揺らいだ。その凋落を決定的に印象づけたのが、エリザベス2世が即位してまもない時期に起きた、スエズ運河をめぐる戦争である。
　1956年7月、エジプトの民族主義者ガマール・アブドゥル・ナセル大統領が一方的にスエズ運河の国有化を宣言すると、新生国家イスラエルの軍隊が10月29日にシナイ半島に侵攻した（イスラエルの船舶はエジプトの海峡封鎖により運河の使用ができない状態におかれていた）。戦争はすぐにエスカレートした。イギリスとフランスが介入し、砲撃を加えてナセルに運河の再開通を迫った。11月5日には英仏の落下傘部隊がスエズ運河北端のポートサイド近郊を急襲し、戦闘を繰り広げた（写真はイギリスの潜水工作隊員が、運河内に隠されている敵の武器を摘発しているところ）。
　しかし、この強引な介入は強烈な反発をまねいた。世界中の非難がイスラエル、イギリス、フランスに集中した。エジプトの後ろ盾になって武器を提供していたソ連のニキータ・フルシチョフは、西ヨーロッパに核攻撃を加えると警告。アメリカのドワイト・D・アイゼンハワー大統領──ソ連のハンガリー侵攻を非難している最中だったため、英仏のエジプト侵攻にがまんならなかった──は、イギリスへの融資を抜本的に見直すと通告。11月21日に国連緊急軍がエジプトに展開し、英仏軍は撤退した。イギリスのアンソニー・イーデン首相は、体調不良を理由に辞任せざるを得なかった。この戦争は旧帝国の落日を如実にあらわすものだった。

北海大洪水

　1953年、運河とは異なる水の動きが多くの命を奪った。北海で発生した大嵐が、オランダ、ベルギー、イギリスに洪水をもたらしたのである。凄まじい嵐と高潮が重なった結果、1月31日と2月1日の週末にかけて海水面は5.6メートルの高さにまで上昇し、防波堤を乗り越え、堤防を破壊し、数十平方キロメートルの土地と数万戸の家屋に被害を及ぼした。

　この死んだ家畜の写真は、イタリアのフォトジャーナリスト、マリオ・デ・ビアージがオランダで撮影した。この洪水により、約3万頭の動物が死んだといわれる。人的被害も大きく、2500人以上が命を落とした（このなかにはノース海峡の北アイルランド沖で沈没したカーフェリー、プリンセス・ヴィクトリア号の乗員乗客133人もふくまれている）。死亡者の大半はオランダで記録された。オランダは国名の由来が示すとおり、国土の70パーセントが海抜1メートルに満たない「低い土地」だからである。1953年の洪水は、オランダで「ウォータースヌードルーム（洪水禍）」と呼ばれている。

　再びこうした災害に見舞われないために、北海の両側で大がかりな治水工事がおこなわれた。オランダはデルタ計画——水門、ダム、堤防などにより海岸線の河口の水の流れを管理する計画——を立てた。イギリスでは、ロンドンを高潮の浸水から守るためにテムズ川に防潮堤の「テムズバリア」を設置し、イングランド東部のハル川とハンバー川河口の合流点にも防潮堤を建設することに決めた。

> 彼らは何世紀にもわたって海との戦いに身を捧げてきました。そして今、再び史上稀なる猛威をふるった海によって苦しんでいるのです。
>
> イギリスの国会議員クレメント・アトリーが北海大洪水の犠牲者によせた言葉 1953年2月19日

> ハンガリーの国民は自由と真実への献身を世界に示すため、すでにおびただしい血を捧げている。
>
> ナジ・イムレ政府の最後の表明、1956年11月4日

NEXT PAGE

新たな同盟

ヨーロッパの帝国の時代は終わったが、超国家的な同盟によって平和を維持しようという考えが第2次世界大戦後に生まれた。世界の紛争を調停する機関として1945年に設立された国際連合だけでなく、1950年代には経済や防衛に関する重要な条約が次々とむすばれた。結局のところ、すべては冷戦構造に沿ったものである。

写真はヨーロッパ石炭鉄鋼共同体（ECSC）の高官ルネ・マイエールが招集した、ルクセンブルクでのレセプションの様子（1958年11月18日、フランスの『パリ・マッチ』誌のマニュエル・リトランが撮影）。この共同体はベルギー、フランス、イタリア、ルクセンブルク、オランダ、西ドイツの6か国によって設立され、石炭鉄鋼資源を共同管理し、軍事衝突にいたるような経済緊張を緩和することを目的とした。これを母体かつ前身として、機構はヨーロッパ経済共同体（EEC、1958年設立）、そしてヨーロッパ連合（EU、1993年設立）へと発展していくことになる。現在EUには、政治経済で緊密に連携する国家が数多く参加している。

鉄のカーテンの向こう側でも、ソ連が同様の機構を設立した。経済相互援助会議（COMECON）はソ連を中心とした勢力圏──東ヨーロッパをはじめとする社会主義諸国──の結束をうながし、1949年からソ連が解体する1991年まで続いた。

こうした経済協力関係だけでなく、両陣営は1950年代前後に軍事同盟も発足させた。アメリカを中心とした北大西洋条約機構（NATO）は1949年、ソ連を中心としたワルシャワ条約機構は1955年の結成である。

ハンガリー動乱

スエズ運河をめぐってエジプトと英仏が全面対決していたとき、ハンガリーも動乱の坩堝と化した。第2次世界大戦が終わって以来、ハンガリーはモスクワに管理され、ソビエト軍と悪名高い秘密警察（ハンガリー国家保安庁：AVH）が目を光らせる抑圧的な共産体制が敷かれていた。

1953年のスターリンの死後、もっと自由な未来を求める機運がハンガリーに高まった。1956年10月、市民の激烈な抗議活動や、共産主義独裁のシンボルに対する破壊を背景に、進歩的な指導者ナジ・イムレが首相の座に就いた。しかし11月1日にナジがワルシャワ条約機構──ソ連と東ヨーロッパ諸国の軍事同盟──からの脱退を表明すると、フルシチョフは無慈悲な鉄槌を下す。3日後、爆撃と空爆で援護されながら、大規模な戦車隊がブダペストに突入した。マリオ・デ・ビアージが撮影した、この若者のような人々の必死の抵抗にもかかわらず、ソビエト軍は抵抗勢力を粉砕、大勢の市民を含め3000人の命を奪った。

新しい指導者にはカーダール・ヤーノシュが据えられた。1958年、ソ連軍に捕らえられていたナジは秘密裁判にかけられ、有罪を宣告されて絞首刑に処された。逮捕投獄されたハンガリー人は数万にのぼり、それ以上の人々が政治的保護を求めて故国を脱出し、各地へ逃れた。叩き潰された蜂起は、「鉄のカーテン」のソ連側に属する諸国への強烈なメッセージとなった。すなわち、自由は選択肢になり得ない。

アルジェリア戦争

　ヨーロッパの統合と時を同じくして、遠隔の地では植民地支配から脱しようとする動きが相次ぎ、旧世界の列強はかつて帝国の基盤だった土地から追い落とされようとしていた。そうした独立戦争のうち、最も凄惨な戦いのひとつが1954年から62年にかけて北アフリカのアルジェリアでおこなわれた。フランス軍とアルジェリア民族解放戦線（FLN）は壮絶な戦闘を繰り広げ、混乱のうちにフランス第四共和政は崩壊、アルジェリアは独立を達成し、地中海の両側に長く消えない傷痕を残した。

　フランスは1830年から48年の侵略戦争を経てアルジェリアを植民地化した。第2次世界大戦中に自治権を与える約束をしていたにもかかわらず、いったん戦争が終わると、内容の薄い自治権しか示さなかった。1954年11月1日、FLNは独立を勝ちとる闘争の開始を宣言。ゲリラ戦がはじまった。最終的に、フランス軍は50万人の将兵を投入した。

　社会主義者のギー・モレ首相をはじめ、フランスの指導者の面々——そのなかには1958〜59年の次期第五共和政を率いる老練な政治家にして軍人のシャルル・ド・ゴールもいた——が最も頭を悩ませた問題のひとつが、入植者と解放支持者の利益のバランスをとることだった。写真（『パリ・マッチ』誌のフランソワ・パージュが撮影）は、植民地政策に反対するフランス人入植者（彼らは「ピエ・ノワール（黒い足）」と呼ばれた）が1956年2月7日に首都アルジェの市街に繰り出し、暴動を起こしたときの光景である。

　ド・ゴールは右翼の準軍事組織に幾度も命をねらわれたが、忍耐強くアルジェリアの民族自決の道を開いていった。1962年の国民投票の結果、圧倒的多数の支持でアルジェリアの独立が承認され、90万近くの入植者がアルジェリアを離れた。

> このうるわしい国の比類ない春がいっせいに花を咲かせ、光満ちあふれるなかで、人々は苦しんでいる……
>
> アルジェリア出身のフランスの作家／思想家アルベール・カミュ 1958年

> 神は、これはわれわれの土地であると、われわれが国民として繁栄するための土地であると述べた……
>
> ケニア独立運動の指導者
> ジョモ・ケニヤッタ
> 演説、1952年7月

マウマウ団の反乱

　フランス軍がアルジェリアで戦っていた頃、ケニアではイギリスの植民地支配に対する抵抗運動が、過激な民族主義者組織による暴動の形をとってあらわれた。中心となったのはケニア最大民族のキクユ族である。

　東アフリカのイギリス植民地支配は、1890年代の土地押収からはじまった。過酷な搾取だった。ケニアの肥沃な高原は分割され、独占的に白人に与えられた。アフリカ人は土地所有を禁じられたばかりか、虐待され、低賃金で働かされた。

　1952年、白人が「マウマウ（語源は不詳）」と呼んで恐れた、宣誓秘密結社が白人の農場を襲撃しはじめ、入植者や、彼らが敵とみなしたアフリカ人を殺戮した。マウマウ団の暴力はひどく残虐だったため、イギリス軍も徹底的な掃討に乗りだし、しばしば無慈悲な弾圧を加えた。この写真は1954年頃にランガタ・キャンプで撮影された。イギリスはこのような強制収容所を無数に建設し、マウマウの誓いを立てたという嫌疑で数十万人のキクユ族を収容した。政治的な洗脳、殴打、レイプ、やけど、去勢などは日常茶飯事だった。

　マウマウ団の蜂起にイギリスが容赦ない反撃を加えたせいで、反乱は1956年になんとか鎮圧された。しかし、容疑者はその後も数年間投獄されたままだった──反乱の黒幕と疑われた穏健派の知識人ジョモ・ケニヤッタもそのうちのひとりである。1963〜64年にようやくケニアは自由を勝ちとり、ケニヤッタを初代大統領として独立共和国の第一歩を踏みだした。2013年、イギリス政府はマウマウの嫌疑で拷問された犠牲者の生存者に対し、数百万ポンドの賠償金を支払うことに合意した。

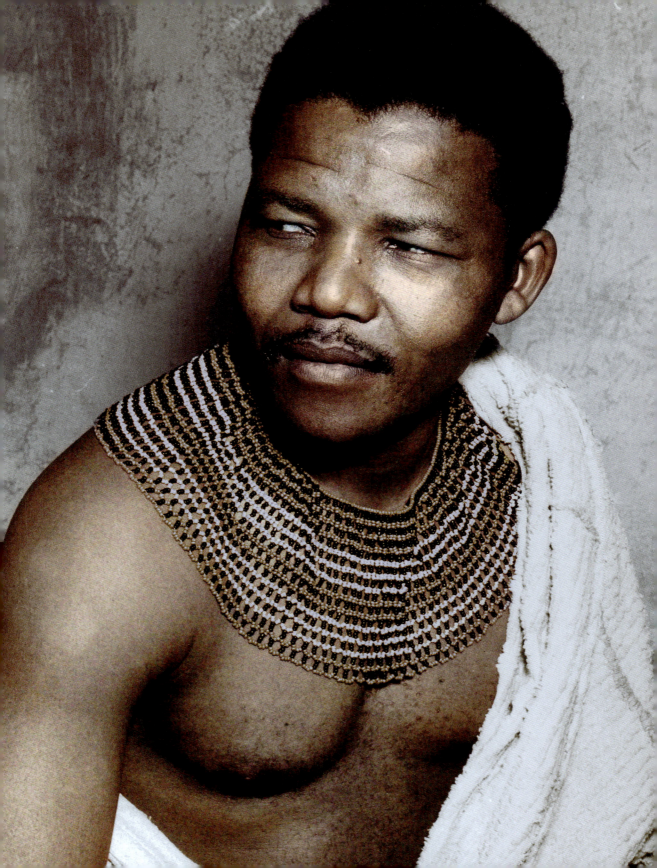

ネルソン・マンデラ

　南アフリカは1910年に自治権を保障され、1931年にはウェストミンスター憲章により、イギリス政府の干渉を受けない完全な独立を承認された（これはカナダ、オーストラリア、ニュージーランドにも適用された）。しかし、自由の国になったわけではない。1940年代後半にアフリカーナー（南アフリカのオランダ系白人のことで、ボーア人ともいう）が大半を占める国民党が政権を握ると、人種差別政策が次々と制定され、1950年代前半には人種隔離政策「アパルトヘイト」（文字どおりアフリカ人を「隔離」するという意味）のシステムができあがった。これによって、非白人の南アフリカ人の権利は極端に制限された。公共の場所は人種によって分離され、異人種間の性的関係や結婚は禁じられ、人口の大半が黒人居住区に指定された郊外に強制移住させられた。

　アパルトヘイトに対する闘いは、長くけわしい道のりだった。その最大の英雄は、コサ語を話すテンブ族の首長の家に生まれた、弁護士かつ活動家のネルソン・マンデラである。写真は民族衣装を身につけた若き日の姿だ。マンデラは1940年代に、反アパルトヘイトのアフリカ民族会議（ANC）に参加した。

　1955年12月、マンデラほか数十名の活動家が国家反逆罪の容疑により、ヨハネスブルクで逮捕された。裁判は評決まで4年以上を要したが、1961年3月、マンデラと共同被告人は全員無罪を言い渡された。

　しかし、マンデラの苦難はこれで終わったわけではなかった。1962年にマンデラは再び逮捕され、今回は破壊工作などの罪により終身刑を宣告された。そしてロベン島などの監獄に27年間収監され、釈放されたのは1990年になってからである。その後の4年のあいだにアパルトヘイトは廃棄され、1994年に全人種が参加する選挙においてマンデラが大統領に選出されたとき、国民の歓喜は頂点に達した。マンデラは1999年の任期まで務め、2013年にこの世を去った。そのとき、抵抗の象徴たる人の死を世界が悼んだ。

わたしは人種差別を憎んでいます……あらゆる形のものです。わたしはこれまでの人生で人種差別と闘ってきました……生涯の最後の日までそうするでしょう。

ネルソン・マンデラの法廷での陳述、1962年

NEXT PAGE

核開発競争

　冷戦に内在する危険は、人類を破滅させうる武器を両陣営が持っていることだった。ソ連は現在のカザフスタン北東部に位置するセミパラチンスクで、初の核実験を成功させた（RDS-1または「最初の稲妻」とも呼ばれる）。核開発競争は続き、イギリス、フランス、中国が保有国に連なった。

　写真は「ビキニのヘレン」と名づけられたプルトニウム爆弾が水中爆発したときの様子。1946年7月にアメリカがマーシャル諸島のビキニ環礁で実施した核爆発実験「クロスロード作戦」のうち、7月25日におこなわれた2回目の「ベーカー実験」である。この太平洋上の諸島は、1950年代のアメリカのお気に入りの核実験場だった。破壊力と放射性降下物による汚染はますます強まり、ビキニ環礁に住んでいた先住民は永久に故郷を追われた。

　アメリカは1950年代に初の水素爆弾（水爆）実験をおこなった。1954年の「キャッスルブラボー」実験装置の核出力は凄まじく、じつに15メガトン――第2次世界大戦末期に広島上空で爆発した「リトルボーイ」の約1000倍――という、予想をはるかに超える威力を示した。だがそれも、ソ連が1961年に北極圏上空で爆発させた50メガトンの水素爆弾に追い抜かれた。この「ツァーリ・ボンバ（爆弾の皇帝）」によるキノコ雲の高さはエベレストの七倍におよび、爆風は数百キロ離れた場所の窓ガラスを壊した。

　1962年、ミサイル基地建設をめぐるキューバ危機で現実味をおびた核戦争は寸前で回避された。アメリカのジョン・F・ケネディ大統領とソ連のニキータ・フルシチョフ首相のあいだの交渉で、なんとか合意が成立したのである。

> 地球は青い。なんてすばらしい。
> 驚異だ。
>
> ソ連の宇宙飛行士ユーリ・ガガーリンが
> 地球周回軌道上で発した言葉
> 1961年4月12日

宇宙開発競争

　冷戦期の超大国が争った究極の分野は宇宙だった。核弾頭を搭載できる弾道ミサイルを開発しているうちに、その技術を応用すれば人間を地球の大気圏外に飛ばせることに両陣営とも気づいたのである。

　このソ連の宇宙飛行士の写真は、アメリカ議会図書館に掲示されたものだ。日付は1959年11月となっている。この頃からソ連は有人宇宙飛行「ボストーク計画」の準備に入り、宇宙飛行訓練をおこなう飛行士を選抜していた。勝利の日は1961年4月12日に訪れた。ユーリ・ガガーリンは地球の外へ飛び立った最初の人間となり、地球周回軌道を1時間48分で1周した。この有人飛行の前には、1957年に無人人工衛星スプートニク1号を打ち上げ、その1か月後に「ライカ」という名前の犬を乗せたスプートニク2号の打ち上げに成功していた。

　アメリカも1958年にアメリカ航空宇宙局（NASA）を発足させ、初の有人宇宙飛行をめざす「マーキュリー計画」を立ちあげた。しかしソ連に後れを取り、宇宙飛行士——のちに上院議員になったジョン・グレン——を地球周回軌道に送りこめたのは1962年になってからだった。ところが、ここから形勢が逆転した。1969年7月20日と21日、アポロ11号で月に向かったニール・アームストロングとバズ・オルドリンが人類として初めて月面歩行に成功し、アメリカは史上最大の勝利をおさめることになった。

　最終的に、1969年から72年のあいだに合計12名が月面を歩いたあと、アポロ計画は終了した。宇宙探査における優先順位が変化したこと、また有人月ミッションに莫大な費用がかかることから、それ以来誰も月面にはもどっていない。

訳者あとがき

　本書『彩色写真で見る世界の歴史』は、1850年から1960年までの白黒写真をカラーで再現し、歴史をたどり直そうとする意欲的な作品です。原作の The Color of Time は2018年にイギリスのアポロ社から出版されました。2019年3月の時点で、イギリスのアマゾンでは写真史の部門で1位にランクしており、『タイムズ』紙など多数のメディアからも好意的な書評を寄せられています。歴史解説を執筆したのは、気鋭のイギリス人歴史家でジャーナリストのダン・ジョーンズ。写真を担当したのはブラジル人写真彩色家のマリナ・アマラル。30代後半と20代前半の若い2人がタッグを組み、どちらが欠けても成り立たない、まさに共同作業によって完成した一冊です。

　写真が一般に普及するようになったのは、1839年にルイ・ダゲールが「ダゲレオタイプ」という写真術を発明してからです。その後、「装置が作りだした像を化学的に記録する」技術は長足の進歩を遂げ、現在はフィルムさえ必要としないデジタル写真の時代となりました。カラー写真の普及は1940年代からです。現在は2019年ですから、ダゲレオタイプからはちょうど180年、カラー写真からは約80年の歳月が流れたことになります。まだそれだけしかたっていないのかと思うと同時に、そうした時間に隔てられた時代は、いかにも遠い過去のようにも思えます。

　実際、「昔の写真」は白黒あるいはセピア色であるがゆえに、「郷愁」の念を呼び起こしたりします。過去の写真をできるだけあるがままの色で蘇らせようとした本書は、白黒写真とわたしたちのあいだにある垣根を取りはらい、「昔」が「今」と同じであること──つまり、いつの時代も明日のことなどわからない「現在進行形」で人々が生きていたことを伝える試み、といえるかもしれません。掲載されている200枚の写真はたしかな重みをともなって、わたしたちに迫ってきます。写真に添えられた解説は短いものですが、それを読みながらページをめくっていくうちに、ときには圧倒されて手が止まってしまうこともあるでしょう。

　1850年から1960年までの時代は、いうまでもなく激動の時代でした。本書には有名無名の人々、風景や光景、そして生者と死者が収められています。時代を10年ごとに区切り、それぞれの10年のあいだに起こった出来事を多角的に──しかし一貫した流れで──追っていきます。舞台はヨーロッパからアフリカ、南北のアメリカ大陸、中東、インド、中国、朝鮮、日本、太平洋、南極、そして宇宙にまで広がります。

　ある意味、それは帝国主義から冷戦へと続く道のりであり、騎兵の突撃から原爆投下に変わっていく戦争の世紀でもありました。世界各地の戦争やそれにかかわった人々の記録は、本書の中核をなすものです。わたしたちはさまざまな戦いや革命を目撃します。初めて戦場写真が撮られたクリミア戦争からはじまり、南北戦争、第1次世界大戦、第2次世界大戦といった時代を画する戦いのほか、歴史の教科書では数行に満たない記述で終わってしまうかもしれない場面や人物、あるいは日本ではほとんど知られていない事柄も紹介されます。見逃されがちな人々──たとえば第1次世界大戦に従軍したインド人傭兵（シパーヒーもしくはセポイ）、故郷を追われたシク教徒の家族やチベットの母子──などに光があてられていることも、本書の特徴といえましょう。

　わたしたちはまた、改造前のパリの町並みを眺め、エッフェル塔が建築される様子を知ります。ロンドン万国博覧会の会場を訪れ、パリ万国博覧会で人気を博したジャワの踊り子たちに会います。ロンドンを沸かせたカバのオベイシュや、グラモフォンに興味を示すライオン。川辺で水着の長さをチェックされる女の子たちの写真には、思わず笑いを誘われるでしょう。砂丘を飛ぶライト兄弟の複葉機には風と光を感じます。レフ・トルストイやマーク・トウェインなどの知の象徴、アルフォンス・ミュシャの絵で名高いサラ・ベルナール、美貌の女スパイだったマタ・ハリ、舞踊の新時代を開いたバレエ・リュスの『春の祭典』、若き日のエルヴィス・プレスリー、麗しのマリリン・モンローなど──あらゆる事象や人々が時代と交錯し、さまざまな矛盾を秘め、それぞれに苦闘したにせよ、戦争や紛争の写真の合間に喜びや洞察をもたらしてくれる彼らは、著者が述べるように「世界に色を取りもどしてくれる存在」にほかならないのだ、と実感します。

　すべては人間の営みなのだ、ということに尽きるでしょうか。歴史は過去に塗りこめられているわけではなく、脈々と現在につながっています。1920年代に爆撃され瓦礫と化したダマスカスの町並みに、ふと既視感を覚え──これは21世紀の今日に見た報道写真そのままだ、と思ったりするのです。これからの21世紀、そして来たるべき22世紀をどのような写真で埋めるかを決めるのは、本書の時代がそうであったように、現在を生きるわたしたちにかかっています。

　本書中の引用は、可能なかぎり邦訳をあたりましたが、日本の文献以外はすべて私訳としました。本書には日本にかかわる写真も数多く掲載されており、日本がたどってきた歴史を知る一助になるでしょう。日本関係では、とくに『F.ベアト写真集1──幕末日本の風景と人びと』（横浜開港資料館編、明石書店、2006年）、『山本五十六』（阿川弘之著、新潮社、2008年）、『魂魄の記録──旧陸軍特別攻撃隊 知覧基地』（知覧特攻平和会館、2004年）、『〈信州特攻隊物語完結編〉と号第三十一飛行隊「武揚隊」の軌跡──さまよえる特攻隊』（きむらけん著、えにし書房、2017年）、宮内庁ホームページ等にお世話になりました。この場を借りて、すべての諸兄諸姉にお礼申し上げます。

　最後に、つねに訳者を支え励まし、綿密に原稿を見てくださった原書房の善元温子さんに心からの感謝を捧げます。ほんとうにありがとうございました。

2019年3月24日　堤 理華

索引

あ
アームストロング，ルイ　264, 266
アイルランド内戦　278
アインシュタイン，アルベルト　183, 192-193, 322
『赤旗の歌』　277
アドワの戦い　147, 175
アフガン戦争　83, 108-109
アフリカ系アメリカ人　67, 74-75, 266, 98-99, 256-257, 262
アボリジニ　76-77
アメリカ＝スペイン戦争　164-165, 212
アメリカ軍の兵士，Dデイ　350, 371, 372-373
アメリカ先住民　42-43, 96, 114-115
アメリカの領土拡大　43, 44-45
アラブ諸国軍兵士　388
アルジェリア戦争　418-419
アルバート英国皇太子（即位後はエドワード7世）　46, 153, 182, 184
アルフォンソ13世（スペイン王）　215, 216-217, 262
アルベール1世（ベルギー王）　215, 216-217
アレクサンドル2世（ロシア皇帝）　11, 26, 27, 50, 51, 63, 89, 114
アロー戦争（第2次アヘン戦争）　11, 40-41
アンザック　244-245

い
イギリス海軍　77, 168, 246, 247, 354-355, 356
イギリスの戦い（第2次世界大戦）　350, 351, 356
異常低温（1880年代）　133, 134-135
イタリア＝エチオピア戦争（1895年）　174, 175
イタリア＝エチオピア戦争（1935〜36年）　324-325
イブン・サウード，アブドゥラアズィーズ（サウジアラビア王）　338-339
インド人の反乱　37
インド人兵士（第1次世界大戦）　238-239
インド独立　385

う
ヴィーゼル，エリ　374-375
ヴィクトリア（イギリス女王）　10, 11, 16-17, 38, 115, 147, 178-179, 182, 183, 184-185
ウィッテ，セルゲイ　205
ウィルソン，ウッドロウ　257, 261, 262
ヴィルヘルム2世（ドイツ皇帝）　115, 132, 133, 146, 184, 207, 215, 216-217, 221, 261
ヴェルサイユ条約　221, 261, 267, 281, 283, 313, 318, 346
ウォール街暴落　267, 308-309, 312, 313
宇宙開発競争　426-427

え
エアハート，アメリア　306-307
エカテリンブルグ（ロシア皇帝一家殺害現場）　258-259
エジソン，トーマス　51, 83, 100-101, 102, 146, 153, 187, 195
エチオピアの砂漠の首長（1930年代）　324-325
エチオピアの兵士（1895年）　174
エッフェル塔　115, 121, 122-123, 124
エドワード7世　46, 153, 182, 184, 215, 220
エリザベス2世（イギリス女王）　392, 408-409, 411
エリス島　146, 196, 197
エンヴェル・パシャ　214, 215
円盤式蓄音機（グラモフォン）　194-195

お
オーウェンズ，フローレンス　310, 312, 313
オーストラリア・ニュージーランド軍団　244-245
オーディシャス号　246, 247
オスマン帝国　10, 11, 28-29, 31, 89, 91, 105, 183, 215, 235, 238, 241, 244, 257, 267, 291, 293
オスマン帝国軍（1870年代）　88-89
オベイシュ　10, 20-21
オリンピック（アテネ、1896年）　147, 156-157

か
カーター，ハワード　05
核実験　393, 423, 424-425
カスター，ジョージ・アームストロング　83, 96, 97, 114
カストロ，フィデル　393, 399, 400-401
ガダルカナル（ソロモン諸島）　350, 368, 369, 371
カナダの鉄道　46-47
カバマニア　20-21
神風特攻隊　350, 370, 371
ガリバルディ，ジュゼッペ　50, 52, 53, 110, 114
ガリポリ　221, 238, 244-245
カルル　102, 103
カルロス，マドリード公　86, 87
ガンディー，モハンダス　312, 340, 341
カンティニエール　34, 35
カンブレーの戦い　254-255

き
飢饉（ロシア、1920年代）　266, 267, 269, 274-275
飢饉（ウクライナ）　312, 313, 341
北アフリカ（第2次世界大戦）　360-361
北大西洋条約機構（NATO）　415
キッチナー，ホレイショ・ハーバート　176, 177, 182, 208-209, 238
ギブスムーン（十三夜の月、1880年）　142, 143
キャシディ，ブッチ　198-199
キャメロン，ジュリア・マーガレット　82, 83
休戦（第1次世界大戦）　221, 257, 260-261
キュリー，マリ・S　182, 190-191, 192
共産主義　64, 223, 269, 272, 277, 303, 318, 335, 341, 350, 393, 395, 399, 402, 406, 415
強制収容所（キューバ）　165
強制収容所（フィリピン＝アメリカ戦争）　212-213
強制収容所（ナチ党）　351, 374-375
強制収容所（ヘレロ戦争）　211
強制収容所（ボーア戦争）　208-209
強制収容所（リビア）　288
強制収容所（ケニア）　420-421
キリスト像（リオデジャネイロ）　312, 330-331
義和団事件　133, 147, 172-173, 175, 207
金鉱採掘者（アメリカ、1850年代）　44-45
禁酒法　221, 267, 300-301, 303, 312, 351

く
グアテマラのクーデター　392, 402-403
クー・クラックス・クラン　267, 302-303
クルス，マリア・トリニダート　402-403
クラカタウ火山島の噴火　114, 133
グラモフォン（円盤式蓄音機）　194-195
クリスタルナハト　313, 320-321, 322
クリステロ戦争　267, 293, 294-295
クリミア戦争　10, 11, 12, 27, 30, 31, 32-33, 34, 41, 91
グレート・イースタン号　11, 18-19, 51
グレートブリテン共産党（CPGB）　276-277
クロンシュタットの反乱　266, 272-273

け
軽騎兵旅団の突撃　10, 32-33, 34
ゲオルギオス1世（ギリシャ王）　215, 216-217, 220
ケニヤッタ，ジョモ　421
ケネディ，ジャクリーン　02
ケネディ，ジョン・F　02, 405, 406, 423
ゲバラ，エルネスト・"チェ"　393, 399, 400-401, 402
ゲラルディナ（アルバニア王妃）　328-329
原子爆弾　189, 350, 351, 380-381, 382

こ
高層ビル（世界初）　115, 126, 127
ゴールドラッシュ（クロンダイク）　147, 150-151
国際赤十字　206, 207, 262, 263, 274
国際連合　389, 415
国際連盟　261, 266, 286, 324, 335, 389
コクシーズ・アーミー　148-149
国民社会主義ドイツ労働者党（NSDAP、ナチ党）　266, 267, 283, 284-285, 312, 313, 318, 322, 350, 351, 356, 358-359, 364-365, 374-375, 377, 378
高宗（李氏朝鮮王）　168, 171
国共内戦　395
子供（オーストラリア、大恐慌時代）　316-317
コリンズ，マイケル　266, 278-279
コルホーズ（キエフ近郊）　341, 342-343
コンスタンティノープル（1850年代）　28-29

さ
再建（南北戦争後のアメリカ）　51, 83, 96, 98-

99, 147, 303
サウード家 312, 338-339
サラリオ橋 53, 54-55
塹壕(ベルギー) 236-237
塹壕戦 221, 237, 352
ザンジバルのスルタン 130, 131, 146
サンフランシスコ地震 183, 200, 201

し
塩の行進 312, 340, 341
シク教徒の家族(インド分離独立時) 384
シク教徒の騎兵(インド、1850年代) 38, 39
シッティング・ブル 96, 112, 113, 114, 115, 146
自動車 116, 129, 147, 158-159, 267
ジノヴィエフ書簡 266, 276-277
シベリア鉄道 182, 204-205, 207
『資本論』 51, 64
ジャズ 265, 266, 267, 297, 298, 392
ジャワの踊り子(パリ万国博覧会) 124-125
十月革命(ロシア) 258, 267, 269
十三夜の月(ギボスムーン、1880年) 142, 143
自由の女神像 115, 118-119, 121
自由フランス軍外国部隊 360-361
朱徳 334, 335
『種の起源』 11, 23
ジョージ5世(イギリス王) 176, 215, 216-217, 220, 232, 408
女性(タインサイドの軍需工場、第1次世界大戦) 248-249
ジョンズタウン洪水 115, 136-137, 138
シリア大反乱 267, 290-291
親衛隊(SS、ナチスドイツ) 351, 358, 374
辛亥革命 335, 336-337, 395
真珠湾 167, 350, 361, 366-367, 368, 382
清朝 10, 11, 40-41, 45, 50, 59, 168, 172, 220, 223, 335, 395

す
水晶の夜 313, 320-321, 322
水素爆弾 392, 423
スエズ運河 11, 51, 77, 78-79, 83, 119, 203, 393, 411
スエズ戦争 393, 411
スコット、ロバート・ファルコン 220, 226, 227
スターリン、ヨシフ 266, 268, 269, 313, 341, 362, 365, 378-379, 386, 392, 395, 415
スターリングラードの戦い 350, 364-365
スタンリー、ヘンリー・モートン 82, 83, 102, 103, 129
スペインかぜ 221, 262, 263
スペイン内戦 313, 326-327, 333

せ
西太后 50, 58-59, 172, 223
青年トルコ人 215
西部戦線 220, 221, 236-237, 238, 244, 252-253, 257
世界恐慌 267, 308-309, 312, 314, 316-317, 318, 328, 350

赤軍 266, 269, 270-271, 272, 274, 364-365, 378
セテワヨ(ズールー王国の王) 104, 105
戦車(イギリス軍のマークⅣ、カンブレーの戦い) 254-255

そ
ゾグ1世(アルバニア王) 267, 313, 328-329
ソ連の宇宙飛行士 426-427
ソ連の歩兵(1940年) 362-363
ソンムの戦い 221, 251, 252-253, 254

た
ダーウィン、チャールズ 22, 23, 44, 82
大沽砲台 40-41
第1次世界大戦 133, 142, 161, 176, 183, 192, 215, 220, 221, 235, 237, 238, 241, 242-243, 246, 247, 254, 257, 278, 291, 293, 306, 350, 351
第1次中東戦争(パレスチナ戦争) 388, 389
第一バチカン公会議 110
タイタニック号 228-229
第2次アヘン戦争(アロー戦争) 11, 40-41
第2次世界大戦 269, 291, 313, 322, 328, 350, 351, 362, 385, 389, 392, 399, 415, 418, 423
対日戦勝記念日(VJデイ) 382, 383
大不況(1870〜90年代) 82, 83, 94-95, 119, 146, 148-149
ダイヤモンド・ジュビリー 178-179
タッカー大尉 108-109
ダマスカス(シリア大反乱) 290-291
ダンケルク 350, 354-355, 356

ち
チェンバレン、ネヴィル 313, 346-347
チベット人母子 394
チャーチル、ウィンストン 176, 244, 348, 349, 350, 351, 356, 371, 378-379, 386, 392, 408
チャコ戦争 312, 332-333
朝鮮戦争 392, 393, 398, 399

つ
ツィンメルマン電報事件 221, 254
ツタンカーメン 05

て
ディアス、ポルフィリオ 83, 92, 93, 220, 223
Dデイ 371, 372-373
テイラー、トーマス・グリフィス 226, 227
ティンヴァリーの長官 304-305
デュヴァリエ、フランソワ(パパ・ドク) 393, 404, 405
テラ・ノバ号の南極遠征 226, 227

と
ドイツ軍兵士(マジノ線、1940年) 352-353
ドイツの降伏(第1次世界大戦) 260-261
トウェイン、マーク 77, 91, 114, 144, 145, 146, 147, 149, 195
東部戦線(第2次世界大戦) 362-363
東方問題 28

突撃隊(SA、ナチスドイツ) 283, 284-285, 318-319, 322
トルーマン、ハリー・S 351, 378-379, 382, 392
トルストイ、レフ 83, 90-91, 93
奴隷競売所(アトランタ) 66-67
奴隷制(アメリカ合衆国) 10, 42, 45, 50 66-67, 68, 70, 99
ドレフュス、アルフレッド 147, 161, 162-163

な
ナーイドゥ、サロウジニ 340, 341
ナチ党(NSDAP、国民社会主義ドイツ労働者党) 266, 267, 283, 284-285, 312, 313, 318, 322, 350, 351, 356, 358-359, 364-365, 374-375, 377, 378
NATO(北大西洋条約機構) 415
ナポレオン3世(フランス皇帝) 10, 11, 12, 13, 31, 34, 82, 86, 93
南極 220, 226, 227
南北戦争 34, 50-51, 67, 68, 70-71, 73, 83, 96, 99, 102, 138, 146, 187, 266, 301, 303, 314

に
ニコライ1世(ロシア皇帝) 11, 27, 28, 31
ニコライ2世(ロシア皇帝) 133, 146, 205, 207, 221, 251, 268
日露戦争 182, 206, 207, 241
日清戦争 146, 168-169, 171, 172
日中戦争 313, 335, 336-337
日本海軍兵士、軍艦比叡の乗組員(1894年) 168-169
日本軍兵士、日中戦争(1937年) 336-337
ニューディール政策 312, 314-315

の
農業集団化(ソ連) 313, 341, 342-343
ノーフォーク・ブローズ(1880年代の異常低温) 133, 134-135

は
パーク、トーマス 156-157
バートン、クララ 114, 115, 138, 139
バーフェット、ネッド 228-229
ハイパーインフレーション(ドイツ、1920年代) 266, 280-281
バウエル、ルイス 48, 50, 51
パキスタンの分離独立 351, 385
パナマ運河 202-203
バラクラバの戦い 10, 32-33, 34
パリ(1850年代) 14-15
パリ・コミューン 82, 84-85, 86, 124
バルガッシュ・ビン・サイード(ザンジバルのスルタン) 130, 131
バルトルディ、フレデリック・オーギュスト 118-119
『春の祭典』 220, 230-231
パレスチナ戦争(第1次中東戦争) 388, 389
ハンガリー動乱 414, 415
パンクハースト、エメリン 232-233
万国博覧会(パリ、1889年) 115, 121, 124-

125
万国博覧会（ロンドン、1851年） 10, 24, 25
反ユダヤ主義 133, 161, 283, 322

ひ
ピウス9世（ローマ教皇） 10, 83, 110-111
東インド会社 11, 37, 38, 130
ビキニ環礁 423, 424-425
ビスマルク、オットー・フォン 50, 51, 56, 57, 82, 86, 114, 133, 146
ヒトラー、アドルフ 133, 266, 267, 282, 283, 286, 312, 313, 318-319, 322, 324, 327, 346, 350, 351, 352, 356, 361, 362, 365, 371, 377, 378
ビリャ、フランシスコ"パンチョ" 222, 223
広島 350, 351, 380-381, 382, 423
ヒンデンブルク号の事故 313, 344-345

ふ
ファイサル（イラク王） 291, 292, 293
ファシズム 267, 283, 286, 313, 324, 327, 351, 382
VJデイ（対日戦勝記念日） 382, 383
フィリピン＝アメリカ戦争（1899〜1902年） 212, 213
ブール戦争（ボーア戦争または南アフリカ戦争） 114, 147, 176, 182, 208-209, 351,
フェルディナンド1世（ブルガリア王） 215, 216-217
フェントン、ロジャー 09, 10, 11, 16, 31, 34, 50, 82
溥儀（清朝の皇帝） 220, 223, 335
武士 60-61
普仏戦争 13, 56, 82, 124, 138
ブライデン、エドワード・ウィルモット 74, 75
フラッパー 298-299
フランコ、フランシスコ 327
フランスへのドイツ侵攻（1940年） 352-353
フランツ・フェルディナント大公 142, 184, 220, 234, 235
ブリッツ（英本土航空決戦） 351, 356, 357
ブリッツクリーク（ドイツの電撃戦） 352-353, 362-363
プリンセップ、メイ 80, 82
フルシチョフ、ニキータ 392, 395, 396-397, 411, 415, 423
ブルネル、イザムバード・キングダム 11, 19, 50
ブレシェ、ヨーゼフ 358-359
プレスリー、エルヴィス 390, 391, 392, 393
フレゼリク8世（デンマーク王） 215, 216-217

へ
ペトロパヴロフスク（クロンシュタットのロシア戦艦） 272-273
ベルナール、サラ 147, 152, 153
ベルリン大空輸作戦 351, 386-387
ヘレロ族 182, 210-211

ほ
ホー・チ・ミン 351, 395, 396-397

ボーア戦争（南アフリカ戦争またはブール戦争） 114, 147, 176, 182, 208-209, 351
ホーコン7世（ノルウェー王） 215, 216-217
ホーム・インシュアランス・ビル 126, 127
ポタワトミ族 42, 43
北海大洪水（オランダ、1953年） 392, 412-413
ポツダム会談 378-379
浦項の戦い 398, 399
ホロコースト 374-375
ホロドモール 312, 341
ホワイトホール号 354-355, 356

ま
マークIV戦車（イギリス） 354-355
マイエール、ルネ 415, 416-417
マウマウ団の反乱 392, 420-421
マジノ線 350, 352
マタ・ハリ 180, 181, 182, 183
マッキンリー、ウィリアム 167, 182, 186-187, 212
マヌエル2世（ポルトガル王） 215, 216-217
マルクス、カール 51, 64, 65, 67, 86, 114, 269
マルクス主義 258, 283
満洲 168, 183, 207, 223, 335
マンデラ、ネルソン 393, 422, 423

み
ミケーネ 105, 106-107
南アフリカ戦争（ボーア戦争またはブール戦争） 114, 147, 176, 182, 208-209, 351
ミュンヘン一揆 283, 284-285, 286
ミュンヘン協定 313, 346
閔妃（李氏朝鮮王妃） 147, 168, 171, 399

む
ムッソリーニ、ベニート 266, 267, 286, 287, 288, 313, 324, 327, 346, 351, 352, 361, 376-377

め
明治維新 168
メイン号 147, 164-165
メキシコ革命 233, 293
メシーンの戦い 238-239
メネリク2世（エチオピア皇帝） 147, 175

も
毛沢東 312, 334, 335, 351, 393, 395, 396-397
モース、ラルフ 368
モンパルナス駅鉄道事故 160, 161
モンロー、マリリン 393, 406-407

ゆ
ユダヤ人迫害 196, 303, 320-321, 322, 328, 358, 374-375

よ
ヨーロッパ経済共同体（EEC） 392, 393, 415
ヨーロッパ石炭鉄鋼共同体（ECSC） 392, 415, 416-417

ヨーロッパの王族（エドワード7世の葬儀にて） 215, 216-217

ら
ライト兄弟 182, 188-189
ラクナウ 36, 37
ラスプーチン、グリゴリー 221, 250, 251
ラッセル、ウィリアム・ハワード 31, 34
ラング、ドロシア 312, 313

り
リー、G・W・カスティス 72, 73
リー、ロバート・E 51, 70, 72, 73
リーフェンシュタール、レニ 322, 323
リヴィングストン、デイヴィッド 82, 83, 102
リビアへのイタリア侵攻 286, 288-289, 312
リヒトホーフェン、マンフレート・フォン 221, 240, 241
榴弾砲（28センチ、第1次世界大戦） 241, 242-243
リュミエール兄弟 147, 153, 154-155
リリウオカラニ 166, 167
リンカーン、エイブラハム 49, 50, 51, 63, 67, 68, 69, 73, 99, 187

る
ルーズベルト、セオドア 187, 196, 203, 207, 314
ルーズベルト、フランクリン・デラノ 312, 314-315, 368, 371, 378
ルドルフ（オーストリア帝国皇太子） 115, 140-141, 142

れ
冷戦 350, 351, 386, 392, 393, 395, 399, 415, 423, 426
レイランダー、オスカー・ギュスターヴ 82, 94-95
レーニン、ウラジーミル・イリイチ 258, 266, 268, 269, 274
レオポルド2世（ベルギー王） 102, 115, 128, 129, 142, 183

ろ
ロイド、ハロルド 296-297
ロシア革命（1905年） 183, 215
ロシア革命（1917年） 221, 258, 266, 272
ロシア内戦（1917年） 266, 269, 272, 274
ロシア農奴 62
ロシア農奴の解放 27, 50, 51, 63, 341
ロックフェラー、ジョン・D 114, 120, 121, 126, 138
露土戦争（ロシア＝トルコ戦争） 83, 88-89
ロバートソン、ジェームズ 28-29
ロマノフ朝 27, 221, 251, 258-259, 269
路面電車 114, 116-117
ロルフ、フランシス・ハリー 232-233
ロングワース・デイムズ、トマス 30, 31

わ
『我が闘争』 267, 283, 322, 362
ワルシャワ・ゲットー蜂起 350, 358-359

ダン・ジョーンズ
Dan Jones

イギリス生まれ。歴史家、ジャーナリスト。*Summer of Blood: The Peasants' Revolt of 1381*（2009）、*The Plantagenets: The Warrior Kings and Queens Who Made England*（2012）などイギリスの歴史に関する著書がある。また、Channel 5やNetflixにて歴史関連番組の脚本や監修もおこなっている。現在はサリー在住。

マリナ・アマラル
Marina Amaral

デジタル・カラリスト。手がけた彩色写真は、BBC、CNN、『ロンドン・イブニング・スタンダード』紙、『ル・モンド』紙、アメリカ議会図書館などで採用されている。

堤 理華
つつみ・りか

神奈川県生まれ。金沢医科大学卒業。麻酔科医、翻訳家。訳書に『「食」の図書館 ジビエの歴史』『風味は不思議 多感覚と「おいしい」の科学』『人はこうして「食べる」を学ぶ』（以上原書房）『ヴァージン 処女の文化史』（作品社／共訳）『少年は残酷な弓を射る』（イースト・プレス／共訳）他多数。月刊誌『ダンスマガジン』（新書館）等で舞踏評翻訳なども手がけている。

Text copyright©Dan Jones 2018;
Digital Colourisation copyright © Marina Amaral
Japanese translation rights arranged with
Head of Zeus through Japan UNI Agency, Inc.

彩色写真で見る世界の歴史

2019年4月25日　第1刷

著　者	ダン・ジョーンズ、マリナ・アマラル
訳　者	堤 理華
装　幀	atmosphere ltd.
発行者	成瀬雅人
発行所	株式会社 原書房

〒160-0022 東京都新宿区新宿1-25-13
電話・代表03 (3354) 0685
振替・00150-6-151594
http://www.harashobo.co.jp

印　刷	シナノ印刷株式会社
製　本	小髙製本工業株式会社

©2019 Rika Tsutsumi
ISBN 978-4-562-05648-4
Printed in Japan